COLECCIÓN EL BASILISCO

La esencia del Derecho

Filosofía Materialista de las categorías jurídicas

Apartado 360 / 33080 Oviedo (España)
Tel [34] 985 985 386
http://www.helicon.es
Diseño y composición: Piérides C&S
Edición preparada por: Meletea CJR
ISBN: 978-84-7848-627-4 -digital- (Pentalfa Ediciones)
ISBN: 978-84-7848-628-1 -vegetal- (Pentalfa Ediciones)
Depósito Legal: AS 01565-2021

Luis Carlos Martín Jiménez

LA ESENCIA DEL DERECHO

Filosofía Materialista de las categorías jurídicas

Pentalfa Ediciones
Oviedo 2021

Luis Carlos Martín Jiménez (Nava del Barco, 1967). Doctor en Filosofía por la Universidad de Oviedo, autor de *El valor de la axiología* (Pentalfa, 2014), de *Filosofía de la técnica y de la tecnología* (Pentalfa, 2018) y de *El mito del capitalismo (Filosofía de la moneda y el comercio)* (Pentalfa, 2020). Es Investigador Asociado de la Fundación Gustavo Bueno y profesor de enseñanza media, además de formar parte del Consejo Asesor de la segunda edición (2017-) del *Diccionario filosófico* de Pelayo García Sierra.

Prólogo

El prólogo de un libro es lo que te introduce en él. En cada caso ocurre de modo distinto. Diferentes personas acceden de modos distintos al mismo libro, y una misma persona accede a cada libro de distinto modo. Digamos, brevemente, lo que nos ha traído hasta este libro. Todo sistema filosófico que se precie tiene una Filosofía del Derecho, sobre todo las que parten del terreno práctico, moral o político. Dentro de la dialéctica entre escuelas, sistemas espiritualistas e idealistas elaboran grandes tratados jurídicos de corte ius-naturalista, ius-racionalista o pragmatista frente a sus contrarios, diversificándose en corrientes de todo tipo. A esta dialéctica se accede ascendiendo de la praxis jurídica a los fundamentos filosóficos, o descendiendo de los principios filosóficos al terreno propio del Derecho. En nuestro caso, seleccionaremos aquellos estromas del Materialismo Filosófico a los que regresa Gustavo Bueno tomando como punto de partida el terreno de las categorías, entre las que se encuentra el Derecho, para progresar sobre el campo jurídico clasificándolo y estructurándolo. Es decir, no se puede determinar la esencia del Derecho al margen del conjunto de categorías en las que está envuelto. Para ello se requiere un sistema filosófico, pero como de estos hay muchos, hay que partir, *in media res*, desde la polémica sobre los fundamentos del Derecho, lo que significa que no se puede obviar la dialéctica entre las doctrinas jurídicas. Kelsen al tratar de elaborar una *Teoría Pura del Derecho* con la intención de explicar de modo científico, qué es y cómo se forma, es decir, depurada de toda ideología política y de todo carácter filosófico no puede evitar verse envuelto en problemas sobre el tratamiento de «valores jurídicos absolutos», referencias a ideas como la «justicia eterna e inmutable», a un *deber ser* (*sollen*) como categoría lógica fundamental, a tesis sobre una ciencia jurídica que busca ser «descriptiva», &c. Parece como si contra su intención, Kelsen transitase el camino del Derecho a la Filosofía sin darse cuenta, pasando de la descripción «pura» del campo jurídico a ideas filosóficas de las que no puede desprenderse, como cuando sostiene la analogía entre el «principio de imputación» jurídico y el «principio de causalidad» en física, analogando el Derecho positivo y la Física a través de tesis gnoseológicas que envuelven su funcionamiento y sus estructuras. Corroborar este tránsito en quien trata de evitarlo al elaborar una «teoría pura» nos indica que hay aspectos ajenos al campo propiamente jurídico involucrados en su esencia. La clasificación del material vinculado al campo jurídico es la tarea que abordamos en este ensayo.

Fue oír a Gustavo Bueno y comprender que los circuitos entre las doctrinas filosóficas y las categorías jurídicas están en permanente realimentación, no sólo porque la filosófica jurídica del último siglo se ha hecho por juristas, sino porque las ideas sobre «la humanidad», la sociedad política o la ética que elabora cada doctrina filosófica adquieren su sentido cuando se aplican a la vida práctica, donde unas «praxis» se enfrentan a otras. Resulta paradójico que la «norma fundamental constitucional» (por seguir con el lenguaje kelseniano) en la que se basa toda la sistemática normativa de un Estado comience con títulos preliminares llenos de ideas «metajurídicas» como soberanía, nación, pueblo, libertad, valores superiores, &c., dando por supuesto que su significado es ajeno al resto del corpus legal. Aprovecharemos la «necesidad» que tiene el campo jurídico de semejantes supuestos de partida para justificar la estructura que hemos elegido para elaborar este ensayo.

En efecto, los códigos y constituciones modernas arrancan con preámbulos llenos de valores superiores o principios generales supremos a partir de las cuales cae en cascada una normativa jerarquizada en géneros y especies hasta su definitiva concreción en el terreno de las resoluciones judiciales. Y así se podría entender el modelo expositivo que utilizamos. En efecto, tomamos como modelo expositivo de esta estromática jurídica el método *more geometrico demonstrata* de Espinosa, que a su vez lo toma de la tradición escolástica de las *Summas* (con base en las exposiciones aristotélicas de la geometría euclidiana), de este modo, parecería que compartimos tal estructura axiomática al partir de principios evidentes para deducir proposiciones y corolarios al modo de una ciencia formal, pero no es así, aquí se trata de una estructura estromática, ¿cuál es la diferencia entre ambas?

El sistema del Materialismo Filosófico supone que una ciencia se forma trabajando con una «materia determinada» técnicamente desde la que va levantando el plano de los conceptos con los que se concatenan sus términos y se explican los fenómenos de su campo. De modo que ninguna ciencia funciona axiomáticamente, se trata de un error aristotélico fruto de una ilusión «especular», el método axiomático no señala la realidad de la que supone partir (el pueblo, la ley natural, la soberanía, &c) o a la que pretende llegar (la libertad, la igualdad, la justicia, &c.), sino que señala al «grupo» o facción que detenta el poder para imponer una normativa al resto (igual que te señala un espejo cuando lo señalas tú). Es decir, supone la idea de un entendimiento especulativo que analiza y refleja en principios una realidad dada, cuando más bien se trata de una apariencia, a saber, el acto «jurídico positivo» por el que la sociedad se dota a sí misma de unas normas, dando por sentado que esta ontología de la auto-determinación es posible e incluso necesaria. Es precisamente semejante imposibilidad la que obliga a suponer (por ejemplo, al propio Kelsen) un Derecho armónico internacional del que toma su legitimidad, lo que es todo menos real.

La falsa apariencia axiomática del método expositivo que seguimos, el estromático, tiene como cometido aprovechar la fuerza coordinativa que ofrece, a la vez que nos permite señalar de forma apagógica otras bases filosóficas con las que nos enfrentamos. Con el método estromático que utilizamos en este ensayo de filosofía del Derecho de corte materialista (un proyecto sistemático que Gustavo Bueno dejo pendiente) buscamos criticar, clasificar y neutralizar la fuerza de otras doctrinas, cuando señalamos en primer lugar, sus bases y sus fundamentos. De este modo, negamos cualquier axiomática (como falsa e inapropiada) cuando partimos de estromas que se forman en el *regressus* de los casos y problemas concretos (determinados, técnicos, morfológicos), como puntos de coordinación general frente a terceros. Dicho de otro modo, si el *ordo cognoscendi* nos obligaría a invertir el orden de los capítulos de este ensayo, empezando por lo más concreto (las normas y los conceptos jurídicos), el carácter dialéctico (apagógico y conflictivo) de la filosofía nos obliga a empezar por las doctrinas ontológicas, gnoseológicas y antropológicas que fundamentan aquellas concepciones del Derecho incompatibles con la nuestra, para ir descendiendo *ordo essendi* hasta la casuística jurídica concreta. A este efecto, la utilización de «proposiciones» atiende al «pro-pósito» de «poner delante» alguna tesis, de la que daremos una explicación (sin pretender demostrarla deductivamente), igual que salvar los «escolios» con los que se encuentra requiere tomar en consideración de un modo muy general, pero suficientemente explícito, las tesis contrarias.

Insistimos, los estromas, instituciones o tipologías que utilizamos al comenzar cada parte de este ensayo, parten de un material en marcha que hay que sistematizar e identificar, antes que unos axiomas evidentes en que se apoyen los razonamientos o las cadenas de proposiciones. La utilización de la idea de «estroma» en cuestiones ontológicas supone la *omnitudo rerum,* así como la utilización de «instituciones» supone la totalidad del campo antropológico. En todo caso, hay que señalar que la selección de los estromas ontológicos, gnoseológicos o políticos está pensada con una finalidad jurídica, por lo que constituyen una pequeña selección expuesta del modo más conciso posible del sistema del Materialismo Filosófico de Gustavo Bueno. Es decir, ni se trata ni quiere ser un resumen del sistema, sino una selección y formulación que tiene como objetivo directo o indirecto la fundamentación del campo jurídico (la que ya se anticipa en apéndices y prefacios) no tanto como guía para indicar la normativa jurídica correcta, sino para «destruir» las ideologías que en el presente en marcha oscurecen y confunden la esencia propia del Derecho, corrompiendo el campo jurídico y distorsionando su funcionamiento. Se trata de ejercer el cometido «destructivo» propio de la filosofía para dejar paso a la realidad esencial del Derecho.

Pero, aparte de las cuestiones de fundamentación ¿hay algún tipo de analogía entre el Derecho y la Filosofía?, ¿qué tendrá que ver el Derecho, que se rige por una normativa legal que tiene que aplicar, y la filosofía, que busca criticar y destruir la metafísica que distorsiona su verdadera realidad? Parecería que Filosofía y Derecho son disciplinas contrapuestas, como cuando se dice que los análogos son *simpliciter diversa*, esencialmente distintos. Sin embargo, ¿podrán establecerse «paralelismos» o algún elemento común de referencia, algún analogado *secundum quid eadem* (según algo semejante), por ejemplo, porque proporcionen sus contenidos según «razonamientos prudenciales» o porque compartan algún analogado, como pueda ser la referencia a la «justicia»?

Desde luego, el carácter «actualista» de ambas disciplinas hace que tanto la filosofía como el Derecho compartan la necesidad de un análisis de las vías de resolución de los conflictos del presente en marcha, *hic et nunc*, aunque para ello tengan que elaborar doctrinas y teorías que regresen a una sistemática, como base de su *progressus* a los fenómenos que en cada caso trabajen. En efecto, la teoría del Derecho no crea las instituciones jurídicas, ni crea una axiomática desde la que automatizar la resolución de los casos, al modo de un sistema informático expendedor de sentencias, sino que se encuentra con una pluralidad de instituciones funcionando en la identificación, clasificación y tratamiento de toda una fenomenología de problemas provenientes del mundo en marcha, depurando, jerarquizando y coordinando toda esa materia teórica legal para su uso práctico. Con la filosofía pasa igual. La elaboración de un «mapamundi» de la «realidad» tiene como objetivo la clarificación del terreno de quien tiene que orientarse para poder transitar por él, sabiendo que no puede agotar la realidad (en nuestro caso nos guiaremos por la *Propuesta de clasificación de las disciplinas filosóficas* que ofrece Gustavo Bueno). No se trata de una coincidencia, sino de la involucración conflictiva de partes de la realidad a las que hay que dar salida de forma, muchas veces, trágica, lo que explica que el tránsito de una disciplina a otra sea tan fluido que arrastre contra una voluntad positivista a juristas como el propio Kelsen.

La involucración entre instituciones jurídicas e ideas filosóficas es tanto de origen como de estructura. En primer lugar, hay que señalar que la cuestión sobre las «fuentes» en el Derecho es análoga a la cuestión sobre los saberes mundanos y científicos de primer grado que son necesarios para elaborar una filosofía como «saber de segundo grado», e igual que el Derecho se atiene a la legislación estatal para la formación y aplicación de la normativa jurídica, muchas veces enfrentada e incompatible con otras normativas políticas, así ocurre con la filosofía y las plataformas desde las que se levanta, por ejemplo los idiomas nacionales en que brota y se desarrolla. Y así como las codificaciones estatales recogen las normativas anteriores, cada uno a su modo, pues las fuentes y los intereses de unos Estados son distintos y contrapuestos a los de otros, ocurre también respecto a la implantación política de la filosofía, cuando tiene que coordinar una multiplicidad de ideas frente a sus opuestas. Del mismo modo que cuando se transvasan normativas de unos Estados a otros con los que no comparten instituciones, provocando todo tipo de desajustes, ocurre con la disfuncionalidad resultante de la aplicación de ideas filosóficas a territorios ajenos a los de su formación, pues ambas disciplinas se construyen frente a terceros.

En segundo lugar, la evolución de la función regulativa del Derecho es análoga a los cambios de la sistemática doctrinal en filosofía. En efecto, igual que en Derecho se imparte doctrina sobre futuras resoluciones jurídicas, así las doctrinas filosóficas suponen una organización del terreno determinado por la «estratificación» institucional que está actualizándose constantemente, pero cuyas líneas de fuerza se organizan dependiendo del mapa general de referencia, es decir, del cambio valorativo de sus posiciones institucionales, del alcance relativo (relacional) de sus normas, de los fines institucionales, de su contexto de aplicación, &c. Como veremos con la formación y evolución de las orientaciones fundamentales del campo del Derecho, la Filosofía obedece a una dialéctica muy similar. Así, el problema de la incompatibilidad entre el Derecho civil y el Derecho comercial es análogo a los problemas filosóficos que plantean las ideas del ciudadano (civil) y el hombre (universal), e igual que el Derecho comercial es internacional, y por tanto tiende a desbordar el ámbito de jurisdicción política del que parte, siempre civil (estatal), así la filosofía trabaja con el «todo universal» (*holón*) siempre desde la parte (*méros*) desde el que se actúa.

La analogía entre Derecho y filosofía se incrementa cuando se constata que un principio común de su funcionamiento consiste en tratar conflictos, en el caso del Derecho a través de procedimientos judiciales, en el caso de la filosofía con la crítica «ideológica». El tratamiento de problemas cuya actualidad requiere un «juicio» fundado en la realidad, *in media res*, supone una «urgencia» también común. Las novedades del mundo en marcha, cuando generan enfrentamientos entre «partes» implicadas e irreconciliables, como referencia de los actos jurídicos que elabora el juez al totalizar un proceso, desborda la codificación política que los trata de sistematizar en un «deber ser» genérico, pues los problemas que aparecen en la actividad económica, técnica, social, cultural, &c., obliga a la permanente actualización normativa. Éste es el campo de inmanencia jurídica que la hace inconmensurable a otras categorías o fuentes de las que bebe, ya sean consuetudinarias, morales, políticas, &c. Del mismo modo, las ideas que trata la filosofía derivan de la realidad en marcha, desbordando las doctrinas donde se concatenan y obligando a reelaborarlas, lo que requiere nuevos juicios sobre sus bases, sus líneas de fuga y sus fundamentos.

Ahora bien, si el carácter actualista del Derecho coincide con la filosofía en su implantación política e institucional, en cuanto ambos deben hacerse cargo del «caso» concreto, de su clasificación (tipificación) y sus consecuencias en la realidad donde está inserto, también coinciden en su incapacidad para la «ejecución» de sus «juicios», pues la aplicación de la sentencia es algo que no entra en las funciones del jurista, que no la lleva a cabo en tanto tal, lo mismo que el filósofo que elabora doctrinas sobre el Mundo en que vive (como hicieron Suárez o Marx), dejará de serlo cuando se comprometa con su aplicación política efectiva, lo que suele correr a cargo de activistas, revolucionarios o legistas.

Cabe establecer otras muchas correspondencias entre filosofía y Derecho, sea por su modo de operar dialéctico (ya desde Cicerón), por sus argumentos *ad hominen* (contra terceros), por su carácter racional, justificado, &c. Basta recordar que Aristóteles elabora la clasificación de sus categorías a partir de las preguntas formuladas en los juicios.

Comenzar por listados de «conclusiones» estromáticas o institucionales es otro modo de incorporar la referencia a los fundamentos y los principios del Derecho tal y como se han formado a lo largo de la tradición, pues estos últimos, los *regula iuris,* surgieron de aquellas sentencias o resoluciones a conflictos jurídicos que tuvieron un alcance especialmente significativo, es decir, aquellas que trascendieron el caso particular y se aplicaron recurrentemente a otros muchos casos similares.

No seguiremos justificando el modo de proceder de este ensayo, pues parecería que tratamos de ocultar el «delito». Sólo diremos que la división de la obra en sus cinco partes se corresponde con modos clásicos de tratar estas cuestiones. En Santo Tomás el fundamento de su doctrina jurídica y política deriva de la partición que hace de la ley al distinguir cuatro órdenes de leyes: *lex aeterna*, *lex naturalis* (cognoscible por la razón), *lex divina et lex humana* (positiva), lo que en nuestro caso se corresponderían con los capítulos sobre ontología, antropología, política y Derecho. La ventaja que tiene este proceder, para el «positivista», el «pragmático», al que sólo le interesa el Derecho, o al jurista de oficio que no tiene tiempo de «andar con filosofías», es evidente, sólo tiene que atender a las bases estromáticas de cada una de las partes de este ensayo para tomar posición al respecto, o ir directamente a la parte IV dedicada al Derecho (o a la parte V, donde se progresa sobre la normativa) para salir de dudas (o para entrar en ellas). Otra cosa es que se niegue toda autoridad a la filosofía del Derecho, o por lo menos a una filosofía jurídica ajena al terreno donde se ha elaborado en los últimos siglos, las universidades de Derecho.

Sin embargo, tal escepticismo se llevaría por delante al propio campo jurídico. Basta recordar que asignaturas universitarias sobre corrientes, fundamentos, fuentes o historia del Derecho son imprescindibles para la formación del jurista, porque como veremos, el material con que trabaja judicialmente le llega al Derecho desde otras categorías a las que debe volver. Lo mismo pasa cuando la filosofía queda desplazada por alguna disciplina a la que se «reduce» el Derecho, por ejemplo explicando el Derecho desde conceptos económicos, cuando la realidad de los conceptos jurídicos (norma, pena, imputación, &c.) se traten de reducir al «interés de los sujetos que contratan». Lo que ocurrirá de modo análogo con reducciones a la psicología, a la política, a la moral, &c. Un modo de proceder que tampoco evita sus implicaciones filosóficas, pues tales disciplinas habrán de explicar de qué normas habla, a quién afecta, cómo son esos sujetos, cómo conocen, cómo se relacionan, cuándo tales relaciones jurídicas no van más allá de un «seguro contractual» o cuándo las «expectativas psicológicas» explican el cumplimiento de la norma y cuándo no. Tratar de eludir la discusión sobre la ontología o la antropología que sostiene una doctrina jurídica es lo mismo que tratar una enfermedad obviando que los fundamentos de un operativo médico y los de uno mágico no suponen diferencias determinantes para el éxito del tratamiento que se aplique.

Por ontología y gnoseología jurídica no entendemos aquí un contexto de cosas o fenómenos ajenos al Derecho, al modo de unos fundamentos últimos o separados distintos del propio campo positivo que trata el jurista, sino más bien un nivel de análisis del mismo campo jurídico hecho o tomado a una escala que consigue explicar muchos de los elementos formales o esenciales con los que se trabaja en la praxis judicial y sus conexiones con otros campos. Así, la ontología que trata la *omnitudo rerum* adquiere la forma de una ontología del Derecho cuando trate los contenidos del campo o cuerpo jurídico en su involucración con el resto de categorías, ¿o es que la realidad del Derecho es independiente y ajena al resto de la realidad?, ¿no ocurre más bien lo contrario?

Basta atender a la historia para ver cómo los cambios de la realidad social y política configuran el alcance y la clasificación de las normas jurídicas. Basta atender a las polémicas jurídicas y los conflictos entre teorías, o siquiera a la fundamentación de las sentencias para ver pléyades de ideas sobre concepciones del mundo gravitando en torno a los fallos judiciales. Jueces, sentencias y ajusticiados están en el Mundo del mismo modo que las normas de un «deber ser» que tienen que conocer y al que ajustan sus proyectos. Quien no vea el enfrentamiento radical entre los modos de entender cómo sea ese deber, o cómo no debe ser, está condenado a juzgar con la evidencia de quien ve el sol moverse cada día, sin entender la disposición de fuerzas que explican la necesidad de semejante ilusión.

En busca de la conexión sistemática entre las partes de esta estromática jurídica utilizaremos la siguiente nomenclatura:

Parte I: E.O. (Estromas Ontológicos); E.G. (Estromas Gnoseológicos)
Parte II: E.A. (Estromas Antrópicos); I.A. (Instituciones Antropológicas)
Parte III: E.N. (Estromas Normativos); I.P. (Instituciones Políticas)
Parte IV: F.D. (Fundamentos del Derecho); E.J. (Estromas Jurídicos)
Parte V: B.N. (Bases Normativas); I.L. (Ideologemas Legislativos)
Prop. (Proposición); Prop. E. (Escolio de la Proposición); Prop. C. (Corolario de la Proposición); Prop. -P. (Proposición de la Parte correspondiente)

PARTE I
Bases Ontológicas y Gnoseológicas del Derecho

ESTROMAS ONTOLÓGICOS

I- Llamamos Materia trascendental (M.T.) a la pluralidad infinita de la realidad.
II- Por Géneros de materialidad especial (M_1, M_2, M_3) entendemos la clasificación de toda la materia determinada.
III- Las características de la Materia son la co-determinación y la pluralidad radical de partes inconmensurables entre sí.
IV- Entendemos por Ego Trascendental (E.T.) la operación de reunión de los géneros de materialidad en la idea de Mundo (M_i) o universo (*mundus adspectabilis*)
V- Entendemos la Materia Trascendental como límite negativo de todos los *regressus* que a partir de la materia determinada realiza el Ego Trascendental.
VI- Definimos la causa como modificación de un esquema material de identidad según el cual se produce un efecto dentro de un contexto o Armadura.
VII- Las conexiones son el fundamento de las relaciones.
VIII- Ni todo está relacionado con todo, ni nada con nada.
IX- Por estroma entendemos toda configuración o entretejimiento de la materia determinada.

ESTROMAS GNOSEOLÓGICOS

I- Llamamos distributivas a las totalidades cuyas partes son independientes respecto del todo y atributivas a las dependientes.

II- Hay tantas categorías u órdenes de la realidad como ciencias.
III- La co-determinación de los fenómenos en todos y partes se realiza por técnicas que cuando, en el mejor de los casos, establecen contextos determinantes, permiten el cierre categorial de sus campos operatorios respectivos.
IV- Las categorías son inconmensurables entre sí, aunque no sean separables, lo que obliga a distinguirlas según órdenes y ciclos de invariancias esenciales.
V- Las verdades de las ciencias, en función de las identidades sintéticas a las que lleguen, neutralizan al sujeto operatorio como término de sus campos.
VI- Ninguna ciencia agota el campo desde el que se levanta.

PROPOSICIÓN I

El mundo se compone de estromas.

Explicación: Si la materia determinada se configura en forma de estromas (E.O. IX) y llamamos M.T., a la indeterminación pura, el *mundus adspectabilis* (M_i), en cuanto reunión de la materia determinada en géneros (E.O. II), no se puede descomponer en partes que no sean a su vez estromáticas (E.O. III).

Escolio: Esta primera proposición va contra todo tipo de fundamento último de la realidad. Si consideramos la tesis sustancialista según la cual el *mundus adspectabilis* que cae bajo la idea de universo se podría descomponer en términos o elementos dados con independencia de nuestras operaciones, estos podrían ser materiales, simples, sin partes, lo que por así decir nos llevaría arrancarnos los ojos (como dicen que hizo Demócrito), o formales, explicándose por una esencia sustancial, un substrato configurado por formas porfirianas también simples y unitarias (clases distributivas) (por el E.G. I). E igual que se pueden dar muchos otros fundamentos, se puede negar la misma realidad del mundo, por ejemplo, desde el acosmismo que nos lleva a realidades trans-fenoménicas con las que no cape operar, o refugiarnos en el escepticismo radical que nos lleva a explicar cómo sabemos que no podemos saber, es decir, un conjunto de tesis inestables que tienen comprometida su propia posición. Sea como fuere, nosotros empezamos por la conformación de materiales o morfologías operables y concretas que llamamos estromas, pues el aspecto que nos ofrecen los entes ya supone procesos visuales, desplazamientos, maniobras, intervenciones, &c. De la inteligibilidad de esos «tejidos» deriva la del universo, y si empezamos por esta proposición es porque los estromas son resultados operatorios y no axiomas dados o principios de cognoscibilidad anteriores a los mismos resultados operatorios.

PROPOSICIÓN II

Todo estroma es complejo y está vinculado con otros, pero no con todos.

Explicación: En virtud de que la materia mundana está conformada operatoriamente (ya a nivel etológico), y que al margen de ella hay infinita indeterminación (M.T.), no cabe encontrar elementos simples últimos, sino partes co-determinadas con otras (por el E.O. III), y dado que estas co-determinaciones no se pueden extender a todo estroma (E.O. VIII), los todos que se formen serán inconmensurables entre sí (E.O. III), pero no separables absolutamente de otros, por lo que todo estroma tiene conexiones con otros según unos límites (E.O. VI), y por lo tanto no puede haber uno que las abarque a todos. Esto hace que, si el Ego trascendental clasifica o recorre las partes del Mundo, siempre se verá desbordado por la inagotabilidad de la Materia. Lo que se ratifica del mismo modo para las ciencias y sus campos respectivos (E.G. V)

Escolio: Como los sistemas filosóficos elaboran «mapasmundi» con los cuales totalizar la realidad, y esta unicidad real ni existe ni puede existir, no convierten su trabajo en algo absurdo o contradictorio, sino recurrente y necesario (actualista). La inexistencia de unos elementos últimos (átomos), así como la inexistencia de un todo de los todos (el Ser), obligó a dialectizar la propia idea de realidad, de modo que tal concatenación universal apareciese en forma «paradójica», es decir, explicando cómo el «Ser» no se puede conocer sin un «rodeo», el que llevó a incorporar la contradicción al proceso buscando en el no-ser lo que conduce al Ser. La fórmula de las Estructuras Metafinitas pretendió salvar tal dificultad: nuestra conciencia puede ser parcial, pero se puede identificar con una conciencia total. Las homeomerías de Anaxágoras, la trinidad católica, las mónadas leibnicianas, la fenomenología del Espíritu o la alienación de clase marxista son algunos de los intentos que con diversa fortuna trataron de sacar adelante tal pretensión, a saber, ¿cómo una parte totaliza al resto? Si el Materialismo Filosófico se levanta contra toda filosofía monista, su divergencia fundamental (o diferencia específica) aparece contra las Estructuras Metafinitas que proliferan en el espiritualismo y el idealismo.

PROPOSICIÓN III

Los procesos de modificación de los esquemas materiales de identidad según causas y efectos tienen unos contextos límites o Armaduras que impiden su *regressus* al infinito, permitiendo su conocimiento.

Explicación: Los efectos y las causas se circunscriben hasta donde llega la co-determinación de los esquemas de identidad que modifican (E.O. VI), de modo que las desconexiones o discontinuidades entre las partes del mundo (por el E.O. III) hacen que toda acción o determinación causal (finalista) tenga un límite fuera del cual no alcanza. Es decir, que para conocer la causa de algo no tenemos que ir al infinito (E.O. V).

Escolio: Contra lo que muchos dicen, no es necesario postular un Dios creador, un espíritu, una mente libre o un *Nous* ordenador donde esté dado (*a priori*) lo que hay que explicar. La inconmensurabilidad (E.O. III y E.G. IV) ya aparece como disociación en las relaciones categoriales (por ejemplo, entre los números racionales y los irracionales), igual que la incompatibilidad aparece en los órdenes normativos institucionales donde unos fines requieran la anulación de otros (cuanto que en las aplicaciones de las ciencias y las técnicas también se da). Pronto se ve que la idea de universalidad no rebasa los campos concretos de aplicación, por lo que a falta de «causas primeras y principios últimos» al modo de un orden total o cosmos, tampoco habrá una justicia universal, por lo que no cabe postular la idea ni como mera posibilidad.

Corolario: Las Armaduras como contextos límites de desconexión entre las partes del mundo son una de las principales bases del discontinuismo en ontología.

PROPOSICIÓN IV

La reunión lógica de los Géneros de materialidad especial que realiza el E.T., en cuanto son incomunicables e inseparables entre sí, supone el actualismo.

Explicación: Las categorías son conjuntos de fenómenos coordinados por conceptos (E.G. III) que no cabe reunir en una unidad superior (E.G. IV), sin embargo, esto es precisamente lo que hace el E.T. con la idea de Mundo (E.O. IV), por lo cual suponemos un nivel ontológico especial distinto al categorial, pero que no desborda el ámbito estromático. Ahora bien, como los estromas son entretejimientos de la materia determinada, su reunión en clases de pertenencia no está dada con independencia del alcance que en cada momento tengan las operaciones causales de transformación de esa materia (E.O. VI) (por ejemplo, en las operaciones recursivas de ampliación del mundo entorno), y esto es lo que significa actualismo en filosofía: la actividad que supone el presente en marcha.

Escolio: Los primeros desarrollos de este actualismo derivan de la introducción que la sofística hace de la idea de hombre como «medida de todas las cosas» en Protágoras. Si ponemos el inicio de la filosofía en Platón es porque no sólo atiende a la importancia ontológica de un problema matemático concreto (el único lugar donde encontrar demostraciones), como es el de los irracionales, sino porque advirtió que la symploké entre partes de la realidad no es dicotómica, lo que deriva de nuevo en el monismo, sino que se extiende hasta cinco géneros, uno de los cuales es el ser, entendido como potencia. Los intentos aristotélicos de encontrar el ser en cuanto ser, como la esencia primera o ciencia que se busca, no dejaron de repetirse a lo largo de la tradición. Frente al realismo ingenuo y el idealismo, sobre todo a partir de Kant, se dibuja la escala epistemológica que toma como parámetros las ideas de sujeto-objeto, lo que conduce a la hipóstasis de la subjetividad, y de nuevo, al monismo absoluto. Lo objetivo y lo subjetivo, o la objetividad y la subjetividad, significaron la ruina de la teoría de la ciencia en pro de la nueva fe en el progreso que salvará las contradicciones. Fue Francisco Suárez el que al identificar el ser con el «ser posible» programa por entero lo que hemos llamada «vía alemana» de la filosofía, cuando lo pensable se identifica con lo posible, haciendo que una idea no-contradictoria fuese tan real como la existente, empírica (por lo que Kant no veía diferencia entre los cien Taleros posibles y los cien reales). Cuando constatamos que tal vía desemboca en los desenlaces más trágicos de Europa, nos acordamos de Diodoro Cronos cuando decía: «Sólo lo que se ha verificado es posible, ya que, si fuera posible lo que no se verifica nunca, de lo posible saldría lo imposible». Lo que hace necesario partir de las operaciones corpóreas entre todos y partes de modo recurrente, y no de operaciones mentales o imaginativas que se agotan en su fenomenicidad (E.G. III). Suponer un mundo independiente de la actividad del E.T. (E.G. IV) es pedir el principio, pues la idea de tal mundo dependerá de la transformación insospechada de sus contenidos, lo que lo seguiría haciendo actual.

PROPOSICIÓN V

Los géneros de materialidad especial que llamamos M_1, M_2 y M_3 designan respectivamente el orden físico, el psíquico-social y los órdenes mismos de coordinación en M_3 de las partes de M_1 a través de las operaciones de M_2.

Explicación: En la medida en que cada género de materialidad es inconmensurable con el resto (E.O. II y III), y en la medida en que está unido a los otros por el E.T. (E.O. IV) como clases de pertenencia ontológicas distintas, formarán una sintaxis según la cual los términos estromáticos (E.O. IX) están siendo operados en sus conexiones internas por los sujetos (E.O. VI) de tal modo que generan series de relaciones (E.G. III) esenciales entre términos físicos (E.O. VII).

Escolio: La dialéctica de las operaciones con términos fisicalistas genera órdenes de fenómenos en diferentes niveles conceptuales, lo que no puede ocurrir si partimos de las percepciones empíricas o de los conceptos mentales, un atolladero para los sistemas filosóficos durante siglos. Ya desde Aristóteles se parte de la percepción y la abstracción para la formación de los conceptos y las relaciones, lo que da lugar a que se consideren «ficticias», añadidas a la realidad o *flatus vocis* por el nominalismo, una consideración que persistió en la filosofía inglesa «representacionista», con el problema sobre el trámite que hace de la idea una copia de la impresión. En general, podemos ver la alargada sombra aristotélica recorrer toda la historia, donde las relaciones, las clases, los conceptos, son trabajados por un *Nous* o entendimiento productivo, hasta que el racionalismo las convierta, desde Suárez y Descartes, hasta Kant o Husserl, en determinaciones de la inteligibilidad posible. La fuerza del tomismo que derivará de la participación del ente en el ser de Dios, una relación real trinitaria, se apoyaba en las relaciones ontológicas de las personas divinas, por lo que tanto la santísima trinidad como sus relaciones se irán diluyendo en el subjetivismo idealista y el positivismo mentalista. Aquí se juegan su potencia los conceptos científicos, pues la realidad de sus clases y relaciones queda reducida a los términos o individuos que abarcan, como ocurre con la absorción de categorías enteras en el individuo humano, un sujeto que se ha convertido en centro del mundo, generando una ideología inconsistente y oscurantista cuando «formaliza» sistemáticamente categorías como la economía, la política o el mismo Derecho.

PROPOSICIÓN VI

El Ego Trascendental es la suma lógica de los géneros de materialidad, lo que no significa que surjan o se rijan por él.

Explicación: Sin E.T. no hay Mundo, pues el Mundo es una idea fruto de múltiples concatenaciones estromáticas que tienen como base las operaciones corpóreas sin las cuales no hay referenciales ni fenómenos posibles, mucho menos esencias (E.O. III y E.G. II). Ahora bien, esto no significa que tales contenidos estén determinados por el E.T. pues si así fuera tendrían un principio que los vincularía a todos, lo que negamos (E.G. I). Es decir, el E.T. es el principio de medida de una serie de legalidades ontológicas que ordena pero que lo desbordan constantemente (E.G. VII), sea por la incomensurabilidad entre los géneros (E.O. III), o entre las categorías (E.G. IV). A esos desbordamientos constantes y recurrentes hacia ideas límite negativas es lo que llamamos M.T. (una idea tan positiva, real, como cualquier otra).

Corolario: Concluimos de aquí que el E.T. es el principio de unidad de medida del Mundo y a su través de los órdenes categoriales que establecen las ciencias, es decir, por hiper-realismo consideramos la verdad de las conexiones paratéticas entre partes del mundo que se establecen por el sujeto operatorio (E.O. VII y E.G. III), pero de cuyas relaciones de identidad esencial queda segregado en cuanto fruto de la confluencia de diversos cursos operatorios (E.G. V).

Escolio: Frente a un mundo anantrópico, ajeno a la actividad del E.T. y frente a un mundo determinado por él (según quiere la onto-teología y el principio antrópico fuerte), mantenemos el principio antrópico «débil» como postulado de conjugación del Mundo y el E. T. en la medida en que no agotan la realidad (la M. T.).

PROPOSICIÓN VII

El *regressus* del E.T. a partir del Mundo de los fenómenos (M_i) hacia la M.T. no permite su correspondiente *progressus* hacia los fenómenos.

Explicación: La infinitud de la M.T. (E.O. I) como límite negativo de toda determinación (E.O. V) nos impide progresar de nuevo sobre los fenómenos de partida, si no es como límite revertido, es decir, suponiendo por Catástasis la misma co-determinación e inconmensurabilidad de la que hemos partido (E.O. III), ya que tal *progressus* requeriría un punto de apoyo, o estroma fundamental que no existe, ni como átomo indiviso, ni como Ser total (Prop. II), pues la M.T. no tiene sustantividad por sí misma.

Escolio: Hay quien introduce la infinitud de las conciencias o espíritus como definición de un mundo o cosmos en proceso del que formamos parte, trasladando el problema a un fundamento de co-determinación que explique a su vez porqué es incognoscible para nosotros. Como dijimos (Prop. II. E.) el cierre metafinito de la realidad supone un *progressus* que no ha demostrado ni la ciencia que se busca aristotélica, ni la escatología trinitaria, ni la mónada de las mónadas leibniciana, ni la idea absoluta hegeliana, ni la revolución comunista, ni ningún otro de los tipos de filosofía *perennis*. Tal *progressus* no se puede dar porque de la indeterminación absoluta (E.O I) no se sigue nada.

Corolario 1: Que no exista un orden total o cosmos en el mundo se deriva de la incomunicabilidad de los géneros (E.O. II y III), de modo que si hay que distinguirlos en cuanto clases de elementos reunidos por el E.T. (E.O. IV) sin poder «pasar» de unos a otros, tenemos que suponer una analogía de proporción (en cuanto son distintos) que expresaría la idea del paralelismo ontológico entre contenidos radicalmente distintos.

Corolario 2: Que no exista un fundamento último de la realidad, ni uno primero, niega que Dios (por ejemplo, el de la teología natural aristotélica) tenga esencia alguna, o dicho de otro modo, el ejercicio operatorio del E.T. niega que haya algún tipo de entidad reflexiva, o vuelta sobre sí misma, de carácter autónomo o separado. De modo que para Gustavo Bueno, Aristóteles no es aún verdadera filosofía.

PROPOSICIÓN VIII

Toda existencia es co-existencia entre partes extra-partes.

Explicación: Si de la M.T. no podemos concluir más que propiedades de las que partimos, a saber, co-determinaciones e inconmensurabilidades entre las partes del Mundo (E.O. III), unas partes del mundo no pueden estar separadas de todas ni reunidas con todas las demás (Prop. IV), luego existir es co-existir.

Escolio: Hay quien supone una infinitud de mundos posibles al modo de esencias no contradictorias en la mente de Dios, por ejemplo, tal y como expone Francisco Suárez en la tesis que identifica el ser con el ser posible. Desde la idea del ser como posibilidad, el ser existente, actual, es una nada (*res natae*), idea propia de la tradición cristiana, una idea que se «identifica» con las infinitas esencias inteligibles no-contradictorias a las que Dios puede dar existencia. Según pensamos, la «alta» tradición alemana de la filosofía de escuela moderna bebe de esta idea desde Leibniz a Heiddeger. Una existencia que acabará identificándose con el mismo sujeto humano. Pero igual que corregimos la existencia con la co-existencia, así hay que corregir la posibilidad con la composibilidad, algo que no se puede juzgar teórica o lógicamente como realidades efectivas de concatenaciones necesarias entre las partes, sino cuando se cierra una categoría y podemos determinar las variables (E.G. V). De este modo, toda filosofía espiritualista, o idealista, es filosofía ficción, imaginaria, que en cuanto composición intelectiva sólo podemos recuperar cuando advertimos sus fulcros de verdad prácticos (no diremos imposible pues caeríamos en su dicotomía). Si como hemos dicho, no existen partes últimas o atómicas (individuales) a las que quepa regresar (Prop. I) ni hay un fundamento lógico o racional omniabarcante de la realidad que las explique (E.O. VIII), del mismo modo se deriva del actualismo la tesis que hace de la necesidad, fuera de los marcos operativos reales que demuestran la compatibilidad efectiva entre unos términos y otros, co-necesidad entre los términos de una identidad. Por ejemplo, en las relaciones necesarias de los términos de una identidad sintética resultante de los contextos determinantes (E.G. III) que han de ser construidos «físicamente» (E.O. VII)

PROPOSICIÓN IX

La M.T. no se puede identificar con el Mundo. Pero el Mundo sí se puede identificar con el E.T.

Explicación: Dado que el Mundo se compone de todos y partes finitos que llamamos estromas y la M.T. es infinita indeterminación (E.O. I), no cabe identificarlos, pero dado que su conexión se puede establecer por la actividad del E.T. (E.O. V), cabe entender que el E.T. pueda «rebasar» el estado del Mundo pero no puede separarse de él, es decir, que E = Mi.

Escolio: Como parece ser que no hay necedad que no haya sido dicha por un filósofo, muchos han negado el mundo, caso del Ser parmenideo, otros han negado el Ser desde el interior del mundo, caso del positivismo, otros han negado el ego desde la Naturaleza, como el monismo naturalista, y al contrario (caso de Hegel). De este modo, podríamos seguir viendo combinaciones o formalismo reductivos del resto de ideas en las que nos apoyamos. Por ello, los sistemas filosóficos más potentes son los que más combinaciones abarcan, y esto en la medida en que, aun siendo idealistas absolutos, se estructuran en *Symploké* (por ejemplo, en el caso de Hegel). Lo que ya no admitimos son consecuencias que identifiquen el E.T. con la M. T. Y no porque haya creado el mundo o lo rija (Prop. VI), como creen muchos cosmólogos actuales, sino acaso porque esté obligado a totalizarlo e imprimirle una dirección. Sin embargo, en la medida en que una idea es una función, la propia idea de E.T. supone variables distintas que imposibilitan una dirección única, si acaso unas direcciones enfrentadas dialécticamente a otras (como veremos en la Parte III).

Corolario: Como la identidad es una relación que abstrae elementos que no ajustan entre los términos que identifica (por ejemplo, x = x, abstrae las particularidades de los signos mención) decimos que M_i y E funcionan como conceptos conjugados.

PROPOSICIÓN X

La M.T. no existe separada de los géneros de materialidad especial, pero no se reduce a ellos.

Explicación: Cada género de materialidad tiene contenidos distintos del resto de géneros, aunque no constituyen un todo que se cierre sobre sí mismo (E.G. III) decimos que los cierres de operaciones entre términos son categoriales, pero dado que su coordinación se establece por el E.T. y dado que la M.T. es pluralidad infinita y no podemos progresar a M_i (Prop. VII), concluimos de la circulación entre ontología general y especial, que no podemos determinar el número de géneros que engloba, ni ninguna otra cosa, constatando aquellos de los que hemos partido en función de las operaciones del E.T. (E.O. IV), lo que nos sitúa ante una pluralidad infinita que desconocemos, solidaria de un *ignorabimus* reverso del mundo, lo que nos obliga a estar expectantes e incorporar cualquier novedad, por radical que pueda ser, al mundo. Tal actividad define nuestro actualismo.

Escolio: Quien espera un Dios que los salve, o un *kairós*, o una revolución que genere un «Hombre nuevo» o un futuro sin corrupción ni injusticias, como quien espera la realización de la filosofía en el seno de la humanidad, anda preso en las contradicciones de toda utopía, el absurdo de una praxis donde el fin está desconectado de los medios para llegar a él, siendo arrastrados por la ignorancia y la incapacidad hacia cualquier otro fin distinto del que piensan, pues la existencia de algo depende de los medios con que se coordina, justo lo contrario de lo que pide la utopía.

Corolario: De aquí se deduce que, si sólo existe el mundo actual, no cabe una actualidad fija o final que «actualice» las restantes (por ejemplo, al modo de momentos de su manifestación). Lo que hace de toda escatología una mitología y a la filosofía un modo de estar en el mundo.

PROPOSICIÓN XI

La actividad del Ego Trascendental es en virtud de su potencia el referente último de toda actividad.

Explicación: La potencia o capacidad de acción que tienen unos estromas sobre otros alcanza su máximo radio en la operatividad sobre el *mundus adspectabilis* que define al E.T. (E.O. VI), de manera que, si en los organismos corpóreos vivos la propagación modifica su radio de influencia, los ortogramas o proyectos a escala universal que sólo se pueden llevar a cabo por un Estado imperial son por esencia la actividad máxima que se puede dar en el mundo. Es decir, el conjunto de operaciones configuradas desde el ortograma de una «sociedad totalizadora». Y sin embargo, esta totalización no puede cerrar, pues tiene como límite la propia M.T. (E.O. V)

Escolio: Hay quien niega estas entidades histórico-políticas, otros identifican estas variables (que ejercen de contextos funcionales) con otros referentes, como los dioses que gobiernan el mundo, cuando no lo han creado, o con emperadores divinizados, vinculando el Dios hijo a los hombres corpóreos, o incluso identificándolo con una subjetividad trascendental que se atribuye a una naturaleza trans-empírica en Kant. Así, podemos ver que el *Corpus iuris civilis* de Justiniano está bajo la advocación de las tres personas de la Santísima Trinidad, o que la Declaración Universal de los Derechos Humanos hereda la dignidad de las personas divinas, ahora bajo la advocación de otro mito, el de una Humanidad distribuida en cada una de las personas humanas. Que se niegue o se sustituya por algún mito el papel real de las operaciones imperiales a lo largo de la historia, se puede hacer, lo que se demuestra porque se ha hecho, pues no quieren ver que la historia se mueve por los imperios, y de estos hay muchos y muy distintos. Para nosotros, al negar estos imperios se niega el papel de primer orden que ocupa

España en la Historia Universal. La carga de negatividad que tienen estos términos, entendidos desde la violencia, la depredación o la contradicción, no permite entender la constante dialéctica histórico-política entre Egos Trascendentales incompatibles.

PROPOSICIÓN XII

La Materia ontológico general como límite negativo supone una catábasis o rectificación de los cursos que suponen un cierre o sustantivación reflexiva de la realidad, obligando a negar el espiritualismo de la conciencia (la auto-determinación), de la sustancia (el auto-conocimiento), de la libertad (la auto-poiesis) y de la verdad (el conocimiento unificado y total).

Explicación: Las conexiones de los sujetos apotéticos con un eco-entorno u otro siempre son parciales (E.O. III y E.G. I), y de ellos dependen para su homeostasis. De modo que negamos toda sustantificación y en general toda relación reflexiva o independencia operativa de una sustancia (con o sin cuerpo), pues toda operación es corpórea (E.O. VI y IX) y todo cuerpo co-existe con otros cuerpos (por la Proposición VII) con los que está vinculado, de modo que la reflexividad ni es originaria (es consecuencia de relaciones simétricas y transitivas), ni puede ser final. La idea de Materia trascendental es la negación de las formas separadas a auto-contextos absolutos separados, ya que es infinita, es decir, niega pseudo-ideas como el Dios aristotélico que se auto-conoce, el yo absoluto que se auto-determina, la conciencia espiritual que crea libremente o el Estado o clase universal que integra todos los saberes en una enciclopedia o ciencia unificada.

Escolio: La idea de unidad absoluta de la realidad, sea simple, atómica, vital o espiritual, originaria, alienada o final, fija o en movimiento, única o de infinitas partes, analítica o dialéctica, y cuantas configuraciones haya dado la sucesión de sistemas filosóficos, tiene que negar antes de nada la pluralidad irreductible de géneros de materialidad, y de paso, de categorías, y dentro de cada una de ellas, la pluralidad irreductible de órdenes de relaciones, y dentro de cada relación la pluralidad de fenómenos, y dentro de cada fenómeno la pluralidad de partes y así sucesivamente. Porque negar estas pluralidades lleva implícito de algún modo la negación de la serie, ya que tendría que progresar desde esa supuesta unidad simple a los fenómenos de partida, cosa absurda.

PROPOSICIÓN XIII

La ruptura del principio de desigualdad que resulta del tratamiento de la idea de Infinito, sólo es viable en función de la materia determinada.

Explicación: La ruptura de la teoría de los todos y las partes (contraria al E.G. III) según la cual hay estructuras donde no se cumple que «el todo es mayor que la parte» (llamadas meta-finitas), pues de algún modo cada parte tiende a identificarse con el todo, el todo con cada una de las partes y cada parte con las demás, requiere un contexto determinante que sostenga tales estructuras y las metábasis resultantes (como por ejemplo el código genético y la célula, los números naturales y los trans-finitos, &c.). En la medida en que se pierden tales determinaciones se recae en la metafísica (por ejemplo, en las ideas de partes que se contienen mutuamente, como la hostia consagrada, la idea de Pimpollo de Fray Luis de León, la vis monadológica leibniziana, la subjetividad distributiva kantiana, &c.), por ello, la idea de *Symploké* evita la hipóstasis metafinita que trabajaría con una parte de las partes o un todo de los todos, &c. (E.G. I). Se trata de estructuras donde se rompe la desigualdad entre la parte y el todo, afectando a la propia configuración de la idea de concepto, de clase, de relación, de género y de especie, por ejemplo, con la idea de «fractal universal». Sólo situándose en cada tipo de materia determinada podemos juzgar si tal ruptura es viable, y así hablaremos de fractales en las plantas o en la geografía, pero no de ambas a la vez.

Escolio: Muchos fundamentos de esta idea utilizan la dialéctica para salvar el problema que supone explicar cómo una parte, el alma, el entendimiento finito, una clase social o un momento histórico del espíritu, puede conocer el Todo de la realidad como tal. Para ello introducen un principio de transición, un postulado que lo haga necesario u otras formas que expliquen por qué si es así, no se ha sabido o no se puede saber. Pongamos por caso lo que ocurre en la idea de democracia, donde la totalidad del Estado se reduce a la suma de los individuos, es decir, al conjunto distributivo de los ciudadanos con derecho a voto, de modo que la democracia se entiende como gobierno del pueblo, bien por unanimidad, al modo anarquista asambleario, donde se ve que uno sólo ya es tanto como el todo, o por mayorías, de donde salen los representantes, que ahora son una parte (un partido político mayoritario) que se identifica con el todo. El problema de estos planteamientos metafinitos, en el caso del fundamentalismo democrático, consiste en evacuar los contenidos prácticos, concretos, por lo que hay que decidir, convirtiendo «el gobierno del pueblo» (un todo metafinito de partes iguales) en una ficción que de carta blanca a un grupo para que haga lo que quiera, convirtiendo la democracia, de hecho, en una oligarquía de partidos. Qué lejos está la supuesta voluntad del pueblo, ya no digamos la del individuo que va a votar después del día de reflexión, de lo que ocurre en un Estado democrático. La igualdad entre todos los individuos y el todo del Estado no tiene aquí aplicación alguna. Contra la pretensión holizadora del Estado que han llevado a cabo los diferentes géneros de izquierda al reducirlo a sus componentes atómicos (los individuos), hay que suponerlo compuesto de partes anatómicas.

PROPOSICIÓN XIV

No cabe suponer la existencia actual o posible de un cosmos o algún género de armonía universal.

Explicación: Si no todo está relacionado con todo (E.O. VIII) es imposible un orden de todos los órdenes como supone la idea de cosmos (Prop. V, E.), o una parte que conmensure armónicamente la realidad (lo que no puede llevarse a cabo) (E.O. I).

Escolio: Han sido muchos los intentos de elaborar una ciencia de las ciencias o conocimiento absoluto que diese con las medidas de la realidad, así se buscaron muchas unidades de medida, desde los elementos naturales a los divinos, desde los entes matemáticos a las sociedades humanas, pero ni el pensar que se identifica con el ser de Parménides, ni la omnisciencia divina, ni la *mathesis uiversalis* cartesiana, ni la fenomenología como ciencia estricta o la ciencia unificada han llegado a cumplir sus pretensiones. Lo cierto es que los conocimientos verdaderos y rigurosos sólo se dan en algunos tramos de las ciencias llamadas formales y naturales, las llamadas ciencias comunes a todos los pueblos, pues en las ciencias o categorías particulares de cada pueblo, las religiosas, lingüísticas, sociales, morales, artísticas, políticas o jurídicas, acaban librando su supremacía en algún campo de batalla.

Corolario: Cabe advertir que las consecuencias prácticas de esta proposición son inabarcables, por ejemplo, en materia jurídica respecto de la idea de Justicia Universal.

PROPOSICIÓN XV

Las esencias atributivas se levantan desde un género generador a través de una diferencia específica que da lugar al núcleo que generará el cuerpo y el curso de la esencia en función del contexto que abarquen.

Explicación: A diferencia de las esencias distributivas, un tipo de totalidades donde las partes son independientes respecto del todo (E.G. I), en las esencias o todos atributivos (o joreomático) las partes dependen unas de las otras en la formación del todo, por lo que hay que atender a su trabazón (E.O. VII), lo que puede ser estructural, al formar una unidad sistática, o pueden trabarse de un modo diacrónico, procesual. Del mismo modo, cabe diferenciar en estas totalidades atributivas, aquellas que generan contextos determinantes donde se producen identidades sintéticas sistemáticas, involucrando las unidades sinalógicas y las isológicas (E.G. III), o bien cuando esto no ocurre, identidades esquemáticas que involucran múltiples fenómenos contenidos en conceptos que van modificando su estructura en función del contexto en que se mueven. A estas identidades procesuales las llamamos esencias atributivas o técnicas (E.O. VI).

Tal desarrollo comprende un género generador donde en virtud de una diferencia que especifica lo que será el núcleo de la esencia en cuestión, irá con-formando los materiales del cuerpo esencial, que, según un curso, se especifica en función de los contextos que va absorbiendo hasta su cumplimiento o fin procesual dialéctico, cuando se agota la fuerza de su núcleo y la esencia desfallece.

Escolio: Los que sólo conciben las ideas como esencias porfirianas o distributivas estarán presos de las polémicas sobre los universales (distributivos), perdiendo de vista las realidades operativas que conducen a los contextos determinantes que generan las relaciones de necesidad categorial, las verdades de tipo α-operatorias.

PROPOSICIÓN XVI

La necesidad de las cosas deriva de los órdenes de co-determinación, cuyo primer analogado son los sistemas materiales de identidad.

Explicación: Si bien los esquemas materiales de identidad son órdenes técnicos, pues de algún modo incluyen las operaciones de los sujetos (E.G. III), es decir, suponen contenidos con nexos apotéticos (perceptivos, a distancia) entre sus términos, o de otro modo, son fenómenos que dependen de operaciones para su cierre, ocurrirá que cuando por sistema, en una ordenación de los elementos de sus bases sistáticas, alternativa a otras, las operaciones que han llevado a su construcción queden neutralizadas según contextos determinantes, las partes apotéticas concatenadas sicológicamente serán expulsadas del entrelazamiento de los términos del campo, es decir, los nexos serán paratéticos (enlaces de «cosas con cosas»), y la necesidad presidirá sus relaciones de identidad (E.G. V).

Escolio: Muchos han sido los intentos fallidos para dar con un método o camino a la Verdad. Cuando Aristóteles extiende los principios de la lógica a la totalidad de las categorías se creyó poder identificar la idea de necesidad con la deducción según principios lógicos, que en Aristóteles se diversificaba en cada tipo de ente categorial, con el inconveniente de no poder aplicarse a su conjunto, es decir, no afectaba al «ser en cuanto ser», algo que la metafísica escolástica soluciona al identificar el ser con la verdad divina. Cuando empieza a caer la onto-teología, el problema se vuelve a plantear con la multiplicación de ciencias del S. XVII y sobre todo en el S. XIX. Lo que conduce de nuevo a hipóstasis del método en Descartes, a la lógica trascendental del sujeto en Kant, la dialéctica de la negación-superación en Hegel y Marx, o a la fenomenología egológica en Husserl. La reacción positivista del S. XIX tratará de apoyarse en alguna ciencia como fundamento del conocimiento: el psicologismo de Stuart Mill, la sociología de Comte, el lenguaje lógico en Wittgenstein, &c.

Corolario 1: Si partimos de que las operaciones técnicas con materiales cuando dan con contextos determinantes son las responsables de que aparezcan órdenes de conexiones paratéticas (como un caso más de los contenidos del Mundo), en la medida en que se produzca una confluencia de cursos operatorios, podemos hablar de sistemas de identidad entre algunos de los múltiples fenómenos de un campo categorial (cuyas concatenaciones necesarias, e insospechadas, desarrollan las teorías científicas), adquirimos una capacidad plena y total para operar sobre el campo de partida, dejando de ser técnicas para convertirse en trasformaciones tecnológicas. Lo que traerá de paso consecuencias insospechadas sobre otros campos y consecuencias e involucraciones imprevisibles, diversas, múltiples y muchas veces incompatibles con otras. Si a tales cambios y configuraciones las llamamos «ideas», su tratamiento sistemático le corresponderá actualizarlo a la «filosofía».

Corolario 2: Como tal capacidad o potencia operativa disminuye en función de la distancia que las partes de una ciencia mantengan respecto del primer analogado de cientificidad (que denominamos α_1) y como tales metodologías se gradúan en función de la expulsión de las operaciones del sujeto del campo (en virtud de sus contextos), en las ciencias humanas y etológicas, donde la determinación de la necesidad de las relaciones entre sus términos aparece a costa de perder su especificidad categorial, no se alcanzará control tecnológico alguno, sino únicamente técnico. De modo que en aquellas técnicas donde las operaciones del sujeto temático y el gnoseológico sean contiguas, es decir, donde hay un doble plano operatorio, pues no se han neutralizado las primeras en los resultados a que conducen las segundas, la identidad entre los términos queda abierta por nexos apotéticos, según un vacío o *kenosis* configurado por fenómenos perceptivos, por lo que la fluctuación de la categoría la hace inestable, abierta, y su tratamiento operatorio se percibirá como externo, postizo, «voluntario», es decir, en función de fines que atraviesan el campo, dando un aspecto violento a las operaciones sobre los términos, principalmente en metodologías de determinación coactiva de unas operaciones por otras en β_2 (caso del Derecho).

PROPOSICIÓN XVII

Toda unidad (como conexión de partes) adquiere una identidad en función del contexto.

Explicación: Una estructura supone una ordenación o concatenación paratética de sus partes (Gustavo Bueno pone el ejemplo de una serie de listones paralelos soldados a dos barras transversales), ahora bien, en la medida en que, por el principio de *symploké* (E.O. VIII), tal estructura está vinculada a otros estromas del contexto en que está envuelta, la identidad de tal unidad de partes quedará determinada por ese vínculo (así, la estructura que tomamos como ejemplo, puesta de pie, toma la identidad de escalera, pero tumbada sobre una pared, toma la identidad de una valla).

Corolario: Esta proposición tendrá aplicación en las técnicas y las ciencias que no logran el cierre categorial de sus campos de operaciones, en la medida en que el cierre fenoménico que logre la unión de sus términos estará en función del contexto donde se mueve (E.O. VI). Ejemplos hay muchos, la unidad gráfica de una palabra (ser, gato, puerta, &c.) adquiere su identidad del contexto sintáctico en la que está inserta. La unidad de una estructura rotatoria adquiere la identidad de rueda en un carro, cuando su origen parece estar en la posición horizontal de un torno de cerámica. La unidad de una máscara facial tribal adquiere su identidad mágica en un ritual, una identidad «antropológica» en un museo etnográfico, y una identidad artística en una galería de arte.

Escolio: Desde que Aristóteles introduce la idea de un ser separado, a saber, Dios, es decir, un modelo de ser que por ser perfecto (inmóvil) no tiene contexto, al ser *causa sui*, y definirse por ser pensamiento de sí mismo, *noesis noeseos*, aparece un modelo ideal límite cuya repercusión sobre toda la historia de la filosofía posterior en la que no dejó de influir, resultó catastrófico para los sistemas filosóficos que hacen pie en él. Incluso Hegel definirá el Espíritu Absoluto en estos términos (recordemos las frases con que finaliza la *Enciclopedia*), también es cierto, que poco antes que la termodinámica demostrase que tal suerte de «motor inmóvil» es incompatible con sus principios.

PROPOSICIÓN XVIII

La multiplicidad de las ciencias implica la inconmensurabilidad entre las categorías.

Explicación: Con el aumento de la pluralidad de órdenes de relaciones necesarias entre partes de la realidad según se van cerrando sus campos (E.G. III), dado que cada una de ellas proviene de una técnica concreta respectiva o de varias, se producen definiciones y clasificaciones, modelos y demostraciones de sus relaciones que expulsan como impertinentes y contrarios a la categoría gran cantidad de materiales de los que por así decir, se alimentan otras categorías, como ocurrirá entre materiales históricos o étnicos, o entre materiales médicos y biológicos, o entre tratamientos jurídicos y psicológicos (como los últimos dos siglos acreditan), demostrando la imposibilidad de una unidad de las ciencias, o siquiera una enciclopedia de las ciencias desde donde se explique todo, pues de algún modo presupone el todo al que llegar (E.O. I). Ahora bien, como tampoco cabe separar las categorías como si perteneciesen a mundos distintos, pues suponen partes del mundo cuya reunión es el trabajo del E.T. (E.O. IV), decimos que tienen órdenes de medida distintos, lo que significa inconmensurabilidades entre sí (E.G. IV).

Escolio: Sin embargo, hay que decir que el plano teórico o «abstracto» de las ciencias modernas quedó eclipsado al sustituirse el papel de Dios en el mundo, por el papel del Espíritu humano a partir el racionalismo cartesiano, apoyándose en la inteligibilidad metódica de las diferentes legalidades que conducen a la inversión teológica (principalmente con la filosofía natural newtoniana y la economía política). Un episodio fundamental fue la filosofía trascendental kantiana y luego absoluta, cuando para los pies (en el plano nematológico) a la ciencia newtoniana como conocimiento real del mundo, situando en el plano práctico al Sujeto humano en el lugar de Dios. Como consecuencia la ciencia es eclipsada en el orden práctico a través de una actividad metafísica espiritual cuyo plano ético o moral deriva en un gnosticismo que se diversifica en una esquizofrenia de identidades «libres» e independientes del cuerpo, donde las mismas estructuras del mundo (lingüísticas, biológicas, institucionales, estatales, &c.), se convierten en micro-poderes alienantes y «castradores». Por lo que el orden práctico, ético o moral, sirvió de argamasa para neutralizar el problema de las inconmensurabilidades que instauran las ciencias efectivas, tratando siempre de domesticar las incompatibilidades que resultan de la pluralidad de instituciones bajo la «posibilidad» suareciana de superar el *ignoramus*. La función que nosotros damos a M consiste en asumir que tal *ignoramus* encierra un *ignorabimus* (E.G. VI)

Corolario: En la medida en que no cabe conmensurar las categorías, pero tampoco separarlas (pues el discontinuismo no implica la separación absoluta, lo que nos llevaría a postular otros mundos no comunicados con éste, algo que negamos con la idea de E.T.) llamamos incompatibilidades a los choques entre instituciones que sufren esos desajustes en su funcionamiento normativo, bien porque lo distinto busque lo mismo (las religiones ecuménicas y el dominio del mundo que ha creado su Dios respectivo) o porque lo mismo genere lo distinto, como acreditan las ramificaciones de vertebrados o mamíferos, o los Estados universales modernos que buscaran sustituir desde sus nematologías «reformadas» a la Iglesia católica. Estas incompatibilidades son las que dan razón de ser al Derecho.

PROPOSICIÓN XIX

Los ejes gnoseológicos para clasificar los materiales de las ciencias son tres: el eje sintáctico, el eje semántico y el eje pragmático.

Explicación: En la medida en que las categorías científicas constituyen el mundo y lo transforman (Prop. XVI. E.), los esquemas de análisis de las ciencias y sus estructuras esenciales requieren un plano «gráfico» a través del cual se identifican los referentes y los términos que los designan y desde cuyas relaciones operamos (E.G. II). Según esto, los productos relativos que permiten clasificar los contenidos de las categorías científicas se repartirán en tres ejes que permitan disociar tales contenidos entre sí, a saber, signos con cosas en el eje semántico, signos con operadores en el eje pragmático y signos con otros signos en el eje sintáctico, a la vez que explicarlos por sus relaciones mutuas. Entenderemos que la aplicación de este doble plano a las ciencias, en tanto suponen cosas y signos, nos permiten correlacionarlos para identificar sus elementos en la medida en que los signos son instituciones que acompañan los procesos de transformación de los objetos y estructuras del mundo. Así, un primer eje sintáctico de las ciencias comprende términos, relaciones y operaciones, un segundo eje semántico comprende un sector fisicalista, un sector fenoménico y un sector esencial, y el tercer eje pragmático comprende autologismos, dialogismos y normas.

Escolio: Los ejes de coordenadas del espacio gnoseológico se enfrentan a las doctrinas que creían poder explicar la ciencia desde la Naturaleza, por ejemplo, describiéndola según se percibe tal cual está dada; desde Dios, al que pretenderían adecuar sus operaciones lógicas o intelectivas; o desde el mismo hombre, entendiendo la ciencia como una construcción mito-poiética a su medida. Nada de eso ocurre, hay que poner en las operaciones técnicas con materiales determinados el origen de cada una de las ciencias, incluyendo la lingüística, una ciencia con un campo tan «particular» como cualquier otro.

PROPOSICIÓN XX

Cuando la multiplicidad de desajustes entre términos y relaciones presentes en varias categorías a la vez, hagan imposible su ordenación por vía conceptual, pues son los conceptos concatenados en diversas categorías los que tal conflicto generan, se requerirá volver sobre las operaciones originarias de enlace o conexión técnica que actúan en su base.

Explicación: Si las conexiones son el fundamento de las relaciones (E.O. VII), tenemos que suponer que el incremento progresivo de esas conexiones tenderá a aumentar el grado de incompatibilidad entre ellas (E.G. IV), y en la medida en que la superposición de términos y operaciones conduzca a conflictos permanentes, particularmente en las ciencias humanas y etológicas, obligará a intervenir «quirúrgicamente» sobre el campo (Prop. XIV, E.), buscando eliminar aquellas operaciones que sostienen conexiones entre los términos de los que se nutren sus relaciones (por ejemplo, en las categorías económico-políticas en función de las crisis provocadas por el incremento de los nexos comerciales y productivos hasta ahogar las relaciones financieras que impiden la circulación recurrente de la moneda) o de aquellas partes cuya conexión operativa impiden la recurrencia y el equilibrio original. Como esta intervención no cabe justificarse desde la inmanencia de cualquiera de las categorías implicadas, se llevará a cabo desde el contexto en que está inserta (desde el exterior), y en su caso, desde técnicas de segundo grado, por ejemplo, desde las categorías políticas (lo que ya hemos dicho que aparecerá como no-necesarias, o «no-naturales»), lo que obliga a «tomar postura» frente a otras alternativas (Prop. XVI, C. 2)

Escolio: Decimos esto, contra los que niegan el carácter destructivo de las técnicas, porque recurran a un ingenio creador humano o divino, y contra los que niegan los choques entre los diversos contenidos de las mismas ciencias, por ejemplo, los diferentes ritos y dioses, o los distintos sistemas legales, o las diferentes gramáticas, &c., bajo el postulado que supone una religión natural, un Derecho natural o un lenguaje natural donde se borren las diferencias y con ello los conflictos conceptuales. A todos estos y a otros muchos que sostienen la armonía y la paz universal (real o posible), les diremos que su posición sólo se entiende por oposición a los procesos reales (por ejemplo, reducidos a apariencias), de modo que para asegurar sus tesis tendrán que rebatir o eliminar la historia «realmente existente» donde el enfrentamiento deriva precisamente de buscar tal armonía y semejante paz, pues el conflicto sobre cómo lograrla obliga a imponer unos modos, a lo que otros sin duda se resistirán, obligando a los armoniosos pacíficos a negar en el ejercicio lo que suponen en la representación, perdiendo de paso la razón (que como veremos en la Parte II, es institucional).

Corolario: Existe un procedimiento para solucionar estos conflictos dentro del Estado, a saber, el Derecho, lo que tampoco lo garantiza, pues fuera del Estado requiere acuerdos de intereses frente a terceros, o si no, guerras y cruentos desenlaces para determinar quién juzga y condena a quién.

PROPOSICIÓN XXI

La determinación y la necesidad opera a escala individual, el azar o la «libertad objetiva» aparece al nivel de clases.

Explicación: Si los referenciales y los fenómenos están sujetos a las co-determinaciones en las que están comprendidos causalmente (por el E.G. III y E.O. VI), sin perjuicio de que no agoten su materia, pues tienden continuamente a desbordar tales conformaciones (E.G.

VI), ya no podemos decir lo mismo al nivel de las clases, donde los particulares, sean términos o fenómenos, son intercambiables sinecoidemente, es decir, independientemente del elemento de la clase que satisfaga la relación. A tal indeterminación la llamamos azar o libertad.

Escolio: Desde el «espíritu subjetivo» se suele ver de un modo opuesto. Pero tal indeterminación no cabe aplicarla a la historia fenoménica, en la medida en que sus términos son idiotéticos (no intercambiables), aunque tampoco podamos conocer tal determinación en la medida en que es multi-causal y caben distintas líneas de totalización. Dicho de otro modo, a escala subjetual (emic), parece que el azar se da al nivel de cada conducta proléptica en la medida en que está *in fieri*, pues no conoce las causas que operan sobre el mismo (inconsciente objetivo). La necesidad reaparece (etic) a nivel institucional cuando pueda totalizarse de algún modo el conjunto de causas y consecuencias en que está envuelto la línea de sus actos. Lo que hace de su conciencia subjetual un fenómeno, que sólo desde su final (etic) y retrospectivamente podemos ver como necesario.

Corolario: El orden jurídico recoge en sus mismos componentes estructurales el carácter procesual (propositivo) del sujeto como presupuesto de partida, es decir, serán supuestos de partida: el conocimiento de las normas, la racionalidad de los fines, el control de los impulsos, la responsabilidad de los actos, &c. Por ello, la propia idea de «libertad» del sujeto jurídico no se puede atribuir a su naturaleza o a su razón, sino al sistema institucional que así lo determina (estos problemas serán tratados en la parte final).

PROPOSICIÓN XXII

El dominio y la transformación de partes del mundo se realiza a través de las técnicas y las tecnologías en la medida en que suponen su destrucción y posterior re-ordenación.

Explicación: La resistencia que ofrecen los estromas depende del campo de codeterminación o «Armadura» donde están insertos (E. O. VI y Prop. III), por lo que sólo a través de la intervención causal, al descontextualizarlos y analizarlos por operaciones de partición y re-totalización operatoria podemos conocerlos (E.G. II). A las normativas de estas secuencias operatorias las denominamos técnicas (E.O. III y Prop. XIV). Cuando tales técnicas son pre-ambulares, es decir, en tanto a su través se produce la Anamórfosis o reestructuración de sus partes a otro nivel, se abre paso la ciencia (E. O. III y Prop. XVI), lo que permite transformaciones del campo a nivel tecnológico, es decir, re-ordenaciones de un nivel totalizador superior al de partida (por la Prop. XVI. C. 2).

Escolio: Hemos llamado «eclipse de la técnica» al proceso que con la aparición de la geometría griega (gráfica) comienza con Aristóteles y llega prácticamente hasta el S. XIX. Tal eclipse, ha impedido dar a la técnica la importancia que tiene. El mundo antiguo entenderá que las técnicas imitan la Naturaleza, considerándose artes serviles en el Medievo y simples prótesis para poder vivir mejor en el mundo moderno. Paradójicamente, a partir de las tecnologías que aparecen con las ciencias contemporáneas se produce una mitificación de la técnica, vista como un monstruo autónomo, como un poder deshumanizador, como esencia del mundo occidental o como proyección de estructuras humanas sobre la realidad. Frente a las tecnologías, las técnicas (en la línea artesanal) se verán como el modo en que el *Dasein* «pastorea» el ser. Pero si la técnica tiene un papel trascendental no será por su hipóstasis, sino por ser la base de las ciencias, lo que sólo ocurre con algunas de ellas, las que alcancen contextos determinantes y el consiguiente cierre de partes de la categoría, será entonces cuando podamos hablar de tecnologías con las que los ingenieros están transformando el mundo a nivel atómico. Este eclipse lo ha explicado mucho mejor Gustavo Bueno a través de la idea de querella entre la concepción de las artes y las ciencias humanas y la concepción de las artes y las ciencias divinas, cuando esta última ha ido transformando la ontología de lo divino a través de los siglos configurando una ontología en la que se mueve toda la sofística actual.

PROPOSICIÓN XXIII

La teleología es el modo de co-determinación de las morfologías vivas. Igual que la finalidad lo es de las morfologías institucionales.

Explicación. Las morfologías orgánicas, como dientes, manos, ojos, &c. son de carácter alotético, es decir, se generan y adquieren su configuración a través de su referencia a terceras morfologías del medio de las que toman su funcionalidad: las garras de la presa, lo ojos del nivel de luz, &c. (Prop. XII). Sin embargo, tal involucración en el medio, a nivel antrópico, se produce por la finalidad que se ejercita en las instituciones como marco de la racionalidad humana, ya no ontológico, sino antropológico (como veremos en la Parte III, la idea de Institución se origina en el campo del Derecho, cuya esencia es el cometido de este ensayo).

Escolio. Si consideramos a la naturaleza de las cosas de modo autotético, o para decirlo en términos filosóficos, a partir de los modelos eternos de las sustancias aristotélicas (los astros y Dios), cuyo modelo de perfección es la separación del mundo y la reflexividad pura que trabaja con componentes comunes al entendimiento productivo, no podremos entender nada, pues trabajan principalmente con totalidades distributivas, que como clases o conjuntos han abstraído las manipulaciones técnicas que están a su base, para decir con Linneo que «tantas son las especies como Dios creó en un principio». La revolución lógica que introduce el darwinismo en biología hace a unas especies (clases, formas) descender de otras a través del medio, es decir, totalidades atributivas, y nos obliga a tomar como modelo de racionalidad el contrario que postula el Dios aristotélico, un modelo que se repitió a lo largo de toda la filosofía en formas de monismo y fundamentalismo. Ahora ya podemos fijarnos en las operaciones y las normas para ver la importancia de los fines institucionalizados según cursos recursivos de carácter ampliativo (Prop. XV).

PROPOSICIÓN XXIV

Las operaciones corpóreas finalistas, en tanto implican desplazamiento y sucesión, son el fundamento de la conjugación de las ideas de espacio y tiempo.

Explicación: Si de la M.T. no podemos deducir nada (E.O. I y V), las unidades de sucesión temporal y de medida espacial tienen que caer del lado de la ontología especial, es decir, del Mundo (E.O. II y III). Como el Mundo es una idea cuyos contenidos están vinculados a través del E.T. (E.O. IV), cabe sostener que los componentes espaciales y temporales de sus contenidos derivan de unidades de sucesión y de desplazamiento vinculadas a la actividad operativa del E.T. (Prop. V y X).

Escolio: Tales ideas de espacio y tiempo no cabría entenderlas como accidentes de la sustancia, o como sensorios absolutos divinos (menos aún de la subjetividad), pero tampoco cabrá sustantivarlos al modo de «dimensiones» (lo que no es otra cosa que «modos de medir») de la física relativista (sino más bien, como parámetros de las ecuaciones relativistas).

PROPOSICIÓN XXV

Las escalas conceptuales del Espacio y el Tiempo son distintas en cada categoría según la estructura de sus materiales y la segmentación de sus órdenes procesuales.

Explicación: Que el E.T. sea la unidad de medida de las determinaciones de la materia finita (Prop. IV y IX), no significa que todas sean iguales, pues decimos que, al contrario, en el principio de su *regressus* están las operaciones, pero en el *progressus* cada orden de materiales se organiza según sus legalidades «propias» (las que se constituyen a partir de las operaciones técnicas) (E.G. III). Así, serán distintas las escalas y segmentaciones del tiempo y el espacio del campo psicológico, del cosmológico, del geológico, del biológico, del social, del jurídico, &c., pues distinta es la conexión y el orden de sus elementos (E.G. IV)

Escolio: Quien concibe un espacio y un tiempo absolutos tendrá que superponerlos con independencia de las operaciones para conocerlos, y al contrario, quien las haga depender de las operaciones con independencia de los esquemas y sistemas materiales de identidad, no podrá explicar las escalas en que se configuran. Ahora bien, todos los modos del espacio-tiempo (psicológico, etológico, paleontológico, biológico, histórico, &c.) estarán vinculados al sujeto operatorio según niveles de coordinación entre sus fenómenos respectivos. Por ello, fuera de los estados α-operatorios de las ciencias, los ajustes temporales y espaciales afectan a la esencia operatoria (técnica) de la categoría, ya sea en Historia, Derecho, Economía, Política, &c. (y así tendremos que aplicarlo a la constitución de la esencia del Derecho que veremos en la Parte IV).

PROPOSICIÓN XXVI

La pluralidad de los contenidos del mundo se distinguen por los órdenes de co-determinación en función de los cuales aparecen las inconmensurabilidades entre ellos, lo que no significa que puedan separarse, por ello hablamos de discontinuidades en función de las Armaduras que limitan sus procesos causales.

Explicación: Ya hemos hablado de esto, si insistimos es porque la prioridad de la materia determinada (E.O. IX), es decir, de las co-determinaciones, nos pone ante las inconmensurabilidades, y si no, sería imposible dar con ellas. La pluralidad e inconmensurabilidad ontológica de géneros de materialidad, en tanto suponen su disociación pero no su separación (E.G. IV), significa que sus contenidos no tienen por qué entenderse vinculados todos con todos como supondría el monismo, ni tienen porqué entenderse por separado, como si fuesen mundos distintos (E.O. VIII). De modo que, a nivel categorial, los órdenes que se establecen dependen de las conexiones y desconexiones operatorias a partir de las cuales se configuran sus campos de términos y relaciones (E.O. VII).

Corolario: Que haya relaciones de identidad necesarias y universales en M_3 (Prop. V), no significa que se puedan separar de los términos fisicalistas que organizan (M_1) (por la Proposición anterior), igual que la disociación de fenómenos psíquicos (M_2) no cabe separarlos del propio cuerpo del sujeto (M_1).

Escolio: Mientras que el monismo y el atomismo conducen hacia el escepticismo radical o hacia la unificación de las ciencias, el principio de Symploké se configura en el espacio gnoseológico como multiplicidad e irreductibilidad entre las categorías (E.G. IV). Los que niegan el «paralelismo» entre los géneros, pues no están separados pero no se confunden entre sí, suelen caer en formalismos reduccionistas, por ejemplo, en naturalismos (en torno a M_1), psicologismos o sociologismos (en torno a M_2), esencialismos (en torno a M_3), así como sus combinaciones. Hay que advertir que el idealismo de corte fichteano o hegeliano puede asumir la *Symploké* de los géneros en virtud de su dialéctica, lo que, sin embargo, se ven obligados a negar en Ontología general.

PROPOSICIÓN XXVII

Cuando las operaciones y las determinaciones técnicas de la materia ofrecen relaciones de identidad entre los términos de un campo, en virtud de las cuales podemos entender cerrada esa categoría, es cuando fructifica y hay un desarrollo pleno de la misma.

Explicación: A los principios organizativos de los estromas o las partes del Mundo sólo se llega a través de operaciones de destrucción y reorganización según separaciones y aproximaciones, enlaces y fracturas (E.O. VII y Prop. XVI). Sus resultados, con independencia de los fines operativos buscados, nos ponen ante distintos esquemas, ciclos de invariancias y en el mejor de los casos, sistemas de identidad, que se agrupan en categorías. Las relaciones de identidad entre los términos que de aquí resultan nos permiten derivar otras muchas relaciones y términos distintos de los de partida, multiplicándose según cada cierre categorial de modo distinto (por ejemplo, en la química). Esto hace de cada ciencia un complejo arracimado de instituciones que analizamos en función de los ejes gnoseológicos, en torno a las identidades sintéticas que arrojan sus contextos determinantes (Prop. XIX).

PROPOSICIÓN XXVIII

No sólo cabe hablar de esencias en referencia a los sistemas de co-determinación de identidades sintéticas, también podemos advertir la co-determinación procesual de operaciones según cierres fenoménicos en los campos etológicos y humanos.

Explicación: Aquellas categorías que no tienen cierres estrictos, en la medida en que no pueden segregar las operaciones de sus campos de términos (Prop. XVI, C2), sí pueden alcanzar cierres fenoménicos, es decir, a partir de los materiales implicados se pueden determinar órdenes pluri-causales y estructuras fenoménicas, según su grado de des-vinculación con los contextos en que se mueven.

Escolio: Quien suponga que tales fenómenos son anteriores a la constitución de la disciplina, por ejemplo, los fenómenos históricos de la propia Historia como categoría científica, no atiende al dialelo que supone tales cierres o sistematizaciones fenoménicas, es decir, la delimitación e identificación de los fenómenos de la categoría sólo se produce con su concatenación conceptual a partir de la formación de la misma (hiper-realismo). De modo que no se puede hablar de fenómenos en general (dados a un sujeto absoluto, como hacen «al modo» alemán) sino que solamente con la concatenación de los conceptos en teorías específicas podrán irse cerrando las capas de fenómenos, por ejemplo, en cuanto históricos, y ya no morales, religiosos, personales, &c. Lo mismo podemos decir de los términos de las ciencias, pues suponer su campo con anterioridad a las mismas supone una duplicación o hipóstasis del cuerpo de la misma, cuando las ciencias son constitutivos del propio hacerse del mundo. Aquí la dialéctica de la ciencia establece un dialelo que tiene que ejercitar quien lo niegue, pues sólo a partir de su constitución científica (necesaria) podemos incorporar fases del mundo anteriores o posteriores. Admiramos a Platón cuando une el conocimiento y el ser de algo, al distinguirlos, pues el conocimiento surge rectificando dialécticamente las apariencias (algo esencial en el Derecho).

PROPOSICIÓN XXIX

Las causas y las razones de las cosas no están desvinculadas, en tanto la pluralidad de transformaciones causales de esquemas materiales de identidad físicos (M_1) son múltiples en cada categoría, por lo cual podemos establecer proporciones y correspondencias que llamamos «razones» (o si se quiere clases o formas análogas), no sólo en cada categoría, sino entre unas y otras, pues pueden cruzarse en su desarrollo.

Explicación: Si las causas y efectos no ofreciesen órdenes de sucesos vinculados a identidades concretas (Prop. XVI), no cabría hablar en absoluto de conceptos, pues no habría co-determinación entre términos o fenómenos, pero supuesto que las hay (E.O. VI), no cabe la equivocidad entre ellos, pues estaríamos suponiendo «hechos» atómicos independientes (o unidos mentalmente, lo que es lo mismo), lo que negamos con el principio de *symploké*. Luego, nos acogemos a las operaciones y sus resultados como modos racionales o proporcionales en que cabe organizar cada categoría técnica, así como a las analogías entre las categorías, es decir, a lo que llamamos ideas.

Escolio: Está muy extendido un tratamiento de estas analogías entre categorías, por ejemplo, como modos de inter-disciplinaridad, como superación de momentos, como «*formas mentis*» comunes, o cosas semejantes, sin darse cuenta de la inconmensurabilidad radical que media entre tales análogos, que ni se pueden juntar a voluntad (formando baciyelmos), ni eliminarlos como inexistentes, pues son *simpliciter diversa*, esencialmente distintos, y sólo *secundum quid eadem,* semejantes por el nombre.

PROPOSICIÓN XXX

La causalidad operatoria o potencia que tiene algo para modificar o influir en otras cosas es siempre actual.

Explicación: El estado del Mundo siempre es actual (Prop. IV y X), que esté determinado por la actividad pasada (que ya no existe) y que esté determinando el futuro (que está por existir) (Prop. XXIII), sólo habla del carácter procesual de tal actualidad (*joreomática*), de modo que algo no sufre o ejerce influencia sobre otra cosa si no es en el presente en marcha, actualidad que queda definida por aquellos elementos que se influencian mutuamente. Otra cosa es que los contenidos del pasado y del futuro en cuanto ideas que son, no puedan ser modificados, pero esta modificación también es actualista, correspondiendo a cada ciencia establecerlas (pongamos como ejemplo la Historia como construcción con reliquias y relatos).

Corolario: Tal carácter toma un aspecto dramático cuando exige una resolución concreta (por ejemplo, porque requiera tomar partido entre alternativas «opuestas») como único medio de mantener la recursividad institucional, nos referimos al caso de la funcionalidad política pero también a la jurídica (lo que explica el aforismo según el cual nada se parece tanto a la injusticia como la justicia tardía).

PROPOSICIÓN XXXI

La actividad causal, según grados de efectividad y dirección de su influencia, es, según su núcleo, el principio de la esencia de la cosa o estroma.

Explicación: Como toda actividad operativa es actual (Prop. IV y X), su posibilidad siempre es retrospectiva, por lo que sólo se puede decir que algo era posible si se demostró de hecho, según el *dictum* escolástico: *De posee ad factum non valet illatio.* Lo que la convierte en necesaria (Prop. VIII). De este modo la esencia de algo no es más que su actualidad, es decir, su efectividad o potencia. Esto no significa que las esencias se reduzcan a las actuales, no lo son en cuanto ejercicios que fueron actuales en el pasado, del mismo modo que si siguen siendo lo que son, en cuanto esencia, tendrán que ejercer esa actividad en el futuro. De modo que las esencias son co-determinaciones estructurales o procesuales entre partes o series de elementos que si existen sólo puede estar en ejercicio (Prop. XV y XXX), pues si no, no podemos hablar de co-determinación, (del mismo modo que no podemos hablar de la realidad de un sistema planetario desvinculado de las fuerzas gravitatorias que establecen el movimiento y la posición de los planetas y su influencia sobre el resto del sistema). De este modo, el aumento o disminución de su fuerza está en función de su efectividad o desarrollo esencial. Y decimos principio de la esencia, porque las esencias requieren la dialéctica con el contexto o medio en que se desarrollan (Prop. XV).

Escolio: Contra los que niegan las esencias, reduciéndolas a fenómenos mentales o a meros signos, así como contra los que las hipostasian, situándolas por encima de los fenómenos, afirmamos que la co-determinación entre términos de un campo se demuestra por la reiteración de procesos fenoménicos según unos parámetros. Cuando esta reiteración esencial requiere las operaciones, hablamos de procesos técnicos o ciencias que recaen en metodologías β-operatorias. El Derecho sería una de ellas en la medida en que la esencia en que se configura requiere de las operaciones en su mismo núcleo.

PROPOSICIÓN XXXII

Las esencias procesuales forman «aleaciones» en la medida en que absorben nuevos contextos en su curso esencial dialéctico, según esto, la potencia para adecuarse a la transformación del contexto del que tienen que hacerse cargo, mide su desarrollo, hasta que desfallecen al agotar sus cursos.

Explicación: La potencia de un cuerpo esencial según su núcleo activo (Prop. XV), se muestra en el curso de su desarrollo (Prop. XVI, C2) cuando cada una de sus especies se define en función de nuevos contenidos, hasta que al alcanzar su límite desfallece tal proceso.

PROPOSICIÓN XXXIII

Los teoremas donde se formalizan las verdades ejercitan en el plano gráfico las relaciones entre los términos fisicalistas.

Explicación: Las ciencias y las técnicas transforman el mundo a todos los niveles (Prop. XXII), según una potencia que tiene en su base a las propias técnicas con grafos fijos de anverso que confluyen en el alfabeto griego, y los números y las figuras geométricas, donde se dan las primeras demostraciones científicas rigurosas allá por el S. III a.n.e. (por ejemplo, el teorema de Pitágoras tal y como lo demuestra Euclides). De modo que en adelante las operaciones gráficas y las operaciones objetuales están vinculadas necesariamente (Prop. XIX). En todo caso, lo importante es señalar cómo la operatividad propia de cada categoría, por ejemplo, en termodinámica con los hornos, en mecánica con las palancas y los ejes, en el electromagnetismo con imanes, hierros y luces, &c., está vinculada a signos gráficos que nos permiten desarrollar operaciones y relaciones en el plano (como ocurrió con las leyes escritas de los primeros imperios o con la música de partitura a partir del S. XI).

APÉNDICE

Para quien no vea la necesidad, la conexión o el encaje de estos estromas ontológicos y gnoseológicos con una estromática jurídica, ensayaremos una historia de las concepciones del Derecho al hilo de las ordenaciones básicas de la ontología. En efecto, las escasas proposiciones que hemos introducido en esta primera parte no nos hablan de una ontología dada y estructurada *ad aeternum*, de modo enterizo, obviando al resto de ontologías y sus parámetros históricos. Antes bien, nos permitirá re-exponer otros modos de ordenar la realidad y su conocimiento de un modo sistemático. Para ese fin utilizaremos las ordenaciones de las ideas de la ontología general del Materialismo Filosófico, el Mundo, el Ego Trascendental y la Materia Ontológico General (M_i, E, M) según se ordenen como inclusión de clases en cada una de las etapas en las que se divide la «Historia Universal»: la época antigua donde el E.T., está incluido en la Naturaleza, a su vez determinada por un Logos o destino universal ($E \subset M_i \subset M$), la Edad Media, donde la Naturaleza cae bajo un orden que ha creado Dios ($M_i \subset M \subset E$) y la época o Edad Moderna, donde la Naturaleza se subordina al E.T., sin agotarla ($M_i \subset E \subset M$). Unas fases o etapas que a su vez serán recorridas desde un *ordo cognoscendi* ascendente o descendente. Esto nos da seis modelos ontológicos que utilizaremos para clasificar, a grandes rasgos, los diferentes modos de fundamentar la filosofía del Derecho que se han sucedido hasta la actualidad.

El problema de las direcciones cognoscitivas que cabe atribuir a la fundamentación del Derecho se puede encuadrar en el problema de las clasificaciones del conocimiento, del saber y de las ciencias que se han venido ofreciendo, pues según su categorización, se le otorgará un grado mayor o menor de verdad, o por lo menos de sistematicidad o firmeza conceptual respecto de otros campos o categorías científicas o técnicas. Brevemente, nos permitimos recordar que el Derecho es una disciplina que caería dentro de los saberes que Aristóteles llama del *agere,* es decir, conocimientos prudenciales que tenían su fin en la acción, situados por encima del *facere* o disciplinas técnicas (*téchne*) que tenían como fin la producción, por debajo del conocimiento propiamente contemplativo, como se entendían las disciplinas matemáticas, físicas, lógicas o teológicas. De modo que la posición del *agere*, donde incluimos el Derecho (que como es común entender, aparece en Roma) va a fluctuar a lo largo de la historia en orden a su importancia respecto del resto de disciplinas cognoscitivas. En efecto, su estatuto gnoseológico se complica cuando Santo Tomás lo hace depender de la justicia divina según el orden del Ser, por ejemplo, positivizado en las Sagradas Escrituras, pero en el orden del conocer requería partir de la vida de los reinos y monarquías que se daban en la vida social de los hombres. En el caso de Kant, el Derecho, o la Moral de la que depende, no se podrá conocer por ser una disciplina del deber ser, donde priman los contenidos y postulados de la *Crítica de la Razón Práctica* (Pura), y sin embargo serán más importantes que la teoría (la matemática o la física sujetas a los límites subjetivos de la *Crítica de la Razón Pura*), lo que supone una verdadera inversión del orden categorial aristotélico. Semejante inversión consiste en negar que las ciencias físicas conozcan el mundo (la cosa en sí), pues el primado de la razón práctica nouménica (como ocurrirá en la *praxis* marxista) supedita el arte de la *Crítica del Juicio,* hasta descender a las ciencias que sólo conocen fenómenos dados al sujeto, es decir, cumplir el objetivo que se propuso en el prólogo a la segunda edición de la *Crítica de la Razón Pura*, cuando reconoce su escepticismo: «tuve que sacrificar el conocimiento para dejar paso a la fe».

La actualidad sigue bajo la tutela kantiana, desde el neo-kantismo a las teorías de los valores. La importancia de las disciplinas prácticas libres e incondicionadas priman sobre ciencias teóricas instrumentales y degradadas, basta recordar las teorías axiológicas de Scheler, donde las categorías de valores se organizan en función del valor moral de la persona, la primacía de los valores vitales en Nietzsche, o los valores humanos en el existencialismo.

En nuestro caso, si bien consideramos a la política (y el Derecho) como clave de bóveda en la coordinación de las instituciones, donde se incluyen las propias ciencias, no por ello le otorgamos el mismo rango gnoseológico que otras disciplinas, pues el grado de conceptualización que alcanza es muy bajo, por no decir meramente técnico o prudencial. Nuestra posición, respecto a la dirección cognoscitiva que cabe atribuir al Derecho es necesariamente ascendente, pues requiere partir de campos de operaciones normadas frente a otros, cuyas estructuras están en perpetúa fluctuación y por así decir, carecen de una sistematicidad que otorguen independencia ontológica a sus respectivos campos de fenómenos. Resumiendo, el fundamento del Derecho no está muy lejos de la misma praxis prudencial que determina unas operaciones por otras, a saber, el terreno de las metodologías β_2.

No podemos entrar en consideraciones sobre los criterios de ordenación o las causas que nos llevan a seguir estas ordenaciones básicas, lo que incluiría la explicación sobre el modo de entender la propia historia del Derecho (que dejamos para más adelante). Lo que no podremos evitar será adelantar contenidos de otras partes de este ensayo, por lo menos a la escala en que nos moveremos en éste apéndice.

Utilizaremos dos polémicas que encontramos en el presente «lógico» en que nos movemos para ilustrar los criterios que vamos a usar. Por un lado, la polémica de Villey respecto de las concepciones subjetivas del Derecho, y por otra, los fundamentos de la polémica entre Schmitt y Kelsen sobre los criterios ascendentes y descendentes en las ciencias del Derecho.

En el primer caso, vemos en las tesis de Villey el uso de las expresiones «ascendente» y «descendente», que tomamos como criterio para ordenar las concepciones del Derecho a lo largo de la historia, con un significado muy parecido al nuestro. En efecto, cuando Villey entiende que «el campo del Derecho civil se amplía a la vez que se expande éste» supone el campo práctico político como motor de las transformaciones del Derecho, y así, critica a San Agustín, San Isidoro de Sevilla o a Pedro Lombardo cuando igualan *Ius* a *lex* y «ven el Derecho desde un orden descendente, como orden universal (misericordia, gracia)». En sentido contrario, entiende Villey que Aristóteles, Justiniano o Santo Tomás «siguen un orden ascendente» (así Santo Tomás parte de la propiedad). De este modo, los criterios que utilizamos en el terreno ontológico operan en tratamientos históricos como los de Villey al diferenciar la justicia bíblica y la misericordia agustiniana de carácter descendente, respecto de un Derecho romano, práctico, prudencial, claramente ascendente. Villey trata de dar la vuelta a las tesis modernas subjetivas con las que entra en polémica al partir de la práctica jurídica sobre la situación concreta, según la búsqueda de una proporción que con la lógica jurídica y el tratamiento de las controversias llega hasta la escuela de Bruselas.

La alusión a la famosa polémica entre Schmitt y Kelsen tiene otra perspectiva, pues aquí los criterios que utilizamos (descendente o ascendente) nos sirven para situar los términos en que se produce la polémica. Por ejemplo, algunos la entenderán en términos de una fundamentación normativa o sistemática del Derecho (en Kelsen), frente a un fundamento decisionista u operativo (en Schmitt), otros la sitúan en el origen del Derecho, Kelsen va a partir de un postulado trascendental (*sollen*) frente a las bases u órdenes concretos institucional de los que habla Schmitt, o si se entienden sus diferencias a partir de bases ontológicas respectivas fundadas en Kant (Kelsen) o en Hegel (Schmitt), donde el espíritu subjetivo kantiano está subordinado a la dialéctica política del amigo-enemigo. En cualquiera de estos modos de entender la polémica, se puede apreciar el modo descendente en que Kelsen fundamenta la decisión judicial concreta, frente al fundamento ascendente que sostiene la base de tal resolución jurídica en Schmitt. Por nuestra parte nos decantamos por la vía ascendente de éste último, en efecto, Carl Schmitt distingue tres modos de pensar la ciencia jurídica y afirma que todo orden, también el «orden jurídico», está ligado a conceptos normales concretos, los cuales no pueden ser deducidos de normas generales, sino que, por el contrario, «las normas deben ser engendradas a partir de su propio orden y para su propio orden», de modo que «el Estado es una «institución de instituciones», en cuyo orden muchas otras instituciones en sí autónomas encuentran su defensa y su orden».

Tomaremos como referencia de la ordenación antigua los siglos que van del inicio del Derecho en Roma hasta su caída en Occidente. La fundamentación del campo del Derecho que encontramos en Cicerón y los estoicos, es en general descendente, pues va de la Naturaleza y su necesidad hacia abajo, el Derecho es entendido como el orden o proporción justa entre las cosas, reflejo del orden del cosmos. La degeneración del Derecho que denuncia el mismo Cicerón se produce cuando entra la sofística griega en Roma, pues de algún modo se invierte este orden, apelando al sentimiento y el interés particular, torciendo los argumentos con prácticas retóricas cuyo fundamento deriva de separar el *nomos* (las leyes humanas convencionales) del *Logos* (las leyes naturales necesarias). Lo que ve Cicerón como degeneración del Derecho no es otra cosa que su verdadero funcionamiento, a saber, el cambio de dirección en su fundamentación, que ahora parte de las ciudades del imperio romano (lo que se establezca en cada sociedad política según logren imponerse unos hombres a otros) hacia su contexto natural; una dirección ascendente que siempre definió el Derecho romano a partir de la casuística que generaban los procesos judiciales según la propiedad de las cosas y que sirve de base para la gran sistematización justinianea.

Lo que en las fuentes del Derecho desciende del *fas* (la religión) a través de *Las XII Tablas*, al *ius*, bajo la idea de justicia, se verá en la práctica judicial de las escuelas como proceso ascendente de la casuística real y las recopilaciones que llevan al *Corpus iuris civilis*, cuya trascendencia se extiende por toda la historia del Derecho.

La segunda gran ordenación del Derecho corresponde al mundo

medieval que es coetánea con los mil años del Imperio romano de Oriente. En efecto, aunque como hemos dicho, el *codex* es una recopilación de normas hechas desde la casuística jurídica clásica, la fundamentación ontológica del Código de Justiniano se pone en la Santísima Trinidad (E). Es decir, una ordenación que desciende del Dios trinitario al mundo terrenal, a través de la segunda persona de la trinidad, y así lo ve también San Agustín, para quien no existe orden justo si no es divino, por lo que dice en el libro XIX del capítulo 23 de *La Ciudad de Dios*: «Donde no se dé la justicia que consiste en que el sumo Dios impere sobre la sociedad y que así en los hombres de esta sociedad el alma impere sobre el cuerpo y la razón sobre los vicios, de acuerdo con el mandato de Dios, de manera que todo el pueblo viva de la fe, igual que el creyente, que obra por amor a Dios y al prójimo como a sí mismo, donde no hay esta justicia no hay sociedad fundada en Derecho e intereses comunes y, por tanto, no hay pueblo, de acuerdo con la auténtica definición de pueblo, no puede haber política».

El cambio de orientación dentro de esta ordenación lo establece Santo Tomás cuando parte de la propiedad. Compartiendo el mismo orden onto-teológico, las posiciones iusnaturalistas se recorrerán en un doble sentido. En el descendente no es necesario diferenciar un fundamento teológico de la realidad, de la dirección de su conocimiento, por donde discurre una corriente agustiniana que parte de la *via interioritatis* y continúa el franciscanismo y la voluntad divina, donde Ockham se suele poner como inicio de las concepciones del Derecho subjetivo como facultad. El otro sentido ius-naturalista en orden ascendente, parte de la realidad jurídica positiva recogida en las recopilaciones de hechos sobre la jurisprudencia de los grandes juristas romanos, que con la revolución comercial del S. XII, vuelven a desarrollarse en el terreno de la práctica jurídica por los grandes juristas medievales, desde Alcino a Bártolo de Sassoferrato. Un hecho al que estará atento el tomismo cuando toma de la *Suma Teológica* que «el fin de la ley humana es la utilidad de los hombres, como ha dicho el jurisconsulto», pues «la distinción de posesiones no es de Derecho Natural, sino más bien derivada de la convención humana, lo que pertenece al Derecho Positivo».

La tercera ordenación en la fundamentación del Derecho que se lleva a cabo por la filosofía abarca prácticamente desde el descubrimiento de América hasta la actualidad. Su estructura ontológica ($M_i \subset E \subset M$) podrá recorrerse de nuevo en dos direcciones. Sin duda la primera formulación se lleva a cabo por la Escuela de Salamanca. Tomaremos a Francisco Suárez como referente por ser quien reordena toda la filosofía medieval al modo aristotélico e influye en lo que hemos llamado en otro lugar, la vía alemana de la filosofía. La idea fundamental es que las ordenaciones jurídicas derivan de la libertad que faculta a los hombres la congruencia de sus acciones con Dios, de modo que cualquier orden que establezcan los hombres no es más que una de las infinitas posibilidades del ser que se identifican con Dios. Tal orden, aunque escogido libremente por los hombres (donde está la impronta aristotélica), desciende de los infinitos órdenes que alberga Dios en su seno. Desde este ser entendido como «ser posible» entenderá la metafísica alemana el Derecho. Por ejemplo, Inmanuel Kant fundamenta el Derecho en el deber ser moral de la persona espiritual (nouménica), el imperativo categórico como principio de la razón pura práctica. Una posición que toma la sociedad reformada alemana de finales del S. XVIII frente al ateísmo espinosista que conmueve los fundamentos morales y políticos desde el carácter ascendente del Derecho. En efecto, para Espinosa «en la medida en que el derecho humano natural de cada individuo se determina por su poder y el de uno sólo, no es derecho alguno, (…) concluimos pues que el Derecho Natural, que es propio del género humano, apenas si puede ser concebido, sino allí donde los hombres poseen derechos comunes, de suerte que no sólo pueden reclamar tierras, que puedan habitar y cultivar, sino también fortificarse y repeler toda fuerza».

En Kant, como hemos dicho, ocurre al contrario, el criticismo se fundamenta en la moral al prescindir de todo lo empírico, deduciendo el Derecho del plano subjetivo trascendental. Por lo tanto, el orden legal y el jurídico derivan de las categorías de la razón práctica que pone el soporte libre trascendental *a priori* como condiciones de posibilidad en cada modalidad del Derecho: de la cantidad las normas subjetivas, por máximas, objetivas, por principios y las leyes; de la cualidad las normas preceptivas, prohibitivas y exceptivas; de la relación las normas de la persona y de la modalidad las normas de lo lícito y lo ilícito, el deber y lo contrario, y por último las del deber perfecto. En *La Metafísica de las costumbres* define el Derecho como «el conjunto de condiciones bajo las cuales el arbitrio de uno puede conciliarse con el arbitrio de otro según una ley universal de la libertad» por lo que tiene que incluir inmediatamente la coacción, pues podría utilizarse tal libertad para ir contra semejante principio universal, de modo que el Derecho se representará como «la posibilidad de una coacción recíproca universal, concordante con la libertad de cada uno según leyes universales». Semejante vaciedad (por no decir, conjunto de hipóstasis metafísicas) se fundamenta en la escisión entre un sujeto «interior» (la persona *nouménica* libre del Imperativo Categórico) y un sujeto «exterior» propiamente jurídico, donde la propiedad de los bienes obliga a entender tal libertad como coacción recíproca. Nos parece evidente que el modelo monadológico leibniciano está actuando en la idea de unos sujetos libres, auto-determinados, que sin embargo quedan armonizados (coaccionados mutuamente) por una ley universal de la humanidad que a Kant le permite prescindir de Dios.

Igual procede Fichte en su *Fundamento del Derecho Natural según los Principios de la Doctrina de la Ciencia* cuando parte del yo absoluto del hombre, aunque con reminiscencias espirituales religiosas, y dice en el primer teorema de la «Deducción del concepto de Derecho»: «Un ser racional finito no puede ponerse a sí mismo sin atribuirse una actividad efectual libre. Explicación: Toda reflexión apunta a algo como a su objeto. B. ¿Qué clase de algo tiene que ser el objeto de la reflexión A exigida antes? - El ser racional debe ponerse a sí mismo en ella, debe tenerse a sí mismo como objeto. Pero su carácter es la actividad que regresa a sí. El último sustrato supremo B de su reflexión sobre sí mismo tiene que ser por tanto la actividad que regresa sobre sí misma, que se auto-determina. Surge un sistema de objetos, esto es, un mundo que existe independientemente del Yo, esto es, del Yo práctico, que aquí equivale al Yo en general. Un espíritu se hizo cargo de ellos, tal y como lo narra un antiguo y venerable documento que en general contiene la sabiduría más profunda y sublime, y ofrece los resultados a los que toda filosofía tiene que remitir al fin (...) El concepto de Derecho debe ser un concepto originario de la razón pura; luego hay que tratarlo de la manera indicada. No me atribuyo a mí mismo toda la libertad que he puesto, porque también tengo que poner otros seres libres y atribuirles una parte de la misma. Me limito a mí mismo en mi apropiación [*Zueignung*] de la libertad, dejando también libertad para otros».

Krause, tal y como lo expone Ahrens en su *Curso de Derecho Natural*, quien ha tenido tanta repercusión en la fundamentación del Derecho en España a través Sanz del Río, es claramente descendente: «La Filosofía del Derecho, o el Derecho natural, es la ciencia que expone los principios cardinales del Derecho, concebidos por la razón y fundados en la naturaleza del hombre, considerada en sí misma y en sus relaciones con el Orden universal de las cosas. Esta ciencia tiene su origen en la creencia común de la humanidad de que existen principios de justicia independientes de las leves y de las instituciones positivas de comprender la causa última de la existencia y de las relaciones íntimas entre los diferentes órdenes del mundo en el Ser supremo».

Krause concibe el Derecho como un elemento eterno del orden moral del mundo establecido por Dios. «La teoría de Krause, a propósito del Derecho y del Estado -sigue Ahrens-, resume todos los progresos llevados a cabo, y contiene todas las ideas fundamentales que se han producido en la sucesión de los sistemas: es el sistema orgánico y armónico del Derecho y del Estado. Su punto de partida está en el análisis de la naturaleza humana, en la que se encuentra, entre las ideas inherentes a la razón, el elemento especial del Derecho; pero el hombre y la humanidad son también referido en sus principios a Dios, y la concepción del Derecho se hace sintética; la justicia es comprendida a la vez como idea *divina* y *humana;* preséntase como el conjunto orgánico de todas las condiciones que se realizan por Dios y la humanidad, para que todos los seres dotados de razón puedan, en las diferentes esferas de la vida , llegar a sus fines racionales». El ius-racionalismo descendente bebe de estas versiones y discurre en España por el krausismo hacia la social-democracia actual.

La inversión ascendente del orden de fundamentación del Derecho se produce con la aparición de los imperios atlánticos que domina España y Benito Espinosa compendia, cuando parte del poder del Estado como unión de poderes, al sostener que todo el orden jurídico de los israelitas no viene de Dios, sino que viene de la defensa de su orden político, coincidiendo con la fundamentación del Derecho que ofreció Baltasar de Ayala. Las versiones se multiplican en este modelo, que abarca posiciones ambiguas, desde las concepciones anglosajonas del *Common law* y el papel de la tradición en la formación del Derecho, hasta los positivismos de los dos últimos siglos.

En la actualidad, compartiendo la misma ontología ($M_i \subset E \subset M$), Hegel como antecesor de Marx, y Krause como antecesor de la socialdemocracia tenderán a identificar el Derecho natural con el Derecho positivo de dos modos. En el modo ascendente, donde la continuidad del Derecho positivo evoluciona históricamente hacia el Derecho universal (Hegel), o en la lucha de clases (Marx) donde la humanidad histórica va accediendo a derechos superiores, si bien es cierto que la dialéctica ascendente histórica varía de Hegel a Marx, pues el primero subsume en su *Filosofía del Derecho*, el Derecho subjetivo al objetivo del Estado, donde la personalidad como individualidad subjetiva se subordina a la política y por fin al Estado donde se realiza la Historia Universal: «El Derecho del Estado es el supremo». Hay que advertir que para Hegel el Derecho no es más que el desenvolvimiento de la Idea de la voluntad libre en sí y por sí, pues el Derecho es «el reino de la libertad realizado». Por ese motivo, la diferencia que Marx establece consistirá en invertir el movimiento, al tomar el Estado en el proceso de su disolución hacia la sociedad sin clases. En el modo descendente idealista, que desde Krause y el gradualismo de Bernstain hace progresar la social-democracia de las democracias homologadas, el Derecho Natural evoluciona hacia su realización en Derecho positivo a través de la conciencia popular que crea leyes en el parlamento. Esto se ve en el Hart de los derechos naturales mínimos (igualdad, etc.) donde los derechos humanos universales serian su mejor expresión al recibirse por los Estados en su Derecho positivo.

El tratamiento de estas dicotomías en la actualidad tiende a confundirlas, pues suponen un Derecho subjetivo de las personas, los colectivos, etnias, &c., que en orden descendente se realiza al ser aprobados democráticamente, lo que en su confusión significa reducir la lucha ascendente de tal reconocimiento de derechos al proceso descendente que los supone existiendo con antelación al mismo.

La confusión respecto de las dicotomías que explicarían la legitimidad de las leyes que debe aplicar el jurista, sirven como marcas teóricas de las concreciones legales actuales que van de la *lege data* hacia la *lege ferenda*. La reducción mutua de criterios supone que donde la mujer tiene un Derecho natural a abortar, se realizará en el Derecho legal y legítimo aprobado en democracia; si se entiende por Derecho natural al matrimonio homosexual, se realizará en la ley de matrimonios de todo tipo que se apruebe democráticamente identificándose con tal derecho; si el estado de bien-estar es entendido por Derecho natural de los trabajadores y va de Bismark, la U.R.SS al New Dial, será entendido como logro de la socialdemocracia.

Pero ¿qué alcance tiene esta oposición? Sólo doxográfico, pues son clasificaciones de teorías del Derecho (no clasificaciones de derechos), y los teóricos se confunden de plano continuamente, pues como veremos en la Parte III, el Derecho natural (¿la justicia?) no es más que un concepto metafísico que se opone a la realidad del Derecho positivo. Es decir, hablar de Derecho natural sólo tiene funciones reivindicativas frente al Derecho vigente. Lo que Weber ve en el carácter revolucionario de unos grupos frente a los que administran el derecho vigente. Los mitos oscurantistas sobre una Naturaleza humana supuesta dada desde un principio con unos derechos humanos naturales, operan a toda máquina en las nematologías de una multitud de grupos con normas e instituciones distintas e incompatibles (gustos, costumbres, intereses, lenguas, religiones, &c.), pues no se puede, en la práctica, tener cinco o diez lenguas oficiales, ni se puede ser hombre, mujer y gato en días alternos. Hay muchas naturalezas (con minúsculas), grupos sociales o políticos, normas y leyes, por lo que hay diferentes escalas de análisis. La crítica ontológica antecede a todo proyecto de estromática Jurídica. Por lo que estableceremos algunas distinciones fundamentales de inicio. Las normas humanas a escala de los individuos es ética, pero las normas de los grupos (sociales, geográficos, culturales, históricos, etc.) se dan a escala moral, con una normativa distinta en cada caso. Las normas jurídicas son las dadas a escala de los Estados (coactivas) y también hay muchas en conflicto.

Desde un punto de vista estructural vemos aparecer nuestros criterios en las dicotomías que sirven para clasificar las grandes concepciones del Derecho. Así, la dicotomía entre Derecho natural y el Derecho positivo, el iusnaturalismo frente al positivismo jurídico, aparecen ya en la distinción entre normas físicas frente a normas convencionales de sofistas y abogados, o entre lo que «debería ser» tal como aparece en la República de Platón y el Derecho que «es», o bien, las leyes de Dios frente a la ley positiva en el cristianismo (una distinción muy ambigua pues también es positiva la teología dogmático-positiva que se superpone a la teología natural, lo que observa Olivecrona cuando advierte que la dogmática jurídica viene de la dogmática de la Iglesia). Pero también en las sociedades políticas modernas aparecen las dicotomías después de la inversión teológica por la que el hombre ocupa el puesto de Dios, y los derechos del hombre –natural- se enfrentan a los derechos del ciudadano, igual que la idea de un lenguaje natural se opone a la lengua positiva, o la religión natural se opone a las religiones realmente existentes, como son el catolicismo o el Islam.

En efecto, aquí no cabe neutralidad alguna, hay que tomar partido. Dentro de la ordenación ontológica moderna, el Materialismo Filosófico apuesta claramente por un orden de fundamentación ascendente que parte de la materia determinada técnicamente y que transforma las propias ordenaciones ontológicas en función de los cambios histórico-políticos y científicos, sin referencia a las cuales los sistemas doctrinales filosóficos y jurídicos carecen de toda inteligibilidad.

A nuestro modo de ver, debajo de este modo idealista de entender el Derecho opera la lucha entre diferentes grupos o núcleos de poder como la causa real de la atribución de derechos, es decir, la vía ascendente del Derecho, la lucha que percibió Jhering, por la cual lo que debe ser se toma como «hecho» enfrentado a otro deber ser, que busca serlo. Qué deber ser se imponga es el objeto de la lucha que se juega en el terreno de la realidad socio-política y su positivación jurídica.

La pluralidad de niveles normativos y de re-ordenación de fuerzas hace que haya que partir de niveles de análisis distintos, la fundamentación ontológica y gnoseológica del Derecho que hemos presentado es esta parte I tenía como cometido sentar sus bases.

PARTE II
Bases antropológicas del Derecho

PREFACIO

El «sujeto de derecho», entendido actualmente como genitivo subjetivo, donde el derecho pertenece al sujeto, deduce por la vía descendente (según hemos visto en el Apéndice a la parte I) los tipos de derechos del tipo de identidad del sujeto que tratemos, sea humano, animal, vegetal o cósico. La actualidad de tal concepción del Derecho se compagina muy bien con posiciones metafísicas de orden natural o teológico que desbordan el ámbito jurídico, político y antropológico. Contra tal disloque jurídico supondremos que el Derecho es una institución compleja propia del campo antropológico, de modo que «sujeto de derecho» será aquel que caiga bajo el campo jurídico, es decir, lo que desde el genitivo objetivo está sujeto a la legislación. Ahora podemos considerar que sujeto de derecho será cualquier ente (humano o no) al que se aplique la ley en los tribunales, de modo que sin perjuicio de que el derecho sea una institución circular, donde unos hombres juzgan a otros, su campo abarcará contenidos propios del eje angular y del radial. Explicar la posición que ocupa el Derecho dentro del campo antropológico es el objetivo de esta Parte.

ESTROMAS ANTRÓPICOS

I- El hombre es la unidad de medida del Mundo
II- No hay seres vivos sin cuerpo.
III- Toda operación es corpórea.
IV- Entendemos por cuerpo de una esencia el conjunto o dominio

que abarca el curso de transformaciones de su núcleo en un medio determinado.
V- Entendemos por norma (regla) la unidad activa de coordinación según fines de múltiples operaciones corpóreas.

INSTITUCIONES ANTROPOLÓGICAS

I- Una idea es la concatenación de un conjunto de conceptos técnicos o científicos frente a otros.
II- Las concatenaciones entre ideas se organizan en sistemas filosóficos incompatibles entre sí.
III- Las instituciones como unidades normativas concretas (ceremoniales o no) son el contenido de la racionalidad humana.
IV- El contenido del espacio antropológico o campo de la idea de hombre se distribuye en tres ejes de relaciones: el de los hombres entre sí, con las cosas y con los animales.
V- Las instituciones ceremoniales (técnicas del hacer) son anteriores a las instituciones del ser.

PROPOSICIÓN I

No hay una idea de las ideas.

Explicación: Debido a la pluralidad constitutiva de las clases de conceptos, pues no hay univocidad entre conceptos categoriales (E.G. IV) en la medida en que están trabados según causas, estructuras y funciones distintas, llamamos ideas a los modos análogos de coordinación o enlace entre ellas (Prop. XVI – P. I), de modo que cada idea irá vinculada a un origen y a un estatuto ontológico distinto. En nuestro caso, las ideas como concatenación de conceptos de distintas categorías suponen conflictos e inconmensurabilidades, por lo que el levantamiento de la idea implica una toma de posición doctrinal, es decir, su coordinación con otras ideas en sistemas donde adquieren su identidad característica. La idea de «idea», como una idea más, ha adquirido diferentes «formatos», por ejemplo, las ideas como *flatus vocis* en el nominalismo, o la idea como ilusión trascendental en el idealismo kantiano, las ideas como copias mentales del empirismo, las ideas como funciones (lo que nosotros sostenemos), &c. De modo que no sólo no hay una idea de las ideas en general, sino que tampoco habrá una como primer analogado del resto. Hablaremos de sistemas de ideas a los modos de coordinación de unas ideas con otras, según sus contenidos, pero no de todas con todas, pues borrarían sus oposiciones, negaciones e incompatibilidades (E.G. I). Que no haya una organización única de las ideas tampoco significa que todas valgan lo mismo. La sistematicidad de una doctrina es muy compleja y no siempre se puede alcanzar. La idea de una geometría de las ideas elimina cualquier relativismo subjetivo o social, pues estas relaciones están hechas en su enfrentamiento con otras, por encima de la voluntad de los sujetos, luego los modos «objetivos» de organizar estos sistemas son muchos e incompatibles mutuamente (I.A. I).

Escolio: Quien pretende situarse por encima de todos ellos convertido en juez de lo verdadero en un sistema y lo incorrecto en otro, o lo hace sistemáticamente, para lo que tendrá que organizar otra filosofía, o no, lo que suele ser regla general, por lo que mezclará aquí y allá, lo que otro separa, según entienda cada uno, ahora de un modo, luego de otro, &c., incapacitándose a sí mismo para ver el alcance de lo que dice y los límites donde se mueve (un proceder propio de catedráticos universitarios distribuidos en especialidades).

Con el racionalismo moderno y el fundamento subjetivo kantiano se produce la mayor corrupción en la concepción de las ideas, cuando son entendidas ellas mismas como «errores» o ilusiones racionales (Alma, Mundo y Dios). Con Kant el «sujeto» lógico de determinaciones, aquello a que el concepto objetivo apuntaba (la *forma mentis*), a saber, el concepto formal, el concepto clase o la especie con entidad propia, deja de ser un ente real (una cosa, *res*), y pasa a identificarse con el alma o la conciencia que lo piensa, en la idea de subjetividad, lo que a nadie se le había ocurrido hacer antes de Kant. En efecto, a este corresponde convertir al hombre, la conciencia o el yo cartesiano como razón espiritual, en la forma lógico trascendental de «subjetividad». Tales determinaciones formales, que siempre se entendieron a través del «sujeto gramatical» (ya fuera la entidad que fuera), ahora pasan a identificarse únicamente con el sustrato pensante, designado a partir de entonces al hombre como sujeto, invirtiendo toda la ontología anterior donde el «sujeto» era el ente y lo «objetivo» era a lo que se referían las *formas mentis*. De tal modo se invierte la ontología que el sujeto se definirá por la libertad, es decir, lo que no está sujeto, con la característica de que al no estar determinado siquiera por la corporeidad dejará de estar «sujeto» a la misma finitud, por lo que deberá ser inmortal. Así, tal sujeto condicionará los factores comunes de cualquier «objeto», aquellos que integran un mundo puramente fenoménico del que queda aislado, pues no lo produce: la subjetividad será la condición de posibilidad de una inteligibilidad que no alcanza la cosa en sí (una idea proveniente del esencialismo suareciano). Al encaje de un pseudo-sistema como el kantiano se dirige la Metafísica del yo absoluto fichteano y la idea absoluta hegeliana, un problema que desemboca en las turbias aguas del irracionalismo alemán.

Tal disloque metafísico será catastrófico principalmente porque el polo sujeto-objeto que define la epistemología corromperá todo fundamento de las ciencias (principalmente la newtoniana), pues en realidad conduce al escepticismo al negar que las ciencias conozcan la realidad. Contra la tesis de la idea como representación, una idea que deriva de los grafismos y del representante legal, afirmamos que las ideas y los conceptos son las mismas concatenaciones (reales) entre partes del mundo, relaciones que no se reducen a ninguna conciencia espiritual o a copias de formas puras divinas. Sin embargo, nos encontramos que cualquiera que dice «yo pienso», se sitúa en representante de una subjetividad que pasa por ser el centro ontológico del mundo, cuando en realidad está repitiendo una fórmula metafísica donde las haya que oculta vulgaridades y necedades suyas o que ha oído decir a otros.

PROPOSICIÓN II

Pensar es pensar contra alguien.

Explicación: En tanto toda determinación es una negación (por ejemplo, de otras determinaciones incompatibles con la primera), la posición sobre la que se apoya una concatenación de ideas está enfrentada a otras concatenaciones distintas respecto de los «mismos» elementos (I.A. II). Desde la *analogía entis*, suponemos que no hay univocidad entre las ideas, pero tampoco una equivocidad que las haga depender de lo que a cada uno le parezca. No decimos otra cosa que Platón cuando hablaba del *eidos* o forma «común». Ahora bien, como lo común a cosas distintas podía derivar de su unidad sinalógica (como totalidad atributiva) o de su identidad (como totalidad distributiva), hay que entender que toda unidad puede adquirir distintas identidades en función del contexto. Si la filosofía elabora un «mapamundi», su identidad no vendrá de un exterior al mundo, que no existe, sino del contexto que supone el resto de filosofías o «mapasmundi», y si no, carece de tal identidad (Prop. XVII – P. I). Por lo que se evidencia que pensar es pensar contra alguien. En todo caso, la dialéctica interna entre las ideas (Prop. I) nos sitúa en una *Symploké* (E.O. VIII) que explique las posiciones respectivas que se niegan mutuamente a través de productos lógicos que totalicen el campo (el universo del discurso)

Escolio: Sostenemos que la filosofía como saber de segundo grado requiere un conocimiento de los conceptos prácticos, técnicos o científicos en que se apoya, lo más riguroso posible. Semejante idea de filosofía se opone a la que tradicionalmente concebía la filosofía como madre de las ciencias (donde todavía están filósofos como Heidegger), es decir, modos descendentes de la ontología. Como se ve, los vínculos de unión entre unos elementos en su relación con otros, a poco que se profundice en un sistema, adquieren una identidad muy distinta en cada caso.

PROPOSICIÓN III

La disociación entre géneros de materialidad especial no implica su separación. Su identidad arrojará distintos valores en función de la variable que ejercite el Ego Trascendental.

Explicación: Los enclasamientos de toda la materia determinada es la base de su comprensión, pues suponen su tratamiento previo (E.O VI y IX), lo que no implica su separación real, que sólo se produce entre referenciales fisicalistas de carácter estromático tras un vaciado o *kenosis* organoléptica. Se trata de un proceso que envuelve la discontinuidad de los egos psicológicos o sociales, desde los cuales caeríamos en el relativismo o en el solipsismo sin las operaciones de totalización del Ego trascendental, ya que en la medida en que establece la reunión lógica de los géneros de materialidad pide la idea de Mundo. Pues si hubiera varios mundos sin conexión entre sí, separados, absolutos (Prop. IV -P. I) ¿cómo podríamos hablar de ellos o de su simple diferenciación? (Prop. IX - P. I). Sin embargo, la identidad que adquiera tal idea de mundo (M_i) dependerá del contexto, pero ¿cuál será el contexto del mundo? Esta es la idea que requiere el ejercicio de *regressus* del Ego trascendental hacia la M.T. (E.O. V).

Escolio: Los regresus del *mundus adspectabilis* a sus fundamentos han ofrecido una variada gama de tesis doctrinales sobre la conformación del mundo, lo que en todos los casos implica la idea de E.T., así, los acosmistas como Parménides, negarán el punto de arranque mundano, dialécticamente, en función de un Ser que se identifica con el pensar, en realidad, sustancializando la logicidad de la misma identidad («el ser es»); otros anegaron el mundo en el ejercicio de un E.T. divino de donde sale y a donde vuelve el mundo. Si seguimos a Hegel, Espinosa también habría ejercido el acosmismo al situar el ser en la sustancia de infinitos atributos, la *Natura Naturans*, lo que venimos negando hace mucho. En efecto, Espinosa habría partido de un mundo con base en la política de Estados, «*veluti una mens*», negando un E.T. absoluto (sea judío, católico o reformado), y situando la sustancia infinita (que ni sabe ni quiere) como límite al que no se puede llegar. La confusión hegeliana deriva de sus propios planteamientos monistas, cuando identifica tal sustancia con el sujeto, de modo que el ejercicio de *regressus*, desde el E.T. lo confunde en Espinosa con el atributo del pensamiento, o con la idea misma del Espíritu identificado con la *Natura Naturans*. En todo caso, nos parece que en Espinosa se están triturando estos egos absolutos y sus mundos respectivos, haciendo pie en los conocimientos de órdenes de la realidad (M_3) inconmensurables con otros (Prop. III – P. I), y haciendo pie en la idea de cuerpo, y por ello, en el ejercicio práctico (no mental o subjetivo) sino de carácter histórico-político en que se organiza la política. Un ejercicio de totalización que nosotros ponemos en los imperios «universales» dia-políticos (no totales o absolutos).

Como se observa, no es extraño que tengamos que tratar cuestiones ontológicas y gnoseológicas a la hora de delimitar la antropología en que nos movemos.

PROPOSICIÓN IV

A los vínculos entre los géneros de materialidad los denominamos paralelismos en orden a sus correspondencias.

Explicación: Dado que no podemos pasar de unos géneros de materialidad a otros (Prop. XXVI – P. I), pero hay que afirmarlos como inseparables en virtud del análisis regresivo de la materia determinada (Prop. IV – P. I), tendremos que suponer que sus contenidos guardan analogía de proporcionalidad entre sí, ejercida en las operaciones de totalización que realiza el E.T. (Prop. VI. C. - P. I).

Escolio: la tendencia a englobar toda la materia determinada en el Ego trascendental, fruto de la gran revolución que introduce el cristianismo en las ordenaciones básicas de la ontología, se sigue y extiende en el idealismo con la «inversión teológica» según la cual, la idea de subjetividad kantiana tenderá a ocupar el lugar de Dios (la persona como *noúmeno* y fundamento de toda legalidad). Un lugar que domina el principio antrópico de la cosmología actual. Pero la inconsistencia del «sistema» kantiano, destruye su supuesta sistematicidad, en efecto, si las facultades del psiquismo (sensibilidad, entendimiento y razón) son la respuesta al ser del hombre, el espiritualismo de su Ego trascendental tenderá a un logicismo que se deshace con la distinción básica entre fenómeno y *noúmeno*. Es decir, que el sujeto que «trabaja» con los fenómenos que le vienen dados, del *noúmeno,* o cosa en sí, requerirá un correlato o entendimiento arquetípico (al que no deja de referirse en *La crítica de la razón práctica*), lo que a Jacobi y a cualquier otro le saca del sistema. En todo caso, con Kant, la persona humana determina la legalidad trascendental del plano moral y práctico del deber ser, antes reservados a Dios. De modo que si Descartes nos hizo ángeles pegados a un cuerpo, Kant nos hará santos. El problema fundamental de esta moralidad trascendental nouménica (los imperativos categóricos de la razón práctica pura) deriva de la imposibilidad del *progressus* y las configuraciones de un «mundo», al que, por así decir, impone unas exigencias «internas» que rigen sin saber cómo su funcionamiento «externo», por ejemplo, las morales y jurídicas. Pues bien, aquí está el problema de las esencias procesuales atributivas a la hora de delinear su funcionamiento y los límites que las diferencia de las esencias distributivas con las que se trata de explicar el mundo (Prop. XV - P. I). Un problema, que como veremos, afectará de llenó a los fundamentos del Derecho (según veremos en la Parte IV), pues la entidad que cabe atribuir a los contenidos esenciales de M_3, es el principal problema de las teorías de la ciencia idealistas, espiritualistas o humanistas en general. La idea de verdad se configura en este terreno, pero también la idea de norma.

PROPOSICIÓN V

La materialidad tercio-genérica (M_3) está formada por una pluralidad de esencias graduadas en función de la identidad que alcancen las relaciones entre sus términos, es decir, del grado de neutralización de las operaciones del sujeto entre los términos del campo.

Explicación: Los conceptos técnicos y científicos son los mismos modos de organización de la materia (E.G. III), por lo que no se pueden separar de los términos y los fenómenos que concatenan (Prop. VIII- P. I), si bien, ni se reducen a ellos (M_1) ni mucho menos a las operaciones que implican (M_2) (Prop. V – P. I), por lo que forman un género propio de materialidad (M_3) cuyos componentes relacionales son tan variados y diversos como los tipos de materia que organizan. Si decimos que guardan una ordenación climacológica es por el tipo de metodología (α-β operatoria) que desarrollan en cada caso (Prop. XVI- P. I). Se trata de una graduación que no conduce a su cohesión, antes al contrario, la inconmensurabilidad entre las teorías en que se organizan los conceptos es la norma de distinción entre categorías (E.G. IV). Es decir, van configurando el cuerpo esencial de cada categoría, según los diferentes grados de co-determinación interna que alcancen partes de sus contenidos, o para decirlo de otro modo, dependerán dialécticamente en mayor o menor medida del contexto del que se nutren (Prop. XV – P. I y E.A. IV). Lo que significa que cada categoría o esencia está rodeada de otros contenidos del espacio gnoseológico (que a su vez está envuelto por el espacio ontológico) con los que se cruza. Y en aquellos casos en que no cierran su campo al no poder segregar las operaciones de los sujetos (E.G. V), habrá que diferenciar qué contenidos operativos sean propios y característicos del campo y cuáles no (lo que haremos respecto de las categorías jurídicas).

Escolio: Negar la realidad de las relaciones, en la medida en que son contenidos esenciales del mundo (M_3), ha conducido a dualismos modernos y contemporáneos como versiones de M_1 y M_2 (naturaleza/cultura; objetivo/subjetivo; natural/histórico, &c.). Que esto ocurra con independencia del incremento de categorías científicas demuestra que la confusión que generan las ciencias no disminuye con su número, sino que aumenta, y la filosofía es la que sufre esos conflictos. Esto explica que tenga mayor profundidad Platón (según lo entendemos desde el Materialismo Filosófico), que la práctica totalidad de la filosofía que se hace hoy día. Y no creemos estar exagerando, pues por todos lados se trata de negar la realidad de las «esencias», convertidas en «representaciones» mentales del sujeto, cuando no se vuelve al realismo pre-crítico más ingenuo. La dialéctica aquí, consiste en partir de operaciones concretas y precisas con la materia determinada, pues sería imposible llegar a tales verdades sin atender a las operaciones quirúrgicas, corpóreas, por ejemplo, las grafías geométricas o aritméticas que conducen a teoremas como el de Pitágoras, o las operaciones con motores para construir la ley cinética de los gases, como quien adscribe su naturaleza necesaria a un mundo teorético de verdades eternas (el teoreticismo gnoseológico). Y lo mismo cabe decir de quien entienda la verdad como algo dado (en su positividad) con independencia de cualquier operación antrópica (el descripcionismo), pues su mera constatación perceptiva o fenoménica implica operaciones, que esas operaciones sean transparentes, *apofánticas*, sin previa noticia *sui*, es un resultado dialéctico que resulta de su neutralización, de lo contrario quedaría desligada la realidad de la propia historicidad categorial (como le acaba pasando a Heidegger, si atendemos al carácter fallido de su *Kehre*). Problemas que se agravan si consideramos la verdad como adecuación o correspondencia entre operaciones, ya sean gráficas, lingüísticas, mentales o espirituales con la realidad, pues ¿a qué se adecuan o se corresponden teoremas matemáticos como el teorema de Euler, que limita el número de polígonos regulares a cinco, u otras identidades sintéticas de ese tenor?

PROPOSICIÓN VI

Dicho de otro modo, la co-determinación causal en M_1, a través de la intervención operativa según fines en M_2, ofrece grados de co-implicación conceptual en M_3.

Explicación: Los contenidos en M_3 son de muy diversos tipos, desde cierres categoriales a cierres fenoménicos, se va delimitando el dintorno de un campo, respecto de un contorno y un entorno externo a la categoría. En orden al paralelismo ontológico especial (Prop. IV), entendemos que los vínculos entre materiales fisicalistas se establecen por uniones sinalógicas, tales como conexiones, enlaces, fuerzas, &c. (E.O. VII), que, en la medida en que producen una multitud de transformaciones operativas co-ordinadas en radios de acción seculares según planes, programas, ortogramas, &c. (E.A. V y Prop. III), nos ofrecen una multiplicidad de estructuras conceptuales arracimadas, según una coherencia interna, en cada caso distinta, es decir, sus resultados «objetivos» constituyen una pluralidad muy heterogénea de contenidos en M_3 (I.A. II y E. G. IV).

Escolio: Nos enfrentamos aquí con la idea de representación, que, con base en la abstracción aristotélica, hace pie como criterio epistemológico en la ilustración inglesa de las ideas-copia y en la idea de fenómeno alemana. Tal idea, que vemos originarse en las representaciones teatrales como fondo técnico de las propias «personas» (*personare*) y llega a explicar la esencia del Dios trinitario cristiano, hipostasia las percepciones apotéticas (a distancia) eliminando los marcos concretos (escenarios) o contextos donde se forman, constituyendo un «mundo» duplicado como campo de la conciencia. A esta multitud de doctrinas les diremos que la representación sólo se da entre cosas (como representaciones gráficas, imágenes en pantallas, &c.) o entre personas (representación teatral, representante jurídico, procurador en cortes, &c.). Darle una entidad a estas esencias tercio-genéricas es recuperar la idea de *corpus* (cuerpo) como conjunto o colectivo de materiales estratégicos en dialéctica con un medio, lo que hace de los *corpus* científicos dejar de ser metáforas, y atender a sus desvinculaciones con el medio como único modo de percibir su dintorno propio, es decir, delimitando su contorno (su epidermis o límite estructural constitutivo) y su entorno, no de la *omnitudo rerum* o el mundo en general, sino de materiales con los que interaccionan las esencias a formar vórtices que provienen de otros cuerpos o campos técnicos. De este modo, podemos diferenciar aquello que nutre la categoría sin confundirse con ella en orden a entender su curso esencial.

PROPOSICIÓN VII

La construcción técnica de contextos determinantes conduce a relaciones de identidad sintética, desde las cuales dominamos por completo partes importantes de un campo categorial. Esta potencia, que llamamos tecnología, es dirigida en último término por cada E.T., según su «mapamundi».

Explicación: Una vez identificados los esquemas de invariancias en las transformaciones (unidades sustanciales) (E.G. IV), controlamos un campo de términos o fenómenos de modo técnico (normativo) (E.A. V). Será cuando se logre establecer un aparato o dispositivo, un ensamblaje de partes que por así decir se impliquen mutuamente, lo que denominamos contexto determinante (E.G. III), cuando las relaciones que se deducen en forma de teoremas nos permitan una multiplicidad de operaciones y combinaciones entre los términos de la categoría cuyos resultados sean perfectamente determinables, cuando diremos que las modificaciones sobre el campo de la categoría son tecnológicas (Prop. XVI – P. I). De este modo el dominio de partes del mundo que se adquiere es de tal potencia que de algún modo repercute sobre otras partes y en el límite sobre todas, cuando se define la propia operatividad totalizadora del E.T. a nivel histórico-político, dependiendo en cada caso de la idea que tenga sobre la dirección del mundo (Prop. IX. E. - P. I), es decir, en función del «mapamundi», y las rutas que determinen el papel de la tecnología en él (pongamos por caso, el papel de la Bomba Atómica) en cuanto que afecta de algún modo al conjunto de los hombres.

Escolio: Quien explique la configuración del mundo de las ciencias sin atender a la idea de técnica, como ha ocurrido durante milenios en filosofía, tiene que inventarse un principio de operaciones, como si estuviera ya dado. De este modo se recurre al *Nous poiéticos*, al alma racional, a las facultades mentales, a la imaginación mitopoiética y a «fantasmas gnoseológicos» similares, cuya capacidad operativa es tan nula como vacíos son los contenidos con los que trabaja, confundiendo en su imaginación la «evidencia» de los fenómenos con la realidad de sus contenidos.

Corolario: Cuanta más necesidad interna hay en una ciencia, menos operaciones hay como términos de su campo.

Explicación: Como las operaciones requieren percepciones fenoménicas y prolepsis, y las prolepsis suponen fines, es decir, distancias apotéticas espaciales (desplazamientos) y distancias temporales (en el porvenir) (Prop. XXV – P. I), no podremos establecer conexiones paratéticas (contiguas) entre los términos de un campo cuyos contenidos tengan como referentes principales a semejantes operaciones, es decir, no podremos establecer contextos determinantes, pues será a partir de estos cuando se expulsan o se neutralizan las operaciones del campo de una ciencia (E.G. V) y podamos decir que hemos dado con relaciones necesarias entre sus términos, principalmente por demostraciones (Prop. XXII -P. I).

Escolio: Tanto el realismo como el idealismo han solido entender lo contrario, a saber, que la verdad estaba en las operaciones intelectuales del sujeto y que por así decir se identificaba con el sujeto humano (la verdad del *cogito*). La fe en el Humanismo en cuanto mito activo (formal) campa por sus anchas. Parece como si estos filósofos no se hubieran dado cuenta que percibir, abstraer, clasificar, razonar, &c., son operaciones corpóreas que requieren la manipulación de múltiples cuerpos, por ejemplo, con signos gráficos, algo que no puede hacer «la conciencia», impotente para llegar a ningún lado y menos a identidades entre partes del mundo con las que pretende adecuarse.

PROPOSICIÓN VIII

En la medida en que no se cierren los campos categoriales según leyes internas, las relaciones entre sus contenidos sufren una inestabilidad constitutiva que obliga a intervenciones operatorias continuas para estabilizar el campo.

Explicación: Establecidas las estructuras o esquemas de identidad causal entre partes de un campo categorial y según la graduación gnoseológica que alcance (Prop. XXVI – P. I), la estabilidad o recursividad de los ciclos de invariancias de tales estructuras requieren el control de las mismas operaciones en cuanto partes internas del campo. Debido a que la presencia de las operaciones es indispensable para el cierre fenoménico del mismo, obliga a que se intervenga desde el entorno o el contorno del campo cuando su recursividad se vea amenazada (Prop. XXXI - P. I). Las diferencias entre los estados de las ciencias fruto de las metodologías α y β, se gradúan en función de la inclusión del espacio apotético operativo entre los términos del campo (Prop. XXVII – P. I), de modo que la inestabilidad de las llamadas ciencias humanas y etológicas incluye series de fenómenos donde la conexión entre los sujetos a través de los términos del campo es distinta en cada caso, separando unos sujetos u otros en función del mismo contexto que la envuelve (político, lingüístico, social, cultural, religioso, &c.). Un ejemplo: con el habla, la conexión entre los sujetos se produce a distancia, coordinándose pragmáticamente unos sujetos y otros a través del medio común lingüístico, y sin embargo, aunque las relaciones lingüísticas son universales, dado que todo sujeto humano habla una lengua, no son relaciones conexas, pues las lenguas son distintas e inconmensurables entre sí, dejando a unos sujetos (sujetos a la lengua) «aislados» de otros lingüísticamente. De este modo no cabe la coordinación práctica (el entendimiento mutuo en una lengua) entre sujetos que se rigen por lenguas distintas. En conclusión, tal coordinación tendrá que ser ajena al habla, es decir, tendrá que ser externa a la categoría, lo que aparecerá como postiza, impuesta, anti-natural, es decir, violenta (Prop. XVI.C. – P. I), achacable a la voluntad «libre» de un tercero, cuando en realidad está determinada por operaciones de otras categorías que constituyen el contenido del discurso (ya fuera económico, militar, jurídico, &c.)

PROPOSICIÓN IX

En las categorías humanas y etológicas la correlación de las operaciones del sujeto temático y del científico (el sujeto gnoseológico) se resuelve técnicamente en función del análisis y la incorporación de elementos de otras categorías.

Explicación: Todas las categorías están involucradas (E.G. IV), sobre todo las β-operatorias, pues al no cerrarse categorialmente, muchos términos y operaciones interfieren con otras categorías (Prop. XX – P. I). Volviendo al ejemplo anterior: una lengua y su uso se estudia lingüísticamente, pero sus contenidos y su desarrollo depende de factores sociales, culturales y políticos de orden distinto al lingüístico, por lo que las interacciones con un campo revierten en otros, así, la política suele ser la que opera normalmente desde un segundo grado (vigilando su corrección, subvencionando su enseñanza, obligando a su uso oficial, incorporando territorios, &c.). La imposibilidad que tienen las ciencias β-operatorias para cerrar sus campos, y que en lo mejor de los casos progresan a estructuras envolventes de las operaciones, hacen que algunas disciplinas requieran de los materiales de otras como su mismo contexto constitutivo (Prop. XXVIII -P. I), de modo que fenómenos comunes tengan tratamientos distintos en cada caso (por ejemplo, un fenómeno de despoblación, puede deberse a estructuras o causas productivas, sociales, culturales, políticas o combinaciones de estas u otras distintas).

PROPOSICIÓN X

Las operaciones corpóreas de carácter teleológico en el campo histórico-político están entrelazadas unas a otras, si no en conflicto permanente, sí en competencia, por lo que nunca tienen asegurado el cumplimiento de sus fines. De modo que la conciencia operatoria está ligada al conflicto inherente a tales procesos cuando se sitúan en el reverso de los estromas vivos (M_2).

Explicación: Las particiones y re-composiciones de los todos estromáticos requieren la coordinación de múltiples sistemas de operaciones enfrentados con otros en *symploké* (E.A. V), lo que dota al proceso de dominio y propagación operativa sobre el eco-entorno de un carácter épico y dramático. Cuando la complejidad de sistemas orgánicos ya ha separado los órganos paratéticos de los alotéticos, los fenómenos que vinculan a los sujetos entre sí a través del medio (M_1) tienen su correspondencia en el sistema nervioso central en la forma de conciencia interna (M_2) (Prop. IV). Lo que ocurrirá de modo análogo en los procesos civilizatorios.

Escolio: Entender la conciencia de modo originario o como estructura independiente de los organismos teleológicos operatorios (contra el E.A. II), requiere explicar cómo puede vivir un ser sin células (un espíritu definido por la simplicidad), lo que sería parecido a postular un pensamiento independiente de un sistema nervioso central. Es decir, quien sostenga la existencia de un espíritu vivo y reflexivo (ya sea de modo exclusivo o de modo asertivo), con mayor razón podría predicar el pensamiento de una piedra, que por lo menos es corpórea. Y es que la hipóstasis de los contenidos de M_2 (fobias, deseos, dudas, envidias, &c.) ha sido el principal apoyo del espiritualismo y del idealismo.

PROPOSICIÓN XI

No se puede confundir la actividad histórico-política del E.T. con la conciencia fenoménica de los Egos diminutos.

Explicación: Si llamamos Ego diminuto a la conciencia interna de los fenómenos que definen al sujeto operatorio (Prop. XXXII), el Ego Trascendental, en la medida en que trata con la idea de mundo, supone las conciencias diminutas en M_2 como consecuencia de las operaciones corpóreas en M_1, (Prop. IV) según una actividad que se desarrolla a una escala histórica y política y cuyo frente de onda ortogramático (involucrando a miles o millones de egos diminutos) trasciende todas las categorías, entre las que cabe situar las psicológicas y las sociales (Prop. III), es decir, afecta al conjunto o totalidad de esferas u ovoides segundo genéricos. En tanto la actividad del E.T. trata con el conjunto del *mundus adspectabilis* (E.O. IV), su práctica no es singular, pues esta unicidad singular nos retrotraería a posiciones monistas que rechazamos (E.O. I), ni puede cerrar, como si fuese un sistema de operaciones categoriales (E.G. III). Pues que la operatividad sea corpórea es una cosa, y otra que el conjunto de operaciones u orden que vincula esas operaciones no sea un orden tercio-genérico (M_3). Por ello, dado que la operación va de la parte histórico-política al «todo», obliga a reaccionar dialécticamente a otras partes análogas, lo que se expresa en la idea de M.T., obligando a involucrarse en la dialéctica con el resto de instituciones políticas de potencia similar.

Escolio: Si la pluralidad de Egos trascendentales (positivos), una pluralidad derivada de la propia relación constitutiva entre el «yo», el «tú» y el «él», supone la pluralidad de ideas de Mundo, que como tal sólo puede ser uno, no es porque algún Ego trascendental pueda alcanzar de algún modo esa unicidad (totalización trascendental y última), lo que desde muchas escuelas se pretende, lo que tampoco significa que sea una actividad auto-contradictoria (absurda), sino que, como el campo de fenómenos que trata no está desconectado del resto de configuraciones fenoménicas que le envuelven y le desbordan (el resto de configuraciones políticas que se le «escapan»), requiere una totalización *in media res* que las tenga en cuenta de modo apagógico y prudencial, siempre de modo *infecto*, ignorante de su devenir, en la medida en que las ciencias o saberes sobre su conjunto (las llamadas ciencias humanas) llevan en su seno operaciones con categorías no conexas. Si alguien quiere un ejemplo explícito, basta comparar la enciclopedia de las ciencias hegeliana por la que Alemania se erigía en fin de la historia con la solución final de los campos de exterminio, el superhombre nietzscheano con la raza aria o el vínculo con la tierra del *Dasein* con la ideología del nacional-socialismo. Un criterio desde el cual también cabe establecerse la correspondencia entre el catolicismo neo-tomista y la civilización española de América.

PROPOSICIÓN XII

La humanidad sólo existe como taxonomía biológica.

Explicación: Los conceptos son concatenaciones de términos específicos de un campo y genéricos a otros (E.G. IV), en este caso, los sujetos humanos se concatenan en una totalidad específica frente a otras especies biológicas, por ejemplo, en función de su A.D.N. Ahora bien, no hay un concepto de lo «humano» cuyo contenido específico sea común o universal en cuanto constituya una «identidad» de tipo política, histórica, cultural, religiosa, económica, lingüística, &c.; en estas categorías la desconexión y el enfrentamiento entre grupos de individuos humanos pertenecientes a tales categorías es la norma (Prop. VII y VIII)

Corolario: Si el concepto de humanidad es sólo biológico, en cuanto clase de animales diferenciables respecto de otras especies, tenemos que suponer que su utilización en política, sociología, economía, &c., sin perjuicio de su necesidad, es de carácter ideológico e intencionalmente confusionario, por ejemplo, al hablar en nombre de la humanidad o proclamándose su representante, al modo de la Iglesia o de la izquierda divagante y tantos de sus intelectuales, por lo que se merecen el título de farsantes e impostores, ya que pretendiendo formar parte de su totalidad, hablan siempre desde la «parte» que denigran.

Escolio: Gran parte de la metafísica que envuelve la actualidad económica (caso de ideas como la globalización capitalista), política (con la idea de democracias homologadas), jurídica (caso de las teorías sobre los Derechos Humanos), &c., es consecuencia de la idea de una humanidad de orden distributiva de la que participan todos los sujetos humanos. Y ¿cuál puede ser la escala real de esos componentes? Nosotros pensamos que los componentes «universales» de la idea de humanidad tienen su fuente en la idea de cuerpo, es decir, tales hipóstasis se levantan a nivel «práctico» desde las categorías biológicas. Si las normas que tienen como cometido su conservación son éticas, cuando vamos a los contenidos positivos que trata la idea en el resto de categorías, sólo percibimos diferencias conformadas por el enfrentamiento esencial entre ellas, ya sea en los lenguajes nacionales, sus ordenamientos jurídicos, sus costumbres, sus religiones, sus normas morales y en general, sus instituciones. Lo que hace de tal ideal de Humanidad el principio de un mito oscurantista que oculta la realidad plural, como si situados en la idea de Mamífero identificamos lobos con corderos sin querer ver que unos se comen a otros, pues al margen de si se identifican como organismos placentarios que maman, su vida transcurre por el enfrentamiento mutuo. Un enfrentamiento menos profundo que el que deriva del enfrentamiento entre los mismos lobos, como veía Hobbes al hombre, pues entre dos especies y el género (*homo homini lupus*) había analogías de desigualdad (decían los escolásticos), pero entre dos individuos de la misma especie, como el imperio norte-americano y el chino, no. Es decir, se enfrentan porque son iguales en tanto quieren lo mismo. Se dirá que los hombres no se comen entre sí (lo que a veces no es cierto), pero la verdad es que unos Estados viven en acuerdos frente a terceros o a expensas de otros (como hemos visto en nuestra filosofía de la economía).

PROPOSICIÓN XIII

La idea histórico-política de humanidad es una idea que se levanta de modo distinto desde cada organización social totalizadora.

Explicación: La dialéctica de las partes y el todo, es decir, de unas ideas de hombre postuladas frente a otras que también se postulan como «verdaderas» (Prop. I), se lleva adelante por organizaciones políticas imperiales en la medida en que integran instituciones lingüísticas, económicas, morales, religiosas, &c. (Prop. VII), que en general suponen planes propios que desde su posición de parte tienen fines universales y en el límite, incluyen a todos los demás hombres (E.O. IV), por lo que la implantación de una idea u otra de hombre se determina desde la dialéctica entre Estados e imperios universales.

Corolario: En virtud de la conexión entre la idea de hombre y los imperios universales se produce la dialéctica del E.T., que expresa la M.T. como imposibilidad de un imperio total o final.

Explicación: Si los imperios universales son la parte desde la que se dibuja y se proyecta la idea de Hombre (por la proposición anterior) en tanto se identifican con la actividad del E.T. en el Mundo (Prop. IV y XI – P. I), no cabe suponer que culmine tal actividad, en tanto supondría una sustantivación imposible, dada la inconmensurabilidad entre sus partes (E.O. III), por lo que obliga a la reacción de las otras partes en una dialéctica cuya recurrencia nunca está asegurada (Prop. VIII y P. IX).

Escolio: Cuando muchas teorías definen el totalitarismo vinculado a la forma del Estado en cuanto tal, no atienden a que por esencia el Estado implica una pluralidad de poderes. Tampoco atienden al hecho de que la idea de Estado implica su pluralidad, pues nunca existieron Estados únicos o aislados. En efecto, la idea de Estado requiere la existencia de homólogos respecto de un todo, por el cual quedan conectados en el conjunto de sociedades políticas. Tampoco atienden al hecho de que cualquier ideología política (pero también religiosa o económica) que se considere «verdadera» (universal, total, final) tiene como trámite de realización la lucha y eliminación de las partes que no la dejan desarrollar sus planes ecuménicos, consistan estos en la paz, la igualdad, la libertad, la felicidad o cosas por el estilo. Nosotros no creemos que se pueda dar tal totalización, pues no cabe un cierre de las categorías políticas o de las económicas, por lo que tampoco cabe buscar el exterminio del contrario. Antes bien, afirmamos la necesidad de esta dialéctica. Es decir, es necesario mantenerse en la polémica como modo de hacer política, Derecho o economía, igual que ocurre en filosofía, en cuanto no dependemos del efecto «placebo» que supone buscar la victoria final, el fin del conflicto que permite su disfrute pacífico y eterno en la paz perpetua de los justos, antes bien, la polémica nos hace mantenernos en el pulso de la actualidad que entiende la realidad en esta tensión dialéctica, fuera de la cual las escuelas filosóficas se convierten en heterías y la filosofía en una ilusión, una promesa o un estado de bien-estar apotropaico.

PROPOSICIÓN XIV

La conciencia operatoria del ego diminuto no determina sus fines, planes y programas, sino en la medida en que estos ya deben estar dados institucionalmente.

Explicación: Si en las metodologías β-operatorias hay continuidad entre el sujeto operatorio y el sujeto gnoseológico (es decir, el científico) (Prop. IX) nunca podremos establecer cierres paratéticos internos a su campo, lo que supone el tratamiento de fenómenos cuyo marco de referencia es múltiple, luego su tratamiento también es múltiple y depende de ideas que lo trascienden, debiendo demostrarse la existencia de los contenidos alotéticos dados en cada caso, de modo que la conciencia (fenoménica) es el contenido de la distancia entre las operaciones y los fines del sujeto (E.A. III y P. IV). Ahora bien, la racionalidad que podemos atribuir a los planos, fines y programas implícitos en las cadenas operatorias no nace de esa conciencia, sino que está en función de la recursividad de tales proyectos (según transformaciones idénticas), es decir, de su misma existencia objetiva, demostrada en cursos efectivos en diferentes contextos y situaciones, es decir, de su institucionalización (I. A. III y P. XXXIII – P. I).

Corolario: Cuando decimos que una esencia implica su existencia, queremos decir que su operatividad tiene una actividad en curso, es decir, que no ha desfallecido la potencia que la hace existir (Prop. XV y XXXIV – P. I).

Escolio: Contra los que admiten la existencia de fines o planes mentales que guíen la conducta como un proceso de causa-efecto, les recordaremos que la mente no opera y menos aún, causa efectos. Tales teorías suponen un ente activo allí donde sólo encontramos fenómenos. No queremos decir que no existan contenidos mentales o de conciencia o aspectos volitivos en la intención, pues le atribuimos un género de materialidad propio (M_2), lo que decimos es que depende de la actividad electro-química paralela que resulta de los contextos en que opera el cuerpo, las instituciones científicas, culturales, económicas, &c., en que se mueve el sujeto operatorio, y que determinan sus contenidos prolépticos, pues si fueran imaginarios ¿qué criterio tendría para proponérselos? y si no fuesen externos ¿dónde iba a buscarlos?, pues si no están institucionalizados ¿qué lograría más allá de seguir una ilusión? Pues tales fines del sujeto, aunque fueran del *agere*, es decir, meras operaciones, también tendrían que estar de algún modo tipificadas. Por ello, que no exista la libertad del sujeto como creadora de sus propios fines, un modo de la metafísica por reflexividad, no quiere decir que no haya diferencias entre sus acciones (o sus resultados) y los de otro, pues, antes al contrario, esto suele ser lo normal, otra cosa será si tales modificaciones son genialidades, torpezas o catástrofes, algo que no se puede saber *a priori,* sino por sus consecuencias, es decir, por el modo en que engranan con el resto.

PROPOSICIÓN XV

La relevancia de la operatividad corpórea es gnoseológica. Es decir, sólo los cuerpos operan quirúrgicamente con términos fisicalistas en cuanto sujetos de operaciones. Lo que significa que tales operaciones son comunes a otros cuerpos.

Explicación: Cuando a partir de la actividad de ovoides con teleceptores operando en un eco-entorno comienza la transformación de los referenciales con los que se topa en partes y todos (E.A. III), la destrucción y posterior reconstrucción de las morfologías a su alcance (Prop. XXII), alcanzará el nivel histórico cuando esta actividad se desarrolla por la enseñanza gráfica, escrita (Prop. XXXV – P. I). Como el punto de partida de su recursividad son las normas técnicas, entendemos como primera acepción de ciencia, la ciencia como saber-hacer (Prop. XXVII y XXVIII – P. I). Ahora bien, de los contenidos del mundo vinculados a lo corpóreo (M_1), muchos son psicológico-sociales (conductuales, M_2) y otros relacionales (estructurales, M_3) (Prop. VI, VII y XIII). La tesis del paralelismo de los géneros de materialidad nos lleva a clasificar los contenidos del mundo (M_i) en función de los resultados que tales operaciones estromáticas permiten constatar experimentalmente (dada su recurrencia), como invariancias en las transformaciones que explican la constitución racional del mundo antrópico.

Escolio: Muchos sistemas sostienen una lógica de carácter espiritual (que proviene de la idea de entendimiento o *Nous*), desde la cual la idea de la naturaleza intelectiva de las operaciones, al modo de juicios o raciocinios sin materia, se identifica con el «hábito de sacar conclusiones», una lógica o *logos* con la que se explica el propio Dios: «en el principio era el verbo -Logos-». Una lógica que continúa actuando en la idea de subjetividad que desplazará a Dios del centro ontológico de la realidad. Sin embargo, ocurre lo contrario, no son las operaciones las que se entienden desde el «sujeto» o sus facultades, sino el sujeto (divino o humano) es el que se entiende desde sus operaciones. De modo que con el sintagma «sujeto operatorio» (sujeto de operaciones), más que un genitivo subjetivo, donde las operaciones son del sujeto (sujeto de las operaciones), nos encontramos con un genitivo objetivo, donde el sujeto es definido por las operaciones (sujeto a las operaciones), tal y como sostiene el *dictum* católico: «Por sus obras los conoceréis». Y quien confunda la acepción de sujeto, entendido como «lo que está sujeto a» (la substancia), y lo entienda como «lo que es libre de», es porque está preso de la inversión del significado clásico que lleva a cabo Kant (Prop. I.E.).

PROPOSICIÓN XVI

La conciencia humana (civilizada) es el modo en que aparecen las operaciones en la concavidad de los cuerpos según unidades sociales de acción institucionalizadas en un lenguaje gráfico, una historia, &c.

Explicación: La conciencia no es nada al margen de los contenidos fenoménicos en que se desarrolla, por lo que no puede haber conciencia lingüística sin una lengua o una grafía operatoria, o conciencia económica sin la moneda con la que contar, y así lo demás. Basta recordar los estudios de Lenhard sobre el *Do Kamo*, donde los Canacos no tienen conciencia del yo, ni una palabra que lo exprese, ya que ni siquiera se identifica la conciencia con el individuo corpóreo, por lo que se hace evidente que la conciencia va ligada a las instituciones donde se desarrolla (I.A. III).

Corolario: Partir de una conciencia individual *apriori,* trascendental, última o absoluta es una pura ficción.

PROPOSICIÓN XVII

A la institucionalización o normalización de los cursos victoriosos de tal operatividad los consideramos contenidos propios de la racionalidad humana. Es decir, la racionalidad es finalista, de modo que la irracionalidad de las operaciones es proporcional a la incapacidad de cumplir un fin.

Explicación: Las instituciones tienen una materia y una forma que rebasa la vida de los individuos que caen bajo su normatividad (E.A. V), de modo que su funcionalidad no se ciñe a un fin individual u otro, sino que, al contrario, son las conductas las que se particularizan en función de los fines institucionales (I.A. III). Será la individuación de la conducta la que se llamará facultad o capacidad.

Escolio: No son los individuos o sus conciencias el centro del campo antropológico, antes al contrario, son su consecuencia, como se demuestra en los «niños lobo», tan lejos de las instituciones lingüísticas como cerca de las rutinas caninas. No hay mayor error que tomar a estos individuos como centros ontológicos de la realidad, por mucho que se empeñen existencialistas y circunstanciados como Ortega. Intentar entender el mundo desde el individuo es como intentar entender la estructura de una catedral, o de la misma misa donde reza el feligrés, desde el consuelo que busca en un «amigo imaginario». Antes al revés, sólo se podrá entender su contenido de conciencia desde la institución eclesial.

PROPOSICIÓN XVIII

Las instituciones como unidades normativas del ser, al igual que las ceremonias del hacer, son concretas, lo que no impide su coordinación en complejos institucionales, ni evita sus incompatibilidades con otras o sus transformaciones.

Explicación: En la medida en que los fines y su cumplimiento recursivo como institucionalización de los cursos efectivos de los grupos humanos llevan a configuraciones distintas, no tienen asegurada una coordinación completa, lo que puede suponer altos grados de incompatibilidad (Prop. XVIII – P. I). El problema se agravaría si estos cursos confluyesen en los mismos fines (I.A. V), pues la incompatibilidad podría ser todavía mayor, dado que su recursividad dependería de la competencia entre tales instituciones para el cumplimiento de sus ortogramas. En todo caso, dada la multiplicidad de niveles en que se mueven las instituciones, la coordinación de unas con otras, frente a terceras instituciones, podrán dar lugar a nuevos complejos institucionales y nuevos niveles del conflicto.

PROPOSICIÓN XIX

La persona como sujeto de derechos y deberes es el término de una relación trascendental por la cual una sociedad política constituye a un individuo como responsable de sus actos.

Explicación: Dado que no hay una sustancia en el universo que se defina por sí misma (auto-téticamente) (E.O. III), los predicados que correspondan al ser humano no pueden salir de sí mismos, sino que derivan de las conexiones y relaciones en que se inserta al individuo (I.A. IV). Los derechos y deberes por los que se define la persona serán predicados alotéticos (no-autotéticos) institucionalizados histórico-políticamente en el desarrollo de unas sociedades políticas frente a otras (Prop. XXIII – P. I).

Corolario: Al decir «sujeto de los derechos» usamos «sujeto» en su acepción lógico-proposicional, es decir, como término inserto en estructuras lógico-materiales. De este modo nos oponemos a la idea de «sujeto de derechos» de estirpe kantiana, que define a un sujeto supra-sensible por la libertad ontológico-espiritual.

Escolio: Con esto nos oponemos frontalmente a la idea del sujeto como fundamento individual de derechos, es decir, a la idea de una «naturaleza» humana racional e igual, raíz o núcleo fundamental de las relaciones jurídicas (acaso como cúpula jurídica de los Derechos Humanos), las relaciones económicas (los llamados mercados libres), o las políticas (el sufragio universal). Pero también nos oponemos a la idea de hombre como «animal social», pues como decía Aristóteles, también las hormigas, las abejas son sociales. Evitamos así poner en el individuo o en la sociedad de individuos el origen o el fundamento del Derecho.

PROPOSICIÓN XX

Toda institución tiene un grado o posición axiológica en continua inestabilidad.

Explicación: Como las instituciones son de muy diverso tipo y abarcan todo el campo antropológico (Prop. XVI), y dado que su organización supone en cada caso una graduación atributiva (E.G. I), pues la homogeneización isológica (atómica) del campo es inviable (Prop. XII), hay que suponer que el valor de una institución está en función de operaciones causales sobre aquellos esquemas materiales de identidad cuyos efectos o desviaciones constantes devalúan o encarecen la posición relativa de una institución frente a otras (Prop. XV y XVI - P. I), lo que hace imposible la igualdad de rango en las instituciones, antes bien, el aumento o disminución del rango axiológico de una institución nos permite medir la actividad de los propios sujetos cuyas operaciones suponen (Prop. XVII), pues fluctúa al aumentar o disminuir su valor según quien la defienda o el éxito y el fracaso de las instituciones con que compite o a las que se enfrenta. Esto es lo que entendemos por «bien» o «mal» efectivo.

Escolio: Cuando estudiamos la idea de «Valor» nos encontramos con una multitud de concepciones axiológicas distintas a lo largo del último siglo y medio, advirtiendo la pluralidad de perspectivas sobre sus vínculos con los bienes que medían y los operadores que las evaluaban. De modo que se explicaban cualidades de los valores como su categoricidad, su polaridad y su jerarquía de modos muy distintos. A tal efecto propusimos una teoría funcional que entendía el valor como la desviación de una institución o esquema material de identidad según un determinante causal u operación (positiva o negativa) que desviaba su posición relativa respecto de otras instituciones de su categoría (ética, estética, económica, religiosa, &c.). Por lo tanto, proponíamos invertir la tendencia a sustantivar unos valores (superiores o no) que no son nada al margen de las instituciones, por lo que ni tienen una «objetividad» independiente de los sujetos, ni se reducen a las operaciones evaluativas subjetivas al margen de los bienes. En todo caso, las correspondencias entre el deber ser y los valores (la justicia, la dignidad, la equidad, & c.) servirán para justificar tanto una normativa como su contraria.

PROPOSICIÓN XXI

Igual que el yo o la conciencia, la persona es una institución histórica, concreta, cuya característica principal es no ser individual, autónoma o aislada, sino dada entre otras personas.

Explicación: La persona humana, como anamorfosis del individuo corpóreo (al cual está vinculado), es una institución alotética (Prop. XX) que resulta de la concatenación de los proyectos que logre alcanzar (Prop. XVII – P. I y Prop. XIV), lo que a nivel jurídico requiere unos requisitos para que se pueda constituir como tal (formativos, educativos, morales, técnicos, sociales, &c.) (I.A. III), igual que ocurre para la llamada «personalidad jurídica». La imposibilidad de sustancializar (hipostasiar) a la persona deriva del carácter actualista de los requisitos por los que se define. Negaremos toda idea de persona que suponga una naturaleza espiritual, natural o racional al margen de su génesis histórico—política de raíz greco-latina (cristiana).

PROPOSICIÓN XXII

Las instituciones ceremoniales están definidas por Gustavo Bueno del siguiente modo: «el nombre de ceremonia refiere a toda figura práctica teleológica que, constituida por secuencias efímeras de operaciones humanas, está delimitada sobre un «fondo procesual» por una apertura y una clausura identificadas. Presentando una estructura interna de la praxis». La idea de finalidad se toma aquí como identidad entre un proceso y su resultado cuando éste se nos muestra como condición necesaria para su re-producción.

Explicación: Las ceremonias son figuras del hacer humano que comprenden personas, cosas y acciones (tal y como Gayo dividía el contenido de sus *Instituciones*), de modo que personas y cosas se relacionan por las acciones del «hacer» humano. Las ceremonias como estructuras internas de la praxis tienen un fin dado por su practicidad (teleológica) gracias al cual se identifica el proceso y su resultado, por lo que su regulación actúa prohibiendo otras secuencias operatorias, pues como hemos visto, el «deber ser» de la norma sale de la confluencia de múltiples cursos operatorios contra-puestos, de modo que su figura secuencial, al modo de bucles sobre un fondo desde el que se levanta, se limita por un comienzo y un fin temporal. De este modo, las ceremonias son *khoreomáticas* (operaciones canalizadas) en tanto forman una totalidad con cuatro momentos o dimensiones. El momento constitutivo por el cual se da la conjunción de sus partes según las normas que la rigen. El momento distintivo de sus partes respecto del exterior, que supone prohibiciones y marcas físicas de su apertura, decurso y clausura. El momento variacional de las relaciones entre sus partes internas, lo que implica haces de alternativas opcionales en puntos de su curso operatorio. Y el momento contextual de tales partes alternativas, lo que supone la unión *sinecoide* con su contexto. En función de estos aspectos o dimensiones cabe diferenciar especies o clases de ceremonias. Según el primer momento dependen del número de actores involucrados (ceremonias unipersonales o multi-personales), del carácter positivo o negativo de los contenidos (ceremonias transformativas o evitativas de tales transformaciones), de su materia (ceremonias circulares -el *agere*-, radiales -el *facere*- o angulares), y de la relación del contenido y el sujeto (ceremonias de primer orden si siguen un orden natural o de segundo orden, las artísticas). En el segundo momento, según su modo distintivo se distinguen las que tienen signos explícitos de apertura y clausura, y las que no. Según su dimensión variacional habrá ceremonias protocolizadas que determinen sus pasos por reglas, y otras que no. Y por fin, desde la dimensión contextual podemos diferenciar ceremonias que se relacionan con otras ceremonias de su contexto sinalógicamente (atributivamente o por contigüidad) o bien por nexos distributivos (paradigmáticamente o por semejanza), lo que conduce a su especificación según clases o tipos. Cabe advertir desde este momento la importancia que tendrá la idea de ceremonia para identificar el núcleo del Derecho, así como otros muchos aspectos de su esencia.

PROPOSICIÓN XXIII

Todo lo racional es real pero no todo lo real es racional.

Explicación: Hemos dicho que de la M.T. no podemos predicar

nada, dado que es infinita (E.O. I) y no tiene unidades ni identidades de ningún tipo, no es racional, no admite proporciones (aunque no sea abstracta, sino «positiva», es decir, real). Pero también hemos dicho que el Mundo no es más que el ejercicio de unión de clases que produce el E.T. (E.O. II), de modo que si podemos regresar del Mundo a la M.T. como límite negativo, en cuanto afirma la imposibilidad de que el Mundo agote la realidad, no podemos progresar de nuevo al mundo. El hiato aparece cuando de la constatación de la imposibilidad de clausurar el mundo (pues tenemos constancia de que sus límites nos llevan fuera de él) no podemos progresar o deducir consecuencias, es decir, sólo nos cabe constatar por *catástasis* las inconmensurabilidades de partida, es decir, reiterar el corte o hiato entre ontología general y ontología especial, reiterando las analogías de proporción que conducen a sus límites (Prop. VII – P. I), luego, si «la razón» es operatoria (institucional), más allá de los resultados de esas operaciones no podemos decir nada (I.A. III). Y ese «nada» incluye otros géneros de realidades de las que no podemos hablar, y por tanto tampoco negar.

Corolario: El actualismo ahora se muestra en la dialéctica ontológica como un proceso permanentemente abierto (circulatorio) en función de la operatividad del Ego Trascendental con la materia que logre determinar (y que a su vez lo desborda).

Escolio: Si alguien supone un sujeto absoluto o espiritual (trascendental o metafinito), que determine o dirija el mundo, se ve obligado a seguir la vía descendente por las que imponga unas legalidad práctica o política. Muchos han supuesto así, una vía que conduce a la escatología universal, al progreso de la humanidad, a la entropía del cosmos, al triunfo de Alemania o al armonismo de la paz mundial socialista (comunista o social-demócrata). Y es que su fuerza deriva de su indeterminación, lo que se hace evidente en cuanto se les pone fecha o se ven sus consecuencias.

Escolio 1: Si todo análisis de la realidad se tiene que hacer autocontextualmente, pues no podemos salir de ella, pero tales análisis nos conducen a límites que no podemos incluir en el propio mundo, pues son conceptos límites negativos (por ejemplo, «no hay más que cinco poliedros regulares», «no puede haber un *perpetuum mobile* de primera ni segunda especie», &c.), es porque estamos rompiendo la clausura del mundo desde dentro, obligando a postular una actividad vinculada a contenidos que ejerzan de puente entre M_i y lo «demás»

(M.T.). De modo que en Ontología general seguimos la fórmula del producto relativo entre el ser y el conocer, que niega las ideas reflexivas puras por las cuales, un ente se conozca a sí mismo (como la sustancia divina aristotélica), un ente se determine a sí mismo (como la conciencia universal hegeliana), un ente se produzca a sí mismo (como el yo absoluto libre de Fichte) o un ser que se exprese a sí mismo en libertad.

Escolio 2: Si toda determinación es la negación de otra cosa, pues todo esquema material de identidad excluye otros modos de identidad, toda negación es a su vez determinada, pues si no, podríamos establecer un orden de relaciones total (por ejemplo, aplicando la negación como afectando a toda identidad), lo que no puede ocurrir por el Estroma 1, dado que los límites se constituyen a partir de las identidades o entre identidades incompatibles, pero no de todas con todas. De este modo, podemos concluir que la M.T. no es la negación del Mundo, lo que afirma el acosmismo. Establecemos por tanto que $M_i \subset E \subset M$ en la vía ascendente.

PROPOSICIÓN XXIV

Llamamos arco de racionalidad a la institucionalización de un proceso que parte de una posición dada, genera una contraposición, para acabar en una re-composición.

Explicación: Los ciclos de transformaciones idénticas en cuyos cursos normativos se insertan la operatividad racional (Prop. XIV) tienen unos fines institucionales que se cumplen en la medida en que la operatividad transformativa es recurrente (E.A. V). Esta recurrencia establecida como norma, parte de la posición inicial de conformación de una materia, sufre un proceso de contraposición en función del medio y el fin que persigue, para volver por transformación idéntica a la recomposición inicial.

Escolio: Contra la idea de una razón autónoma o espiritual, entendida en términos escolásticos como «hábito de sacar conclusiones», es decir, vinculada a la lógica o al principio de no-contradicción, afirmamos la idea de razón como una proporción o composición operatoria de materiales según formas reglamentadas históricamente y alrededor de las cuales se desarrolla la vida de los hombres. De tal modo que la historia es la historia de estas Instituciones (por lo que no es extraño que la idea de Institución provenga del Derecho Romano)

PROPOSICIÓN XXV

Los arcos de racionalidad institucional no tienen por qué ajustar entre sí o ser composibles todos con todos.

Explicación: El conflicto institucional es obligado tanto si se persiguen los mismos fines como si se buscan los contrarios (Prop. XVIII – P. I). Antes que armónicos, la multiplicidad de procesos operativos chocan entre sí según normas características que generan incompatibilidades insalvables entre sus respectivos arcos de racionalidad, de modo que la imposibilidad de su ratificación ilimitada obliga a rectificaciones dialécticas constantes (Prop. VIII).

Escolio: Buscar en la bondad o maldad de los hombres las causas de los conflictos y la violencia es un reduccionismo psicológico propio del más pueril infantilismo. Las turbulencias, los enfrentamientos, las matanzas y la muerte adquieren un grado de necesidad tan «objetivo» en la vida de los hombres como en un ecosistema biocenótico animal o bacteriano. La diferencia está en la potencia que desarrollan los arcos de racionalidad institucional para asumir y resolver esos conflictos. A escala categorial la voluntad de los sujetos es antes consecuencia que causa, dicho de otro modo, la violencia o la coacción es constitutiva del equilibrio social y político. El arco de racionalidad de las instituciones jurídicas va en este sentido.

PROPOSICIÓN XXVI

Toda institución tiene un momento técnico y uno nematológico. El primero lo definimos por el aparataje, los rudimentos o la «carpintería» que le da su funcionalidad característica, el segundo por su configuración respecto del resto de instituciones.

Explicación: En cada institución (sea o no ceremonial) se formaliza una materia que tiende a desbordarse según su grado de complejidad y según la recursividad con que cumple los fines que comprende en su arco de racionalidad (Prop. XVIII y XXIV). A tal funcionalidad se llega desde mecanismos o estructuras técnicas, que suponen una destrucción y recomposición de elementos a escala material, formal o contextual (P XX – P. I). Ahora bien, la institución de referencia también tiene un momento, importancia o valor respecto del resto de instituciones con las que se relaciona, esta característica axiológica en la que vemos su categoricidad y su polaridad también implica puestas en valor a favor o en contra que influirán sobre su devenir (Prop. XIX). Tales puestas en valor llevan a definir la institución de un modo nematológico distinto de aquellas definiciones que se ciñen a la funcionalidad técnica propia de quien trabaja con la institución (Prop. IX).

Escolio: El recelo de los saberes de primer grado sobre la vaguedad y la abstracción nematológica o filosófica toma de aquí su fuerza, igual que ocurre cuando, al contrario, se acusa de «miopía» a quien no es capaz de salir de su parcela categorial técnica. A nuestro modo de ver, la distancia entre el momento técnico y el nematológico puede llegar a tales grados de desconexión que vuelven esquizofrénica a la institución (algo que vemos en el Derecho actual). Las funciones de un saber de segundo grado a nivel filosófico se definen por el ajuste constante entre ambos planos.

PROPOSICIÓN XXVII

La conciencia operatoria de los egos diminutos aparece mediada por la pluralidad de normas, de tal modo que puede quedar anulada por su confluencia contradictoria.

Explicación: Dado que hay múltiples instituciones y estas no casan entre sí de un modo completo o armónico (Prop. XVII – P. I), podría darse el caso en que la pluralidad de normas donde se mueve el individuo ofrezcan una multiplicidad divergente de proyectos (E.A. V), obligando a seguir fines contrarios o contradictorios. Será en aquellas situaciones histórico-políticas de carácter universal en que se intensifiquen las normativas opuestas (o simplemente «multivectoriales»), cuando unas instituciones choquen con otras hasta un grado tal que la conciencia operatoria del sujeto quede «neutralizada» o incapacitada para seguir alguna de ellas (Prop. XIV).

Corolario: Aparece entonces una institución encargada de dar sentido a esa conciencia en cuanto tal, pero como en sí misma no es nada (Prop. IV) la función soteriológica que consiste en tenerla en cuenta como tal conciencia individual será el cometido de una hetería en la que se integre. Escuelas o heterías salvadoras del individuo se han dado muchas a lo largo de la historia: desde los amigos epicúreos, los creyentes recogidos en monasterios, las escuelas psicoanalíticas o los grupos ecologistas que se nutren de la filosofía de herbolario.

Escolio: La filosofía gnóstica sin duda ha gravitado en torno a la raíz soteriológica de las escuelas religiosas, y muchas de las pseudociencias actuales mantienen en torno a la conciencia del individuo el sentido de la vida y las funciones del saber, cuanto que son parches necesarios de sociedades individualistas y decadentes. De modo que no es la «conciencia desventurada» una figura pasajera o la argucia de la razón una necesidad histórica, sino que habrá que determinar en cada caso el nivel de complejidad y desajuste institucional en que se ve envuelto el individuo.

PROPOSICIÓN XXVIII

La operatividad etológica está al mismo nivel que la humana tomada en general.

Explicación: La conciencia operatoria animal está normada según principios específicos, que en el caso humano (E.A. III) incluirían grados o fases de desarrollo antropiode u homínida comunes a otras clases de animales (la operatividad de los teleceptores anteriores análogos a los artrópodos) u hominoides (la sociabilidad de monos, gorilas, &c.), es decir, aquellos animales que utilizan herramientas, juegan, cooperan, se comunican con signos, tienen sentimientos o desarrollan culturas son tan «racionales» (raciomorfos) como nosotros, por lo que hay que especificar a qué racionalidad nos referimos (I.A. III).

Corolario: Luego, la biología o la neuro-química, al igual que la paleontología, cuando trabajan sobre la especie humana y su dinámica homínida, no tienen nada que decir sobre la idea de hombre (menos aun de instituciones como la persona), pues su configuración es histórico-política y por así decir, requieren de tal idea para ponerse en marcha.

Explicación: Si lo que comprende el cuerpo humano pertenece a categorías biológicas, paleontológicas, &c., y hemos cifrado en la racionalidad institucional lo propiamente humano, y las instituciones son externas al cuerpo como tal, pues comprendemos el propio cuerpo humano como institución, ninguna ciencia que trate de lo interno al cuerpo humano, ya sea físico (M_1), psicológico, mental (M_2) y ya no digamos espiritual, podrá decir nada de la idea de humanidad vinculada a ese cuerpo.

PROPOSICIÓN XXIX

Ni existe ni puede formarse una conciencia racional humana fuera de conjuntos de instituciones histórico-políticas.

Explicación: La configuración de los individuos y sus contenidos «internos» se forman en función de la naturaleza de las operaciones que realizan (Prop. XVI), pero sólo en una matriz social a escala histórica se logran desarrollar contenidos lingüísticos, morales, intelectuales,

&c., que van configurando al individuo, y determinan sus operaciones y por tanto las diferencias y conflictos que configuran su conciencia.

Escolio: Con la etología se dejó de negar la «conciencia» a los animales, pero en la medida en que se siguen atribuyendo cualidades o facultades superiores a los hombres, se sigue preso de una lógica predicativa que entiende los atributos humanos como inhesión en un sujeto substancial (esté en proceso o sea inconsciente), lo que no logra explicar nada. Al ser institucional lo que nos diferencia del resto de especies, no caben predicarse de un sujeto anterior a ellas, sino en cuanto se constituye el sujeto desde la relación y no antes. Esto lo puede advertir todo el mundo con la educación de los infantes cuando se les va introduciendo en contextos lingüísticos, sociales, morales o jurídicos. Lo mismo ocurre con la «persona», cuya estructura y cuyo sentido no puede ser inherente, *a priori* o espiritual, sino que depende de las operaciones con aquellas otras personas con las que se relaciona y se modela (Prop. IV).

PROPOSICIÓN XXX

El espacio antropológico está formado por tres ejes ortogonales (circular, radial y angular), es decir, disociables entre sí, pero no separables. El Eje circular comprende el conjunto de relaciones de los hombres entre sí, el eje radial el conjunto de relaciones de los hombres con las cosas y el eje angular las relaciones de los hombres con los animales.

Explicación: La pluralidad de instituciones en que se distribuyen los contenidos del Espacio Antropológico son de muy diverso tipo, como podemos ver por su clasificación según los ejes gnoseológicos (I.A. IV), dado que su carácter alotético, relacional, sincategoremático, les hace ser antes un producto que una «sustancia natural», es decir, deriva de la negación de predicados auto-téticos para definir lo humano (*homo sapiens-sapiens, homo ludens, homo económicus,* &c.) (Prop. XXIX. E.). Antes bien, será la inserción de una materia en unos parámetros funcionales la que arroja valores dependientes de factores sin los cuales nos quedaríamos sin referentes. ¿Los Neandertales son personas?, ¿y un feto?, ¿cómo olvidar las discusiones sobre la humanidad de mujeres o indígenas?, ¿no se aplicaron leyes eugenésicas sobre «subnormales» y «judíos» por anglosajones y alemanes hace menos de un siglo? Las relaciones del hombre con los animales, con las «cosas» y con otros hombres, nos indican la pluralidad y heterogeneidad de los propios grupos humanos. Tales valores adquieren un peso y una posición característica según los parámetros históricos que demos a la función. La clasificación de los entes en vivos o inertes, personales o impersonales (E.A. II), nos dan cuatro posiciones, donde la casilla de entes personales inertes está vacía, pero las otras tres designan los seres humanos, los animales y las cosas.

Corolario: Los contenidos del espacio antropológico por los cuales definimos lo humano pueden situarse en uno o en varios ejes a la vez según sea su materia y su ritmo de funcionamiento, dado que su ortogonalidad permite productos relativos a través de relaciones sinecoides, es decir, con cierto grado de independencia mutua. Luego «el hombre» se conoce a sí mismo, no directamente, como le parece evidente al yo diminuto (Prop. XI), según lo cual, la «subjetividad» nos hace humanos, sino en virtud del conjunto de relaciones de los grupos en los que está inserto, frente a terceros.

Explicación: No queremos decir otro cosa, sino que las instituciones se sitúan según sus contenidos respectivos en distintas posiciones del espacio antropológico, sin que esto suponga su separación completa: habrá instituciones eminentemente técnicas, *poiéticas*, de transformación de materiales en el eje radial, habrá instituciones que tengan como núcleo las relaciones con los animales, caso de la religión, y habrá instituciones que se ocupen de las relaciones entre unos hombres y otros como la política, la economía o el Derecho.

PROPOSICIÓN XXXI

Los valores de lo sagrado (sacro), respecto de sus contrafiguras profanas, se distribuye en tres valores: lo santo para el eje circular, los fetiches en el eje radial y los númenes en el eje angular. El componente numinoso animal será la norma para las hipóstasis divinas, como el evemerismo sería la norma para los santos, así como las artes (bellas) para los fetiches. Todos los cuales suelen estar en conflicto.

Explicación: En el caso del fetichismo, las relaciones sebasmáticas se dan por el siguiente mecanismo: la relación entre un objeto como modelo para un sujeto, y la relación entre ese sujeto y otro objeto fabricado a través de ese modelo, da lugar a que aparezca el objeto-modelo como fetiche (sacro) cuando se abstrae el sujeto operatorio del conjunto de relaciones y aparece el fetiche como relación entre el modelo (objeto originario) y el objeto construido de un modo directo. Así, el objeto, en su individualidad, aparece como realización del mismo modelo. La reivindicación del fetichismo nos lleva a pensar que la sustantividad en el arte está vinculada a procesos análogos, pues lo adjetivo parece estar más vinculado a los aspectos o momentos técnicos de la institución artística.

Escolio: Igual que la esencia de la religión tiene su origen y su fundamento de verdad en los númenes animales, cuya numinosidad evoluciona transformados en dioses antropomórficos y finalizan en el Dios único aristotélico, sin cuerpo (o con forma humana en el cristianismo trinitario), donde ya no podremos hablar de verdadera religión, igual, decimos que ocurrirá en el eje circular con los santos, en oposición a la numinosidad animal y vinculada a su hipóstasis operativa, es decir, a los sujetos humanos aureolados. Es evidente que el mundo de los fetiches (pictóricos, literarios, musicales, &c.) son los primeros referentes del mito de la cultura, por los que la divinidad (gracia) deriva en un ser humano creador. En este sentido entendemos la inversión teológica, donde las hipóstasis de la persona humana (por ejemplo, como expresa la *Carta de Derechos Humanos*) es un resultado en forma de *progressus* idealista que supone la idea de una humanidad «santa» operando en el presente (como entendía Kant). Pero si no cabe confiar en tal cosa, no es porque el hombre deje de ser el centro ontológico del universo con la aparición de aquellos seres vivos no linneanos (extra-terrestres) que se están buscando y de los que tanto se habla, sino porque entonces se advertirá cómo las relaciones de dominio pasan de nuevo a primer plano, poniendo en juego tal título.

PROPOSICIÓN XXXII

Cuando los componentes del campo antropológico sean principalmente de carácter circular, por relación entre unos hombres y otros, nos encontramos con categorías que se suelen denominar sociales, como por ejemplo, la economía, la política, o en el caso que nos ocupa, el Derecho.

Explicación: Propiamente el Derecho, como la política, se fundamenta en la propiedad y la apropiación de un territorio (Prop. III. E.), pero eso no convierte a las relaciones que tratan en componentes del eje radial, del mismo modo que esos territorios salen del dominio angular al arrebatárselos a sus múltiples «poseedores», los grandes animales del paleolítico, lo que todavía se ve en la constitución del *ius* proveniente del *fas* en Roma, o el Derecho canónico cediendo paso al Derecho civil en el Concilio Vaticano II («mi reino no es de este mundo», dejó dicho el Jesús que vendrá a impartir justicia en el juicio final). Es decir, que las relaciones sean circulares no significa que sus fundamentos también lo sean.

PROPOSICIÓN XXXIII

Cabe situar en el eje radial un conjunto de técnicas con estromas sin inteligencia ni voluntad cuyos cursos procesuales, en el mejor de los casos, desembocan en contextos determinantes, es decir, dan lugar a ciencias de relaciones necesarias, que «desbordan» el Espacio Antropológico dialécticamente sin perder su carácter antrópico.

Explicación: La multiplicidad de técnicas o normativas de trabajo con materiales específicos, algunas de las cuales llamamos pre-ambulares, nos ofrecen una serie de «artefactos» o trabazones de «partes extra partes» entre sus términos cuya característica consiste en organizar una composición cerrada de carácter necesario que llamamos contextos determinantes (E.G. III y P. XXVII). El análisis de estas conexiones se formula proposicionalmente en forma de relaciones de identidad sistemática, donde se neutralizan las operaciones del sujeto. Si decimos que esto nos sitúa «fuera» del Espacio Antropológico, será en la medida en que al segregar las operaciones necesarias para su construcción nos ponen ante relaciones de «cosas con cosas». Lo que no significa que se sitúen fuera del campo del E.T., pues estas relaciones forman la materialidad tercio-genérica (M_3)

PROPOSICIÓN XXXIV

No habrá cierres categoriales cuando los procesos de co-determinación entre materiales específicos no alcancen relaciones de necesidad interna, cuando se requieran operaciones de construcción objetual para la formación del campo (metodologías β_1-I), cuando las operaciones estén co-implicadas con otras (metodologías β_1-II) o cuando las operaciones sean contiguas a otras (coactivas) (en metodologías β_2). En estos casos hablaremos de cierres fenoménicos cuya diversidad y profundidad fluctúa constantemente.

Explicación: Dado que las operaciones están a la base de las morfologías del mundo (E.O. IV y E.G. III), en la medida en que tales operaciones se agotan en su carácter técnico (Prop. XXII) nos obligan a volver sobre las operaciones de partida, ya sea a partir del análisis de los productos, mediante el análisis de otras operaciones (*in media res*), o en último término por el análisis de las normas coactivas que determinan la acción. Los conceptos técnicos de tal operatividad intervienen sobre los fenómenos típicos de cada categoría, principalmente a través de su normatividad ceremonial (lo que veremos en la esencia del Derecho).

PROPOSICIÓN XXXV

La ciudad a partir de su configuración en ciudades-Estado establece la dialéctica donde se forma la idea de Hombre y la civilización universal.

Explicación: El carácter institucional de campo antropológico (I.A. III y IV) nos obliga a distinguir la estructura y la funcionalidad de las instituciones y los complejos institucionales donde están insertas. La propia dinámica colonial de las categorías antropológicas demuestra la incompatibilidad entre normativas institucionales primitivas y estatales. Pues bien, hablaremos de Imperios cuando múltiples ciudades, cada una de las cuales es producto de la confluencia (conflictiva) de varias tribus, se desarrollan en competencia (o en armonía frente a terceros) desde un ortograma totalizador cuyo ciclo ampliado desborda recurrentemente el campo en que se genera (Prop. III).

Escolio: Que la civilización por donde discurre la medicina, el arte, la ciencia, la filosofía o el Derecho se desconecte de los imperios en que se generan es un ejercicio de «falsa conciencia» o de «mala fe». Así, hay muchos Estados modernos donde se mantienen vivas tradiciones y normativas pre-estatales que han incorporado en sus constituciones los llamados «derechos indígenas». Una legalidad que acerca a los indígenas al estado de las reservas animales (lo que instauraron españoles «desequilibrados» como Las Casas y han retomado los neo-constitucionalistas actuales).

PROPOSICIÓN XXXVI

El «deber ser» es anterior al «ser» que logre establecer. La práctica es anterior a la teoría, las instituciones del «hacer» son anteriores a las del ser. Por lo que priman en gnoseología, pero carecen de relaciones con necesidad interna en Ontología.

Explicación: Los componentes pragmáticos circulares, operativos, conductuales, son junto a componentes angulares que están determinando el contexto que los envuelve, normativizados en costumbres (E.A. V), agrupadas en la moral de grupo, a la vez que va incrementándose el volumen de componentes radiales, es decir, de productos artificiales, enseres, utensilios, &c., que multiplican la potencia de sus operaciones (I.A. IV). De modo que los procesos e instituciones ceremoniales que normativizan la vida del grupo, es decir, lo que se debe hacer, lo que se debe creer, lo que se debe decir, es anterior al conjunto de instituciones que siendo «objetuales» logran una cierta estabilidad y necesidad en el «ser» o esencia de tales instituciones (Prop. XXIII. E1).

Escolio: Cuando Hume niega el paso del ser al deber ser, o Kant habla de un «deber ser» puro *a priori*, o el iusnaturalismo de deber natural, o no dicen nada o se están refiriendo a esta prioridad. Es decir, sin las relaciones necesarias o las esencias en M_3 se nos desdibuja la ontología pluralista en polos epistemológicos y dualismos ontológicos re-ductivos de raíz metafísica.

APÉNDICE

Igual que en la primera parte, el carácter expositivo de esta estromática jurídica (opuesta al modelo axiomático que pasará a la estructura de los códigos) nos obliga a poner en movimiento las escasas proposiciones presentadas en esta segunda parte. La dirección y el sentido que toman las cuestiones antropológicas respecto del campo jurídico obligan a establecer entre ambas, diferencias esenciales que los estudios antropológicos clásicos han tendido a difuminar y la historia del Derecho ha tendido a confundir. En efecto, los estudios de campo sobre lo que llaman «Derecho primitivo», aun cuando se trate de sociedades que carecen de gobierno, juzgados y leyes escritas, es decir, de instituciones jurídicas, nos sitúan ante mecanismos de resolución de conflictos ajustados a leyes y normas morales por las que se rigen esos pueblos, pero presentadas como si contuviesen o supusieran un Derecho *in nuce* o ejercitado. De modo que cuando hablan de «mecanismos jurídicos», de juicios, de acusaciones o de sentencias, en realidad se refieren a normativas fijas de resolución de disputas, que como en el caso de los esquimales, según Hoebel escribe en *Las leyes del hombre primitivo,* vemos que se resuelven en duelos de canciones que entonan los oponentes, donde el ganador será quien haya sido más aplaudido por el público (lo que recuerda los duelos discursivos y las votaciones populares en los juicios públicos de la Grecia clásica). Que esto sea un procedimiento judicial sólo se puede entender como un análogo lejano. Tales «mecanismos cancioneros» también son descritos por Bohannan en *Justicia y juicio entre los Tiv,* aun cuando las rencillas y los duelos de canciones entre familias o linajes solían acabar en batalla campal. Veremos cómo estos ejemplos no son la excepción, sino la norma de los análisis antropológicos.

Hablar de Derecho primitivo es tan absurdo como hablar de economía primitiva o ciencia primitiva, pues hablamos de sociedades en cuyas instituciones no había diferencias entre unos aspectos u otros de la vida social ya que todo estaba unido. Marcel Mauss no ve distancia ninguna entre religión, economía, historia o Derecho, pues no hay modo de separar unos fenómenos de otros en la vida de estas sociedades. Según Mauss, el inmanentismo de la justicia, en cuanto ajusta un orden social, supone que todo acto o pensamiento, por mínimo que sea, posee una significación moral y «jurídica» que no escapa al conocimiento de los dioses o de fuerzas sobrenaturales. Según estas cosmovisiones, toda acción humana tiene una consecuencia natural inevitable que es imposible eludir, de tal suerte que se podrá escapar a la «justicia y los tribunales» humanos pero jamás se escapa a la justicia natural sobrehumana que, implacablemente, hace caer sobre los mortales las consecuencias de sus propios actos.

Malinowski comprobó que los trobriandeses actuaban movidos por un complejo sistema de obligaciones recíprocas, de tal manera que nadie se arriesgaba a incumplir sus obligaciones para no perder la reciprocidad de los deberes para con él. La forma de vida trobriandesa parecía demostrar también que era posible la existencia de leyes sin necesidad de jueces o autoridades políticas.

Esto llevó a Margaret Mead a afirmar que «una de las razones por las que resulta difícil encontrar sistema jurídico alguno en la sociedad primitiva es que, hablando en términos generales, a nadie se le pasa por la imaginación quebrantar las normas morales».

Si nos atenemos a las bases que legitiman (emic) el poder en tales sociedades pre-políticas, nos encontramos que el inicio de las primeras jefaturas derivaba de su capacidad para comunicarse con los dioses como «especialistas de lo sagrado», siendo su principal misión, como reyes del país, la de imitar al Rey del Mundo o entidad divina.

En el campo del Derecho se ha sostenido que los primeros jueces fueron sacerdotes, chamanes o «especialistas de lo sagrado», es decir, individuos a quienes se reconocen propiedades mágicas y que el mismo «Derecho» era una parte de la religión, impregnada, por tal motivo, de un fuerte sentido ritual. Fustel de Coulanges describe al arcaico

Derecho romano diciendo que «el antiguo Derecho era una religión, la ley, un texto sagrado, la justicia, un conjunto de ritos» (rituales arcaicos semejantes a los del *Areópago* griego en materia penal).

En las leyes de Manu sobre el Rey puede leerse: «Lo mismo que al sol... nadie puede mirarlo de frente. Es el fuego, el viento, el sol, el genio que preside la luna, el rey de la justicia». Así, se establecen las dignidades y toda jerarquía en que descansa la asociación humana, es decir, son lo que podemos llamar con Carlyle una hierarquía o gobierno de los héroes.

Pero si negamos que se pueda hablar de Derecho primitivo, acusaremos a los antropólogos de sacar consecuencias inadecuadas de sus análisis al operar con una concepción errónea del Derecho. Por ejemplo, Evans-Pritchard dedicó varios años al estudio de los Nuer, pueblo primitivo que habita en las riberas del alto Nilo, llegando a la conclusión de que no tienen organización política, ni autoridades o instituciones legales, y sin embargo no ve inconveniente alguno en sostener que «tienen Derecho o leyes en cuanto que la gente está de acuerdo en que algunas acciones lesionan derechos de otros y que pueden repararse». Así, muchos ponen el inicio del Derecho en las cosmogonías de las pinturas rupestres o de las primeras ciudades que fundan una ley primordial.

Olivecrona, bajo el epígrafe «La imitación como fuente de normas», plantea en su obra *El Derecho como hecho*, cómo el Derecho es originariamente un uso o costumbre que paulatinamente va formando parte del sustrato o acerbo ideológico cultural de una comunidad. El que esa costumbre o uso se convierte en Derecho, o no, depende, para el mencionado autor, de que exista o no exista el Estado. Lo que demuestra que el Derecho, visto desde la Antropología o la Sociología, no se diferencia de otros tipos de normativas, tribales, rituales o religiosas.

Desde nuestros ejes antropológicos vemos configurarse el Derecho del modo más general posible sobre el eje circular, cuando constatamos el juicio de hombres por hombres sobre el fundamento de los bienes somáticos del eje radial, al desprenderse de un fondo religioso (el *fas*) que deriva de la lucha por el territorio con los animales del paleolítico (presentes en el eje angular). Su fondo prehistórico o paleolítico supone la lucha por la vida en competencia con los grandes depredadores, que todavía resuena lejanamente en el Derecho canónico o en la eucaristía, donde se sacrifica al «Dios», se come su cuerpo y se bebe su sangre.

Estos análisis evidencian presupuestos no-explícitos sobre lo que en cada caso se entienda por Derecho. Por ejemplo, Gluckman entiende el Derecho como conjunto de dispositivos para mantener el orden, por lo que se puede aplicar sin inconveniente alguno a sociedades tribales, de modo que, en *Política, ley y ritual en la sociedad tribal*, aparecen instituciones «jurídicas» como interrogatorios, fases de prueba, evaluación y sentencias, cuando en realidad son dispositivos cotidianos para mantener el orden. Sin embargo, en *Costumbre y conflicto en África*, aparecen tales diferencias en la «ordalía», cuando se obligaba al «acusado» a beber el veneno de un oráculo demostrando que si le afectaba es que era culpable.

Malinowski reconoce que el Derecho tribal no tiene instituciones, ni autoridad definida, lo que no le impide hablar en *Crimen y costumbre en la sociedad salvaje* de Derecho civil, o de deberes y servicios basados en la reciprocidad. Y no hace falta autoridad entre los Trobriand porque la fuerza de la norma se ejecuta por la coacción social que lleva al ridículo a quien no la cumple, cuando no al suicidio si se produce un escándalo. Durkheim también ve modalidades comunes de solidaridad entre la costumbre primitiva y la ley moderna, cuando según sus análisis lo que fundamentalmente estructuraba las primeras normas eran prescripciones rituales, cuya inobservancia era redirigida mediante otras ceremonias.

Henry Levy-Bruhl nos explica que en las poblaciones poco evolucionadas, las leyes morales rigen tanto los acontecimientos naturales, la marcha de los astros, como los sucesos anormales y terroríficos derivados de las malas cosechas, las epidemias, las muertes violentas, &c., es decir, se trata de sociedades dominadas por creencias en la existencia de fuerzas sobrenaturales a las que se atribuye la verdadera causa de todo lo que pasa. Por ejemplo, si muere un pigmeo por accidente se entiende que ha transgredido las normas, y así se le entierra. En las sociedades de ese tipo, la prueba judicial -dice Levy-Bruhl- es un llamado a esas potencias superiores para demandarles que designen al culpable del acto que ha alterado la normalidad del grupo. El procedimiento que se utiliza para el fin de re-establecer el orden, es de nuevo la ordalía. A saber, una prueba impuesta a una persona sospechosa para conocer la verdad gracias a la intervención de una fuerza sobrenatural. La ordalía puede adoptar las modalidades más diversas en cada sociedad. Como hemos visto, su forma más extendida es el veneno, precisamente en razón de la incertidumbre de sus efectos, pues según que el paciente caiga o no enfermo como consecuencia de la ingestión del brebaje se considerará que es culpable o inocente. Otra modalidad es el juramento, pues ya esté hecho individualmente o en forma de conjuración se considerará una prueba del mismo género, así, la invocación de un ser sobrenatural hecha con un dolo expone el sujeto de perjuro a la enfermedad o a la muerte. Semejantes pruebas y otras muchas se entienden como comprobaciones. En realidad, son modalidades del juicio, pues no hay distancia entre la sentencia y la sanción ya que ambas están incluidas en la prueba, por lo que no se distinguen entre sí. Qué lejos nos encontramos de la obligación de motivar las sentencias, y qué cerca de las funciones coactivas.

Cabe recordar aquí las tradiciones bárbaras de francos y germanos, cuya normativa oral se aplicaba por castas, según cuenta Tácito. En concreto, el duelo era la prueba más característica del Proceso Germánico. En la Ley Sálica, la Oralidad (*Mundlichkeit*) era el procedimiento germánico medieval, los medios de alegación y de toda otra declaración de las partes se realizaron siempre a través de la palabra hablada, dirigidas inmediatamente hacia el Juez. El proceso germánico por antonomasia se limitó al estudio de la *Lex Sálica*. En sus orígenes, el duelo aparece como una forma reglamentada de la «vendetta», «falda», o «venganza privada». Calasso explica que el «proceso es el espejo fiel de todas las características esenciales del sistema jurídico bárbaro». Este proceso no se distingue en penal ni en civil, sino que es único, dejando amplia libertad a la actividad de las partes desde el momento que se iniciaba con la *mannitio* o citación privada, hasta la ejecución de la sentencia, una fase del todo primitiva, por la cual, según nuestro autor, todo Derecho supone haber pasado en su desarrollo histórico. El procedimiento es oral y público, lleno de formalismos y símbolos de carácter religioso. En esta concepción del todo primordial, como en otras que hemos visto, la voluntad divina es decisiva y se revela en la *ordalía*, en el juicio de Dios que decide la controversia. No podemos entender que exista un Derecho germánico único, cuando en realidad viene de cada tribu, sino que estamos ante normativas muy variadas y multiformes por la pluralidad de tribus, clanes y aun de *sippes* (*gens* o familias), siquiera en el sacro imperio, dado el carácter mítico del Primer Reich, un puro fantasma jurídico medieval que empieza a unificar Napoleón, continúa Bismark y termina Hitler.

Parece evidente que la historiografía, mucha de la cual se configura en la Alemania del pequeño imperio y los pandectistas, ha sobrevalorado este supuesto Derecho germánico, pues en realidad se vuelve a fases anteriores a la misma institucionalización del Derecho, como se ve por su excesivo formalismo y el control que ejercen las partes implicadas sobre el mismo. En realidad, la autoridad del tribunal era muy limitada y en parte venía a quedar sustituida por la coacción jurídica del formalismo. Por otra parte, en el proceso germano primitivo no cabía la apelación de la sentencia porque su inadmisibilidad derivaba de la consideración de que el proceso terminaba con un juicio de Dios. Lo mismo pasó en el Derecho inglés cuando se vuelve a la *ordalía* (como aparece en *Ivanhoe*), entendida como procedimiento de cualquier género mediante el cual se induce a un ser sobrenatural a manifestar de algún modo su decisión acerca de una cuestión productora de efectos «jurídicos».

Quizás sean los estudios de Leenhardt sobre los Canacos los que mejor muestren la distancia entre unos supuestos derechos humanos individuales de carácter natural o personal (como en el caso de los Derechos Humanos de 1948, y normativas morales, tribales o pre-estatales. En *Do Kamo* se explica cómo los Canacos carecen por completo de la idea de un yo individual psicológico identificado con el cuerpo. Al contrario, la «persona» es un haz de relaciones múltiples de tipo familiar, social o ritual donde está inserto el «individuo» (en nuestros términos), de modo que siquiera disponen de un nombre propio, sino que cada «individuo» tiene múltiples nombres según quien lo nombra y el contexto práctico donde se dé. La unidad personal para el canaco está compuesta de una paridad o una simetría de elementos generalmente en reciprocidad de posiciones. Sin embargo, como es habitual, también Leenhardt habla de «tradición jurídica» para hablar de la formación de los jefes, cuando en realidad se trata del aprendizaje de conjuntos de fórmulas estereotipadas de símbolos discursivos que pertenecen a la sustancia del clan melanesio, y es la palabra la que se concibe como mala o «culpable» para el equilibrio del conjunto. De modo que es la palabra lo que consolida el comportamiento y la integración social, por lo que se identifica con la regla, lo justo, lo igual. En todo caso, a Leenhardt no se le escapan las diferencias entre los términos occidentales (propiedad, contrato, deuda, adulterio, &c.) y los de la Nueva Caledonia, cuando afirma que «no son términos jurídicos y no nos hallamos en una sociedad fundada sobre un Derecho definido. Cuando más un pre-derecho, pues los objetos que definen estos términos están diversamente indiferenciados; son palabras, manifestaciones del ser en la sociedad. La persona se adhiere tan estrechamente a ellos que no se los puede considerar bajo un aspecto formal o jurídico: se comprende mejor la institución y la significación de los mismos, si se los considera como creación de la palabra, como tradición en la que el acto y la persona no están diferenciados». No podemos por menos que hacer notar cómo la tradición protestante y los filosofemas heideggerianos resaltarán el avance que la introducción del yo y la individualización significa para la sociedad de Canacos, pues hacia ella conduce el espíritu.

Como se ve, fuera del Derecho romano no hay Derecho propiamente dicho, es otra cosa, desde luego hay normas, hay justicia, hay resolución de conflictos, pero no hay Derecho, lo que nos obliga a explicar el contexto político real que conduce necesariamente a la aparición del Derecho, es decir, la necesidad que enlaza la aparición de la categoría jurídica con los conocimientos, escuelas e instituciones de especialistas y profesionales del Derecho.

PARTE III
Sobre los fundamentos políticos del Derecho

PREFACIO

Es imposible entender lo que sea el Derecho desde el conjunto cero de premisas. Aquel que trate de ceñirse al máximo al campo positivo de las categorías se verá envuelto inmediatamente con cuestiones «externas» a la inmanencia jurídica de muy diverso orden. El tratamiento de estos vínculos y conexiones se han tratado desde distintas formulaciones, a saber, desde la idea de «fuentes del Derecho», de presupuestos jurídicos, de ámbitos de Derecho (de «*ambire*»: rodear, cercar), la idea del «deber ser» (*sollen*), la misma idea de Justicia, o los valores últimos y los fines supremos a los que se debe aproximar el Derecho. Nociones de semejante cariz se han utilizado habitualmente para diferenciar fundamentos materiales y formales de lo que sean propiamente las categorías jurídicas.

La idea de «fuente» es una metáfora fluvial muy antigua que aparece en la fundamentación de normativas o bases constitucionales como la española, cuyo primer artículo dice: «los poderes del Estado emanan del pueblo español». La «ambigüedad» de la analogía «emanantista» permite trasladar el origen «gracioso» de la legalidad *(Omnis potestad a Deo)* a su origen popular (el *populus romanus* como comunidad de hombres libres), sin embargo, igual que la gracia es una idea teológica, su trasformación en soberanía popular se dirige a la legitimidad de la norma positiva que se aplica a una sociedad política. Cuando tomamos la metáfora fluvial («fuentes»), no de su acepción estática, estructural, de donde toma la acepción de fundamento, sino en su acepción dinámica, en cuanto alude al origen o a la causa de su transformación, desde la etimología de un «fluir» en constante cambio, se entenderá que el Derecho cambia con los «hechos», así las formas de positivismo jurídico, suelen entender el «deber ser jurídico» derivado de otro «deber ser», en este caso, extra-jurídico, de carácter tradicional, social o psicológico (como el bienestar psicológico «felicitario» de los particulares o los colectivos), o del ser mismo de las cosas.

Por lo que respecta a la idea de presupuestos no jurídicos del ámbito jurídico, es necesario distinguir con precisión presupuestos jurídicos que surgen en su ejercicio, de presupuestos con los que tiene que contar el Derecho y que están dados desde fuera. Por ejemplo, son presupuestos no-jurídicos del ámbito jurídico la propiedad como categoría político-económica o el territorio del Estado como presupuesto jurisdiccional básico. Cabe recordar aquí las palabras de Villey cuando insistía en que el origen del Derecho no se encontraba en la razón ni en el azar, sino la «repartición de la riqueza» tal y como se hace espontáneamente en la naturaleza de cada ciudad y cada época.

Por lo que respecta a la idea de ámbito jurídico, entendido como el contorno o el perímetro que rodea al Derecho, es decir, el lugar en el que arraiga la norma o de la que se nutre y genera (frente a otras), hay que referirse en primer lugar al ámbito de normas tribales o religiosas, las costumbres del «mundo indígena», o las costumbres consuetudinarias en el «mundo» o ámbito anglosajón (fruto de un aislamiento protestante que no puede ocultar su origen normando). Ahora bien, por ámbito donde se genera el Derecho y sus códigos legales, se suele entender el «ámbito político», de modo que será la aceptación que de un contenido moral, tradicional o religioso se otorgue desde el poder político lo que determine su funcionalidad jurídica, y en la medida en que se aplican por su reconocimiento como leyes de un Estado, incluye tratados internacionales como las declaraciones universales de derechos, ya sean humanos, etnológicos, animales o naturales.

En el caso en que los ámbitos del Derecho no puedan justificar la legitimidad de las normas, se suele acudir a la idea de un «deber ser», desde la cual se reclama «justicia» en la medida en que las propias leyes no «son» como «deberían ser», por lo que se puede entender que al hablar del «deber ser» o lo hipostasiamos, utilizándolo para cualquier cosa, o tenemos que diferenciar usos categoriales de este deber ser muchas veces incompatibles y contradictorios entre sí.

Queremos decir que la referencia a la idea del deber se hace en cada caso de distinto modo. Quien vea en el «deber ser» el fundamento del Derecho del pueblo judío, del mismo modo que quien vea en el «deber ser» el fundamento del Derecho nacional-socialista, no podrá entender el holocausto si no acude a las diferencias entre las categorías religiosas desde las que se construye el «deber ser» de la *Torá* y las categorías biológicas desde las que se construye el deber ser ario alemán. Otros muchos ejemplos se pueden aducir por cualquiera. Ocurre aquí, que al tratar desde ideas filosóficas generales una categoría positiva determinada, como pueda ser el Derecho, se genera un proceso de «lisado» del campo que elimina sus características morfológicas propias al homologarlas con los conceptos de otros campos categoriales, confundiéndolos entre sí.

Si como vamos a ver, los fundamentos formales del Derecho son eminentemente políticos, entenderemos sus fundamentos materiales (el contenido de esos derechos) en una multiplicidad de categorías que nutren la casuística jurídica concreta, caso de la economía, la sociología, la antropología, la moral, &c., según va variando a lo largo de la historia. Por ese motivo, es imprescindible entender la «contradicción» entre los análisis de la Antropología y los análisis de las ciencias históricas. A saber, el punto de vista antropológico trata su campo como totalidades distributivas, donde unas sociedades humanas se mantienen en relativa independencia respecto de otras normativas sociales, sin perjuicio de ciertas armaduras supra-sociales. Sin embargo, la Historia trata las sociedades-políticas como totalidades atributivas en sus relaciones dialécticas, donde la guerra, la destrucción y la imposición de unas normas sobre otras, es constante. De modo que si en antropología el análisis de la sociedad es estático y sus explicaciones estructurales, en Historia es dinámico y requiere explicaciones causales entre sociedades específicamente políticas. Esta sencilla distinción nos permitirá diferenciar los problemas de la antropología del Derecho respecto de los problemas de su fundamento legislativo estatal.

Vamos a referirnos a la idea de Justicia en la medida en que sobrevuela el Derecho constantemente confundida con el campo jurídico pero sin ser propia del mismo, pues se trata de una idea muy anterior que como idea filosófica se va a reestructurar a partir de los conflictos jurídicos de un modo muy distinto. La idea de Justicia se ha solido utilizar como principio descendente de la normativa, al modo como vimos en el Apéndice a la Parte I, y así aparecía en los mitos griegos cuando hablaba Hesíodo en *Los Trabajos y los Días* de la injusticia y la equidad desde fundamentos religiosos: «Existe también la virgen Justicia *(Dike)* hija de Zeus –dice Hesiodo-, que veneran y honran los dioses que habitan el Olimpo; y cuando alguien la hiere y la ofende mediante juicios torcidos, ella acude de inmediato y se sienta junto a su padre Zeus Crónida, y acusa la torpeza de los hombres injustos para que el pueblo pague las injusticias de los reyes, quienes movidos por malos designios, tergiversan la equidad y emiten sentencias arbitrarias». La representación iconográfica de la justicia ya aparece identificada en la diosa Tetis con la venda en los ojos, la espada y la balanza, que a su vez provenían de la diosa Maat egipcia, como orden divino del universo, y de Osiris y la balanza con la que pesaba el corazón de los muertos ante los 42 jueces de los infiernos. Un fin escatológico universal que las «religiones del libro» aún reserva a la justicia divina en el Apocalipsis.

La filosofía presocrática acudía al carácter omniabarcante y descendente de la justicia para explicar el mundo, aunque fuese desde su misma negación. Así ocurría con la tesis de Anaximandro según la cual afirma su contrario, la injusticia en el mundo como principio del orden que los hace volver al «*ápeiron*»: «allí mismo donde hay generación para las cosas, allí se produce también la destrucción, según la necesidad; en efecto, pagan las culpas unas a otras y la reparación de la injusticia, según el orden del tiempo». Parménides cita la *Dike* en la revelación de los dioses a los hombres: «Bienvenido seas tú, que llegaste a nuestra mansión con los caballos que te traen. Pues no es un Hado infausto el que te motivó a recorrer este camino bien alejado por cierto de la ruta trillada de los hombres sino la Ley Divina (Témis) y la Justicia (Dike). Es necesario que conozcas toda mi revelación y que se halle a tu alcance el intrépido corazón de la verdad de hermoso cerco».

Cuando Platón habla de la justicia en *La República*, habla por igual del orden del hombre justo que de la ordenación justa del Estado, en cuanto cada «parte» se ocupe de los suyo. En el *Critón* cuando habla del deber dice: «Quizá dijeran las leyes: [...] «Te pasa inadvertido que [a la patria] hay que respetarla [...]; que hay que convencerla u obedecerla haciendo lo que ella disponga; [...] que si ordena recibir golpes, sufrir prisión, o llevarte a la guerra para ser herido o para morir, hay que hacer esto porque es lo justo, y no hay que ser débil ni retroceder ni abandonar el puesto, sino que en la guerra, en el tribunal y en todas partes hay que hacer lo que la ciudad y la patria ordene, o persuadirla de lo que es justo? [...] En efecto, nosotras [las leyes] te hemos engendrado, criado, educado y te hemos hecho participe, como a todos los demás ciudadanos, de todos los bienes de que éramos capaces».

Aristóteles en la *Ética a Nicómaco* diferencia lo que hemos llamado la vía descendente de fundamentación de la legalidad, de la vía ascendente, por donde transitaron los Sofistas: «Lo justo natural es lo que donde quiera tiene la misma fuerza y no depende de lo que apruebe o no la opinión pública (...) lo justo convencional (o legal) por el contrario, es lo que es indiferente que sea de éste o de aquel modo, pero ya no lo es después de estatuido».

Como se observa, aquí se están tratando cuestiones «teórico-filosóficas» como la idea de justicia, que como idea filosófica atraviesa múltiples categorías, ya sean religiosas, morales, políticas, &c. Nosotros entenderemos que propiamente la filosofía sobre la *dike* o el *nomos* en los griegos no es originariamente filosofía jurídica, es filosofía moral o política. Partimos de que la justicia es una idea filosófica vinculada a normas morales de carácter absoluto, que tiene que ver con la Naturaleza, Dios, la razón, &c., pero que en el campo del Derecho adoptará un carácter crítico, relacional, donde la idea de justicia se conserva por su prestigio (jurisprudencia, tribunal de justicia, ministerio de justicia, &c.). Sin embargo, la confusión es aquí lo normal. San Agustín utiliza la justicia bíblica contra el Derecho romano al entenderla como misericordia (In salmos 39). Jonás de Orleáns (siglo IX) o Pedro Lombardo sostienen a la justicia como ayuda a los pobres en sus miserias, igual que luego socialistas y marxistas entienden la sociedad idílica futura. Por lo que se evidencia que Kant, Rousseau, el romanticismo o los utópicos proceden del cristianismo igualitario y salvífico.

De modo que, antes de nada, hay que establecer las diferencias entre la justicia y el Derecho, es decir, hay que ver cómo se comportan las normas morales respecto de las normas jurídicas. En efecto, los conceptos de moral y Derecho se comportan muchas veces como conceptos conjugados (por ejemplo, si entendemos la moral como normas y costumbres consuetudinarias y el Derecho como aplicación de la ley) y por eso cada una de las formas sistemáticas de esta conexión corresponde a una doctrina típica (históricamente documentable) de Filosofía del Derecho.

Las polémicas sobre su conexión afectan de lleno a la independencia o dependencia de cada campo respectivo, así, el esquema de la yuxtaposición está representado en todos quienes conciben el Derecho y la Moral como dos órdenes de legalidades autónomas, independientes, aunque accidentalmente puedan tener algún punto de intersección. Es la posición de Kant. El orden moral es extra-jurídico. El orden jurídico se funda en principios propios (la legalidad), a los cuales la ciencia del Derecho como positivismo jurídico (incluyendo aquí posiciones como la de Hart) debe atenerse. El punto de intersección, que conceden los esquemas de yuxtaposición, puede ser interpretado en el sentido de un esquema de articulación. Tal es, acaso, la posición escolástica tomista. El esquema de fusión estaría realizado en todos quienes subsumen Derecho y moral en otros conceptos comunes, sean teológicos, sean sociológicos. Por ejemplo, teorías del control social, en el sentido de Ross: «Derecho y deber se funden en la *Sittlichkeit*» (un término que se suele traducir por «eticidad» cuando en Hegel hace referencia al Estado). Los esquemas reductivos tienen dos versiones recíprocas: la reducción del Derecho a la Moral (a los «*dictamina ractea rationes*» del iusnaturalismo) o la reducción de la Moral al Derecho, de lo justo a la ley del más fuerte (la posición de Trasímaco en la República de Platón). Los tomistas, como hemos dicho, hablaban desde la articulación como punto de intersección.

En nuestro caso, en tanto consideramos la moral como aquel conjunto de normas orientadas a la supervivencia del grupo, podemos entender que sus vínculos con el Derecho se establecen desde un esquema de conexión diamérica, arrojando la siguiente conexión dialéctica de las relaciones entre ambos: la Moral en cuanto basa su normativa en una idea de justicia vinculada a un orden de cosas dado, aparece en la conexión entre diversos ordenamientos jurídicos positivos (A_1, A_2,..., An) como idea crítica, relacional, comparativa de cada uno de ellos. De este modo la moralidad, a la vez que exterior en algún sentido, a una legalidad jurídica dada, no es exterior al conjunto de estas legalidades en su proceso histórico, en tanto incorpora la conexión entre legalidades diferentes. La crítica de un ordenamiento jurídico no tiene lugar entonces mediante la apelación a una moralidad abstracta, descontextualizada, o absoluta, como hemos visto en las concepciones religiosas (anteriores a Roma), sino mediante la apelación a aquellos sistemas jurídicos de otros pueblos considerados superiores. Del mismo modo, podemos ver el Derecho apareciendo como conexión diamérica entre las diferentes formas de moral según hay que coordinarlas en cada una de las sociedades políticas.

Ahora bien, como las normas éticas y morales son tan positivas como las jurídicas, su positividad se da en un plano distinto. Así, entiende Gustavo Bueno que el esquema de conjugación quizá no fuese el más adecuado. Pues en muchas situaciones, este esquema de conexión no es válido, y se aplica mejor el siguiente: la ética y la moral serían un marco previo al Derecho, o posterior al mismo, según el nivel histórico o social de referencia, por lo que cuando aparece en Roma el Derecho se configura como un sistema de normas a través de las cuales las mismas normas éticas y morales cobran efectividad positiva.

Es en este punto en donde pone Gustavo Bueno la función más característica de las normas jurídicas, prácticamente ligadas a la constitución del Estado, como una sistematización (que comporta una cierta axiomatización, al menos ejercida) de las normas éticas y morales orientada a resolver las contradicciones, a llenar las lagunas y a coordinar los desajustes de múltiples normas yuxtapuestas, así como a generar un proceso infinito de «normas intercalares» específicamente jurídicas. De este modo, la ética y la moral serían la materia sobre la que se basa la política y el Derecho, aquellas formas que les dan la fuerza de obligar. En efecto, los fundamentos de un Derecho suponen dos momentos o aspectos: el momento del contenido (o materia) de ese Derecho y el momento de su fuerza de obligar (o forma). De este modo, el fundamento material del Derecho vendría de las instituciones materiales que regula (distribuido en múltiples categorías), y el momento formal del Derecho de su trabazón con otras instituciones, principalmente político-jurídicas. Así, la materia moral (religiosa, social, económica, &c.) queda formalizada dentro de los procesos para actualizar y hacer eficaz la norma, es decir, los procesos judiciales. Desde esta doctrina cabría seguir defendiendo esta conexión como una «conjugación» en virtud de la cual las partes del contenido (de un derecho) se enlazan entre sí precisamente en el momento de erigirse en normas, de suerte que, de algún modo, pueda afirmarse que es la normatividad o validez de una norma aquello que delimita el contenido mismo del Derecho. Por lo que sólo se produce este enlace, cuando la materia queda formalizada (especificación), a saber, cuando se acepta y se lleva a cabo por la práctica jurídica procesal. Es decir, se produce solamente cuando el contenido de un Derecho (su ser, o materia) ha alcanzado su forma, su validez normativa, su fuerza de obligar, su condición de deber ser efectivo, acaso su coactividad, pues sólo entonces puede hablarse de origen o de fundamento material. Es decir, el contexto o descubrimiento en que una norma se establece sólo se puede asegurar cuando se produce la justificación de la misma desde el contexto de la coacción efectiva, lo que llamamos «especificación» judicial, cuando formalmente es parte del campo jurídico que lleva a cabo el Estado.

Y lo mismo ocurre con el «transvase» de contenidos entre el campo jurídico y el político. Algo que se discute constantemente por los tratadistas del Derecho cuando se trata de determinar si la sentencia judicial sigue la lógica silogística determinada por la ley, como decía Becaria, o se basa en la libre decisión del juez, si como decía Álvaro D´Ors, hay que entender el Derecho como «lo que aprueban los jueces». La diferencia es grande, pues en el primer caso el jurista es un funcionario del Estado (como así es) que no tiene autonomía ninguna en cuanto mero «instrumento» o «medio de aplicación» de la ley política, algo que anegaría cualquier esencia del campo jurídico. A diferencia del segundo caso, donde recaeríamos en la lógica de las convicciones psicológicas del juez de turno, quien tiene detrás una moral u otra, una sociedad u otro, una ideología u otra, &c. De modo que su éxito o su incompetencia deriva de engranar o no con ellas.

Como muchos sostienen, se podrán negar las fronteras categoriales del Derecho (identificado con la política), o al contrario, negar la «existencia» del Estado, pero serán negaciones de carácter teórico, cuando no, meros deseos (el jurista liberal o el comunista hablan desde un «debería» desaparecer el Estado que les impide entender la realidad), lo que, en el plano práctico, efectivo, «real» no pueden justificar. De hecho, las negaciones del Estado en el momento nematológico (ideológico) del Derecho suelen ser muy habituales, pero en el momento técnico (efectivo) es imposible. Libros enteros están elaborados desde un futuro Derecho universal por llegar, lo que se olvida en el momento en que sus autores sufren un agravio que les afecta seriamente, entonces acuden con urgencia a los tribunales «reales» buscando una solución, pues el Derecho tiene en su esencia, como veremos, un componente dramático, actualista, imperativo que no puede esperar «durmiendo el sueño de los justos».

El tratamiento que vemos hoy día de la idea de Justicia, al modo de una utopía en Rawls, o un ideal o valor supremo, son formalizaciones de una equidad o proporción que aparece en toda sociedad pre-estatal, desde la moral estrictamente proporcional del «ojo por ojo» como vindicación, reclamación o simplemente venganza.

El caso es que entre las teorías que han tenido más predicamento últimamente se encuentran casos como el de John Rawls y su *Teoría de la Justicia,* cuando parte de una «teoría ideal» sobre la justicia, la libertad y la igualdad de la ciudadanía, que supone obviar la «realidad» como base del Derecho, de modo que «los principios de la justicia se escogen tras un velo de ignorancia. En este sentido, -sigue Rawls- sus miembros son autónomos y las obligaciones que reconocen son auto-impuestas», remitiendo al principio categórico kantiano, un principio puro cuya vacuidad permite anegar el «deber» puro y formal en contenidos que desvirtuarían la «santidad» de sus intenciones, como en la proposición de Schopenhauer según la cual el principio categorial universal y necesario consistiría en proponer la muerte asistida a toda la humanidad gracias a una compasión que aliviase su sufrimiento.

Pero la porosidad con que se absorben normativas y contenidos de otras categorías que rodean el Derecho no es de inicio, sino que también afecta al mantenimiento y pervivencia del campo propio del Derecho. Nos referimos al carácter ejecutivo de las sentencias. Cabe preguntar ¿dónde queda el juicio, si no se puede ejecutar la sentencia? Pues ¿quién la ejecuta? Únicamente las instituciones políticas del Estado correspondiente, incluso cuando provengan de tribunales provinciales o internacionales. Únicamente las instituciones ejecutivas del Estado al que corresponda aprobar las leyes que se aplican y pagar los sueldos de los juristas garantizan el sentido de la praxis jurídica real. En palabras de Villey, «las sentencias son letra muerta, si no existieran el gendarme y el alguacil. La justicia no va adelante sin la espada (…) cuando se trata de poner fin a las querellas judiciales, el concurso de la fuerza es indispensable».

Concluimos este prefacio indicando cómo a nuestro parecer, los principales presupuestos no jurídicos del ámbito jurídico son la propiedad y el Estado, pero en orden inverso. Lo que podemos ilustrar con las tesis de George Jellinek cuando afirmaba en *La teoría del Estado* que «el Estado nace con la existencia efectiva de un territorio sobre el cual ejerce el dominio», si bien disentimos de sus tesis sobre la identidad total entre sociedad y Estado. De modo que, salvando las distancias, en relación al problema sobre los presupuestos y las fuentes del Derecho acierta en lo que denominamos ósmosis o apertura del campo jurídico cuando afirma que «el dogma que considera el sistema del Derecho como una unidad cerrada desconoce la relación fundamental entre Derecho y Estado. Todo Derecho tiene un límite insuperable en el hecho mismo de la existencia del Estado. Por esto -sigue Jellinek- puede aniquilar el Derecho una modificación de los fundamentos de la vida del Estado; pero el Derecho no tiene jamás fuerza bastante para determinar en los momentos críticos de la vida del Estado, la dirección de su camino».

Dedíquense capítulos enteros a negar los fundamentos políticos del Derecho, que no podrán evitar que la jurisdicción donde se aplica el Derecho cambie con las guerras los cambios en los gobiernos y sus ideologías, aquellas que se enseñan en las Facultades de Derecho, según sea la dirección de las revoluciones políticas. De este tenor son las conocidas tesis de Rudolf von Jhering cuando decía en *La lucha por el Derecho* que «todo Derecho en el mundo debió ser adquirido mediante la lucha; todos los principios de Derecho que están hoy en vigor han tenido que ser impuestos mediante la lucha frente a quienes no los aceptaban, por lo que todo Derecho, tanto el Derecho de un pueblo como el de un individuo, depende de que estemos dispuestos a defenderlo. El Estado no puede lograr mantener el orden jurídico más que luchando continuamente contra la anarquía que le asedia».

ESTROMAS NORMATIVOS

I- Llamamos éticas a las normas que se dirigen al mantenimiento del cuerpo humano.

II- Llamamos morales a las normas que rigen la conservación de los grupos.

III- La persona (histórica) sólo existe entre personas.

IV- Las normas políticas están dirigidas a la eutaxia del Estado.

V- Los conflictos normativos (institucionales), se tratan por la normativa jurídica estatal.

INSTITUCIONES POLÍTICAS

I- Por sociedad política entendemos el resultado de la apropiación de un territorio en virtud de la cual un grupo coordina las divergencias.

II- Cada Estado se define frente a terceros dialécticamente.

III- Hay dieciocho poderes que mantienen en la existencia a un Estado.
IV- El individuo no es una conciencia que reflexiona y decide libremente.
V- La dialéctica de Estados es el motor de la historia.

PROPOSICIÓN I

El conflicto permanente entre normas éticas y morales se resuelve por el Derecho.

Explicación: El conflicto permanente entre ética y moral (E.N. I y II) en las sociedades políticas es muy corriente, dado que el enclasamiento de los individuos ante la multiplicidad de normativas requiere un sistema de protección que no se circunscriba a ninguno de esos grupos y permita la cohesión y la compatibilidad entre ellos. Esto se lleva a cabo a través del ordenamiento jurídico (E.N. V). Por lo mismo habrá que tener en cuenta que el Derecho coordina no ya sólo la ética con la moral, sino también los conflictos entre morales de grupos distintos, familias, clases sociales, confesiones, gremios, bandas, &c. (E.N. IV)

Escolio: Esta proposición responde a la confusión entre ética y moral. En efecto, ha pasado a ser una idea común entender la ética como la reflexión sobre la moral, cuando en realidad se trata de órdenes normativos con fines distintos y muchas veces incompatibles. En todo caso, se trata de una confusión que invierte la primacía ontológica del grupo, otorgándosela al individuo. En efecto, si la fortaleza como virtud fundamental del individuo toma la forma de generosidad para con el mantenimiento de la fortaleza de los demás, la moral comprende normas que requiere cada tipo de grupo (donde están insertos esos individuos) para mantener su existencia frente a otros. Tal inversión se suele poner en la Revolución francesa cuando el in-dividuo (á-tomo) se toma como fundamento de la vida política, es decir, situando en la base del fundamento democrático un fundamento psicológico. La ideología que se genera en torno a la racionalidad holizadora, a través de la cual se traspasa la soberanía del Rey a la nación política, entenderá el Estado como producto del contrato entre el conjunto de la ciudadanía (sin duda con antecedentes teológicos), con lo cual la norma jurídica estatal, así como las normas de los grupos de ese Estado (ya sean gremios, brazos o estamentos) pasan a entenderse desde las normas éticas vinculadas a los individuos humanos, lo que por extensión se hace efectivo a todo Estado, es decir, pasan a fundarse en nomas éticas.

La idea de persona, por ejemplo, como subjetividad trascendental kantiana, cuya base ontológica espiritual está más o menos explícita (resituando al hombre en el centro ontológico que había perdido con la aparición de la ciencia moderna), pasa a ser el referente filosófico de la voluntad libre y la autonomía como fundamento categórico y universal de toda norma «exterior» (religiosa, jurídica, económica, &c.). Se trata de un cruce ideológico (la invasión ética del Derecho) que denominamos totalización holizadora, donde los individuos se definen frente a un Estado que toma como instrumento para sus intereses, y cuyos seis modos de organizar y disputarse la hegemonía son la jacobina, la liberal, la anarquista, la socialista, la comunista y la maoista. No es extraño que el «*habeas corpus*» se postule como un principio jurídico fundamental, cuando la «posesión o pertenencia del propio cuerpo» implica el espiritualismo del poseedor y con ello un disloque total del concepto de la propiedad esclavista. En todo caso, la ética (confundida con la moral) pasa a ser la última ratio, suponiendo causas que son consecuencias y desconfigurando la política y el Derecho desde bases metafísicas.

PROPOSICIÓN II

La justicia, como orden perfecto, es una idea propia de la normativa moral que tomamos como género generador del campo jurídico. Las técnicas jurídicas son su destrucción.

Explicación: Así como cada esencia técnica procesual requiere un género generador del que surge y reestructura a otro nivel (Prop. XV – P. I), el Derecho como campo de las técnicas del saber-hacer jurídico parte del análisis y destrucción de las normativas morales y religiosas fundamentadas en la idea de una Justicia perfecta, eterna y absoluta (Prop. XIV.E. - P. I), ya sea garantizada por los Dioses, la Naturaleza o la Razón. Como hemos visto en este prefacio, la idea de justicia no deriva del Derecho, antes al contrario, se trata de una idea mítica vinculada a un orden inexistente (metafísico), que pasa por ser el referente fundamental de las utopías. La existencia de múltiples normativas divinas, tantas como imperios absolutos (egipcios, persas, minoicos, hititas, &c.) demostraría su particularidad y su falsedad como justicia universal, lo que haría imposibilidad la aplicación de semejante normativa a grupos distintos, es decir, su inutilidad a la hora de resolver los pleitos continuos y urgentes de la vida en las complejas sociedades políticas, de un Imperio diapolítico como era el Imperio

Romano del S. II a.n.e. Sin embargo, esto no significa que desaparezca semejante idea, antes bien, el Derecho la seguirá conservando en orden al prestigio que arrastra para denominar ministerios, tribunales, cátedras, corrientes teóricas y demás derivados etimológicos (*iurisprudentia*, jurisdicción, judicatura, &c.)

Escolio: Aquellos que trabajan desde órdenes descendentes, por ejemplo, quien entienda el Derecho como plasmación, realización o ejercicio de la idea de justicia, naturaleza humana, razón o espíritu, hipostasian un orden que no conocen, pero suponen como referente ideal al que debe acercarse la normativa real, lo que les lleva a buscar un fantasma que está negando de paso, la realidad y necesidad de las reglas positivas y sus aplicaciones concretas, es decir, de las instituciones que hacen funcionar la vida socio-económica dentro del Estado. Como ya hemos dicho, la idea de justicia (una idea vinculada al deber-ser, los valores últimos y cosas parecidas) no es más que un «rótulo» que engloba de modo lisológico el tratamiento de normas fundamentales, fines ideológicos, tratados de filosofía, o fundamentos de doctrinas metafísicas del Derecho, que presta sus servicios como mito formal (activo) que vehicule formas del voluntarismo y del sentimentalismo más ramplón, desde los sentimientos de venganza, el dolor de las víctimas, la esperanza apotropaica en el futuro, y cosas semejantes. Nuestra tesis es la contraria, el Derecho es la destrucción real y práctica de semejante orden. Será cuando se multipliquen los ordenamientos jurídicos, cuando aparezca una idea crítica de justicia como resultante de la comparación entre las categorías jurídicas que los hacen funcionar, en cada caso de un modo, una idea crítica que se alimentará permanentemente de cuestiones éticas o morales comunes (cuyas relaciones hemos tratado en el Prefacio a esta parte).

PROPOSICIÓN III

Las leyes escritas de los cuerpos legales pre-estatales que aparecen en los primeros imperios absolutos son la diferencia específica del campo del Derecho.

Explicación: Así como el Estado o la religión tienen una esencia, precisan de una diferencia que los especifique respecto del género generador del que formaban parte, siendo imprescindible para quedar definida y delimitada en sus contenidos (Prop. XV – P. I). De modo que si el Derecho destruye un género generador del que surge, a saber, el carácter fijo de una normativa consuetudinaria que integra un orden moral absoluto (religioso), va a requerir de una plataforma que sirva de soporte «objetivo» y se desligue de la «conciencia de grupo» que la mantenga en activo, es decir, semejante técnica jurídica no podrá darse en el nivel oral de aquellas sociedades en que se transmiten sus contenidos normativos boca a boca (mitos), sino que es necesario que tales contenidos normativos se registren en escritos, que estén «objetivados», fijados, y sujetos por grafos fijos de anverso (Prop. XXXV – P. I). De este modo, la escritura de las normas es lo que permite su estudio, su análisis, su comparación y su sistematización crítica, es decir, la destrucción de los principios y axiomas comunes a todo su campo generador (que hemos identificado con la Justicia) en la medida en que no se adecuan al presente en marcha y no sirven para juzgar la gama amplísima de controversias que se van a presentar en la confluencia de imperios absolutos en los primeros milenios antes de nuestra era.

Corolario: Semejante diferencia se sigue denominando por su tratamiento técnico, por ejemplo, los textos tradicionales judaicos se conocen como «las Escrituras». Si como decimos, la principal ventaja de las leyes escritas en los imperios de finales del neolítico, los proto-Estados expansivos que se suceden en Medio Oriente, desde las reformas de Enmetena, Uruonimgina, Gudea, los primeros códigos de Ur-Namma, de Liput-Ishtar, de Eshnunna, el código de Hammurabi, los códigos del Pentateuco, la ley de las XII tablas o las leyes de las constituciones griegas, &c., es que permiten identificar las contradicciones, los desajustes, las incoherencias, las lagunas que formarán la futura sistematicidad del campo jurídico en su comparación mutua, en la medida en que hacen posible la relación y aplicación de la norma jurídica a los casos particulares que se juzguen. De modo que si no se puede separar la ley estatal o política del Derecho en marcha, pero tienen esencias distintas (pues son distintas categorías) es necesario romper la identidad «genérica» entre el poder político y la norma religiosa, algo que ocupará los siguientes milenios, pero que pasa necesariamente por distinguir ambas técnicas, es decir, el saber-hacer de los juristas o jurisconsultos (que implica la teoría del Derecho) y la técnica o saber-hacer de los políticos, que tiene otra escala, del mismo modo en que se irá distinguiendo la aplicación de un juicio moral (tribal o religioso) de la aplicación de una norma jurídica (E.N. V). La extensión del Derecho a otras sociedades va a demostrar la dificultad de semejante escisión, con fases de refluencia y de solapamiento mutuo. Los ejemplos más significativos los encontramos en el Derecho canónico de la iglesia, por un lado derecho terrenal de los Estados pontificios y por otro derecho sobrenatural, y en el llamado Derecho islámico, donde todo el funcionamiento jurídico de los Estados mahometanos tienen como último respecto legal la subordinación a la Sharia.

Suponemos, por tanto, que el campo del Derecho se genera en torno a los estudios sobre las primeras leyes romanas escritas referidas a los juicios que llevan a cabo los jurisconsultos (y no las constituciones políticas que será el referente de las ciencias políticas), encargándose de coordinar las leyes y las resoluciones de procesos judiciales escritas. La importancia de la escritura para ciencias como el Derecho deriva del principio general según el cual suponemos que toda ciencia deriva de técnicas quirúrgicas muy concretas, así ocurre con el tratamiento práctico de las grafías normativas, como también ocurre con grafías geométricas o lógicas. Ahora bien, esto nos pone ante la diferencia que específica lo que será la esencia del Derecho, pues las técnicas propias de las instituciones judiciales serán otras, las que explican el núcleo de su esencia procesual (lo que veremos en la Parte IV)

PROPOSICIÓN IV

Las técnicas jurídicas (tal y como se recogen en los escritos de los primeros jurisconsultos) suponen la destrucción del campo moral o religioso en cuanto dado, natural, absoluto, eterno, fijo, es decir, consisten en la destrucción de la idea de Justicia absoluta (Universal), a partir de la constitución de los imperios dia-políticos y en orden a su eutaxia.

Explicación: Así como la metafísica presocrática supone la destrucción del orden cósmico de las religiones secundarias y deja abierta la ordenación del mundo natural a través de la confrontación entre tesis a su vez metafísicas sobre un orden, principio o justicia ajena a las interpretaciones antropomórficas de los Dioses (una depuración que formaliza magistralmente el Dios aristotélico, sin materia, puro y separado de un mundo que no conoce), así, el Derecho aparece y se configura como destrucción del conjunto de normativas morales de carácter absoluto, en concreto, a partir de los últimos siglos de la República romana y primeros del principado (Prop. II). Cuando decimos destruir la idea de justicia, o de orden moral absoluto, no nos referimos a la destrucción de la idea abstracta, que sigue aún viva, sino a las leyes concretas que regían en esas sociedades en cuanto que se aplicaban como fundadas en un orden inquebrantable. De hecho, como ya hemos dicho, el *ius* o la justicia sigue siendo «el cascarón» donde se enmarca el Derecho, sin duda, con la pretensión de heredar una aureola sagrada o eterna fuente de su aplicación legítima, pero tan lejos de la práctica jurídica en marcha, como está del juicio espontáneo o del «plebiscito cotidiano» (lo que supondría en ambos casos, la destrucción de la institución jurídica, en uno por eliminar la pluri-causalidad de los sujetos, y en el otro por hipostasiarla). Para decirlo en términos clásicos, nuestra tesis es la contraria a la que formula desde el Catolicismo Fernando I cuando tiene que hacerse cargo de los ingobernables territorios germano-protestantes: «*Fiat Iustitia, et pereat mundus*». A nuestro modo de ver y siguiendo a Gustavo Bueno, es más apropiado entender el Derecho de modo inverso: «*Fiat mundus, et pereat Iustitia*».

Escolio: No deja de sorprender la constante identificación del Derecho con la ley como conjunto de normas, independientemente de su carácter político, religioso, ético, &c., pero identificada con la sociedad humana tomada en general. El Derecho se identifica con las normas del Género humano, que como no es nada en el orden histórico-político, se distribuye entre subdivisiones identitarias distributivas (los sujetos humanos). De modo que muchos, contra todo análisis y prueba estricta, ponen el Derecho en el neolítico e incluso en el paleolítico, vinculado a la aparición de normativas tribales. Por ejemplo, tal y como en la actualidad se ponen al día en las constituciones de muchas repúblicas hispano-americanas, lo que de facto las convierte en derechos identitarios reconocidos por el Estado. Sin duda, esto es fruto de la fundamentación ética o humanista que deriva de una subjetividad trascendental, lo que lleva a la hemorragia del reconocimiento legal de cualquier tipo de sujeto o colectividad con sentimientos de identidad comunes, ya sea en virtud de su sexo, su psicología, su etnia o sus costumbres, indistintamente de si se trata de humanos, póngidos o simplemente agrupaciones de esquizofrénicos.

PROPOSICIÓN V

A diferencia de las rutinas animales, la racionalidad institucional del campo antropológico se mueve por sistemas normativos agrupados en campos morales.

Explicación: Por rutinas animales entendemos series repetidas de operaciones específicas dadas en función del medio, que pueden diversificarse en bandas o grupos de una misma especie. En la medida en que la etología ha demostrado la existencia de lenguajes y culturas animales, etólogos como Frans de Waal han llegado a hablar de un campo moral cooperativo o de sentimientos de justicia o injusticia en los animales a raíz de experimentos con monos capuchinos, por ejemplo, cuando se enfadaban por no ser tratados del mismo modo, cuando dar recompensas distintas por una misma respuesta, llevaba a la protesta, e incluso a la solidaridad del privilegiado con el compañero desfavorecido. Será cuando grupos o bandas de primates se vayan asentando y confluyan conflictivamente entre sí, formando sociedades más complejas, cuando las rutinas victoriosas se establezcan como normas institucionalizadas (una lengua sobre otra, unos útiles sobre otros, &c.) (E.A. V). Con las normas institucionalizadas será cuando podamos hablar de un campo antropológico (I.A. IV), donde identifiquemos la racionalidad propiamente humana (I.A. III). Aunque como hemos visto en el Apéndice a la parte II, no se puedan distinguir claramente los tipos de categorías normativas. Lo que no ocurrirá hasta que aparezcan las sociedades políticas.

PROPOSICIÓN VI

Las normas son rutinas victoriosas.

Explicación: La individuación multiplicativa de bienes se produce por la mediación de la materia corpórea, según se planifica y programa la construcción de objetos normalizados (el *facere*). Pero hay que partir del ejercicio práctico de múltiples grupos humanos alrededor de un «deber ser» normativo cuya criba y selección es el contenido del *agere* (que para evitar el dualismo aristotélico alma-cuerpo, incluimos el segundo en el eje circular del Espacio Antropológico y el primero en el eje radial), dado que su praxis esta canalizada por normas enfrentadas a otras normas que no vienen del cielo, ni de la razón, sino de múltiples conductas o rutinas en conflicto (I.A. V). Son las conductas normadas o normalizadas lo que nos diferencia de los animales, por ejemplo, las ceremonias frente a los rituales zoológicos (Prop. XXII). Las normas lingüísticas (en un principio glóticas, orales), las normas económicas, políticas, morales, religiosas, son análogas, es decir, esencialmente distintas y semejantes por su nombre a las leyes de las ciencias naturales. Por lo que preceptos, reglas, decretos, recomendaciones, cánones, u órdenes pueden ser desobedecidas o corregidas, lo que explica su multiplicidad, sin embargo, las leyes naturales solo pueden ser controladas al componerse con otras.

Escolio: Quien no se percate de la diferencia entre rutina y norma, o entre ritual y ceremonial, no podrá diferenciar la racionalidad propiamente humana de la animal. Así, oímos hablar de guerras entre hormigas, del rey de la selva, de trinos musicales o gallos violadores, &c., sin percibir las diferencias entre las estructuras orgánicas animales determinando los ritos y las rutinas de su comportamiento, y las instituciones históricas objetivas en que se desarrolla la vida de los diferentes grupos humanos. Sin embargo, su importancia se va a especificar de modo muy marcado en las instituciones políticas dando lugar a toda una gama de reglas protocolarias, es decir, reglas establecidas por norma o por costumbre para actos oficiales o solemnes donde se determina quién, cuándo y cómo ha de llevarse a cabo la vida cortesana (relaciones diplomáticas, despachos, audiencias, conmemoraciones, celebraciones, &c.), donde incluimos la vida judicial. De hecho, el *prôtokollon* griego era la primera envoltura pegada que contenía un rollo escrito, y si el acta era oficial, llevaba el sello de autentificación o legalización. Parece que fue Justiniano quien estableció en la *Novella* (colecciones legales de constituciones y decretos) según la *praesenti legi* la obligación de tener pegados los documentos con un sello o nota para evitar falsificaciones. Cuando el término pasa a designar el contenido se referirá, en la Edad Media, a los registros de las formalidades para poder confrontarse o cotejarse, y hoy, a las «normas o acuerdos que se observan o cumplen en algún procedimiento rigurosamente diseñado y controlado».

PROPOSICIÓN VII

Toda institución supone su recursividad según medios y fines, por lo que en las normas se realiza la idea de «porvenir», es decir, un deber ser futuro dado o definido programáticamente en la institución.

Explicación: Desde el conjunto de las instituciones del presente se polariza el conjunto de vectores operativos respecto de unos fines dados en ellas (Prop. XVII – P. I), es decir, la recursividad normativa de una institución es la que canaliza las operaciones de los sujetos (E.A. V). De modo que la involucración del presente *in fieri*, infecto, con un futuro aureolar dota a las normas de una «idealidad» (pues el fin concreto aún no se ha logrado) de la que se nutren las prolepsis de los sujetos.

Escolio: El mentalismo de los fines imaginativos que guían la acción es aquí la idea metafísica contra la que nos oponemos, pues se nutre de una inferencia errónea, la que atribuye una causa fenoménica mental la causa de los movimientos corpóreos, es decir, como si los fenómenos del arco iris causaran la caída del agua. Cuando en realidad se trata de movimientos neuronales asociados a contextos precisos aprendidos. No hay causalidad ninguna entre procesos mentales y corporales, que son paralelos, a saber, los que ocurren en la concavidad del ovoide corpóreo (M_2) y los que se producen en su convexidad (Prop. IV. -P. I). Aquí nos encontramos ante una unidad de conciencia (mente) que heredará todas las aporías del Alma espiritual cristiana. De modo que el idealismo resultante de tal hipóstasis se nutre de un aspecto institucional que debido a su generalidad se sustantiva en una corriente de trasformaciones que progresa, suponen ellos, hacia un ideal realizado en tal recurrencia. Nos atrevemos a diagnosticar una de las causas de la eclosión de los sistemas idealistas alemanes surgiendo de una idea de norma, cuya idealidad, aparece como sustitución de la caída de la teología católica y la normatividad eterna divina, que como ya hemos dicho, deriva de una novedad que arrumba con todo el mundo medieval, la aparición de América con el Imperio español. Como si se tratase de una bomba de relojería, la normatividad que se funda en «las Escrituras» queda abierta en canal, así como la realidad de un Mundo que se desconocía, por lo que la idea de posibilidad suareciana identificada con el ser en general (incluyendo como un caso más, al ser existente) pasa a ser la inteligibilidad lógica de Leibniz a Hegel. La idea de Humanidad (como subjetividad distributiva) dará un fundamento nuevo a esos fines últimos que Espinosa ya diagnostica como inexistentes. Las normativas de los códigos napoleónicos que se van extendiendo por la Europa del S. XIX serán su constatación, el nuevo Derecho, su aplicación. Las normas divinas que estudia el teólogo pasaran a ser las normas humanas que administra el jurista, ambas inexistentes.

PROPOSICIÓN VIII

Se entiende que la consistencia de las instituciones en que se mueve la operatividad humana sea la única garantía del logro de los fines prolépticos que persigan los sujetos.

Explicación: Si la normatividad institucional es la que explica la racionalidad de mis operaciones es porque son procesos que conducen a fines ya dados de modo recursivo (I.A. III – P. II), si estas instituciones desfallecen se debilita la capacidad de formar prolepsis que guíen mis operaciones de acuerdo a fines (Prop. XXVII – P. II), y con ello, la capacidad de alcanzar objetivos a partir de los cuales, retrospectivamente, puedo decir que he sido libre para ello, es decir, que he tenido potencia suficiente para alcanzarlas. Algo que depende del contexto en que se coordinan tales instituciones (Prop. XVII – P. II))

Corolario. De este modo podemos entender por qué la llamada seguridad jurídica, que entre otros defendía Bentham, no es un añadido al sistema jurídico, sino que es un componente esencial del mismo, pues significa que permite la recursividad institucional, es decir, la funcionalidad de sus arcos de racionalidad de acuerdo a fines (Prop. XXV. E. - P. II). Por lo que hay que recurrir a los poderes del Estado como el contexto principal al que aferrarse (Prop. XXXIV – P. II).

Escolio: Nadie puede plantearse un objetivo completamente inaudito, si no es como copia de un modelo semejante a algo parecido (el modelo de Aquiles en Alejandro, el de Alejandro en César, el de ambos en Napoleón, &c.). De hecho, suele ocurrir lo contrario, unos objetivos se convierten en otros, así, un proyecto que busca un fin ya dado, pues se cuenta con los planes, fines y programas para hacerlo, a veces, se convierte en otro por la naturaleza de las cosas, como le ocurrió a Colón, quien murió pensando que su proyecto de llegar a China le había conducido, si no cerca, sí al paraíso terrenal.

PROPOSICIÓN IX

Las instituciones orientadas a la defensa de los cuerpos humanos se rigen por las virtudes éticas de la fortaleza y la generosidad.

Explicación: Instituciones como la familia o la medicina se juzgan en virtud de su capacidad para procurar y promover la salud y la potencia operativa de los individuos humanos, tomando el cuerpo como modelo canónico (E.A. III). Es decir, son instituciones imprescindibles para enseñar a mantenerse firme a quien desfallece y ofrece modelos de generosidad y ayuda sobre los que carecen de fortaleza, de carácter, de salud o simplemente porque están formándose como personas (Prop. XIX – P. II).

Corolario: No existe tal cosa como la ética animal, pues tales virtudes (fuerzas) están esencialmente vinculadas a la defensa del cuerpo humano, y esto en cuanto es el principio de operaciones racionales, no así los cuerpos de otros animales (aun cuando vemos que también aparecen situaciones de ayuda mutua entre ellos). En todo caso, el mantenimiento de la norma corpórea como unidad de medida del mundo (E.A. I) ni se circunscribe ni se identifica desde las categorías biologicas, que se ocupan de organismos vivos en general, lo que explica entre otras cosas que muchos biólogos vean al ser humano como una plaga que perjudica al conjunto de organismos vivos. Precisamente ha sido la bio-tecnología la que ha requerido la aparición de disciplinas bio-éticas para reajustar sus quicios.

PROPOSICIÓN X

Las Instituciones orientadas a la defensa de los grupos humanos, donde están insertos los individuos, se rigen por normas coactivas (violentas o no) que defienden su unidad frente a terceros.

Explicación: Como todo individuo corpóreo humano pertenece a un grupo, comunidad o sociedad de individuos en la que nace y se forma (Prop. IX), su desarrollo como miembro de ese grupo (horda, clan, tribu, etnia, &c.) supone un moldeamiento normativo instituido de modo coactivo, es decir, un moldeamiento práctico, comportamental, no teórico, sino vivencial, es decir, por actos y consecuencias, o en lenguaje behaviorista, por premios y castigos (como hemos visto en el Apéndice a la Parte II). En la medida en que cada grupo social ha desarrollado una normativa propia (lingüística, jerárquica, ritual, ceremonial, mitológica, &c.) al margen del cual no hay individuo humano alguno, sólo seguirá existiendo como tal grupo en función de la defensa de aquellos contenidos que sus miembros logren alcanzar frente a terceros (Prop. XVII – P. I).

Corolario 1: Como es evidente, las instituciones morales suelen chocar con las éticas. La tragedia inherente a la inconmensurabilidad de ambas normativas suele requerir el sacrificio de los individuos frente a la fuerza de la colectividad. Podría decirse que la unidad atributiva del individuo en cuanto miembro que depende del grupo se impone a las normas éticas (distributivas), hasta el extremo en que la «fortaleza y la generosidad» para con los demás miembros del grupo se mide por su entrega a la causa común (ejemplos donde un miembro se sacrificaba por su familia, o por amor a la patria, es decir, por sus conciudadanos. Las normas morales incluyen muchas veces la exigencia de la muerte o el sacrificio de algún individuo, al modo de los ceremoniales religiosos, grupos étnicos o mafias, donde el asesinato de un miembro es recompensado con la muerte de otro miembro del clan contrario, independientemente de quien sea (un modo de re-establecer el orden o «justicia»).

Corolario 2: Cuando los procesos de sistematización normativa de los deberes éticos o morales, en general, cobran la forma de derechos positivos estrictos garantizados por el Estado (E.N. V), será absurdo decir que la política (o el Derecho) «debe respetar la ética», pues no tiene sentido sostener que la ética o la moral sea algo así como una regla más alta e inspiradora que la política (como si el político o el jurista estuviese vigilado por el moralista, lo que es un residuo de la subordinación del Estado a la Iglesia).

PROPOSICIÓN XI

No es el más fuerte el que dice lo que es «justo» (tesis de Trasímaco), sino que, al contrario, es el orden (la eutaxia) el que dice quién es el más fuerte. O dicho de otro modo, no es la justicia la base del orden, sino que es el orden la plataforma desde la que se establecen los contenidos de la idea crítica de «justicia».

Explicación: El carácter ideológico de la justicia aparece en la comparación y diferencia de órdenes jurídicos reales, de modo que desde unos órdenes se critican como injustos, o no, otros órdenes normativos (Prop. II. E.). Esto significa, que nadie, y menos el más fuerte, puede decir lo que es justo, ya que no existe, si no es como imposición de unos órdenes, lo que se verá como injusticia desde los otros. Pues igual que pasa en los juegos de competición donde el mejor no se puede determinar *a priori*, sino que hay que esperar a ver quién gana para saberlo, así ocurren en el caso de la graduación de lo «justo», donde los juicios *a priori* están en disputa permanente, en función de si triunfan unas normas que te benefician o te perjudican. Antes bien, sólo *a posteriori* podemos saber de modo necesario que la existencia de un orden asumido como justo es el que dice quién es el más fuerte, cuando impone el orden con la aquiescencia de los demás (fingida o no, es lo mismo). De modo que la ley del más fuerte se reduce a las normas materiales de un grupo, y no al revés.

Escolio: Contra la tesis de quienes tienen que suponer una «comunidad universal de Derecho internacional» para validar cualquier sistema jurídico estatal, e incluso cualquier norma que se aplique, caso de la *Teoría pura del Derecho* de Kelsen, basta mostrar el modo violento en que se forman y se reforman estos frágiles equilibrios internacionales, que antes que comunidades forman jerarquías de dominio imperial (I.P. V), basta señalar el modo kantiano en que se hizo y se deshizo la Comunidad de Naciones en el tránsito de una guerra mundial a otra.

Corolario: Deducimos de aquí que el Derecho internacional deriva de órdenes abiertos en constante modificación según el equilibrio que logren formar los imperios en pugna a través de sus capas corticales.

PROPOSICIÓN XII

Tabla básica de concepciones normativas.

Normas / Clases	Absolutas (emic)	Relativas (etic)
Distributivas	1 Etnocentrimo: moral absoluta.	3 Relativismo moral.
Atributivas	2 Imperios absolutos: Justicia.	4 Imperios filosóficos: idea crítica de Justicia.

Explicación: Tal y como se suelen dar los pares de oposiciones sobre la concepción de las normas morales, lo que luego se aplica a la política, se suele enfrentar una normativa distributiva que se muestra como propia de los contextos de cada grupo, y que aparece como moral absoluta en cada una de ellos por separado (emic), lo que se entiende como «etnocentrismo», frente a lo que aparece como moral relativa a la tradición oral tribal distributiva del relativismo cultural (etic). Del mismo modo, en las sociedades políticas de los imperios absolutos, la normativa (emic) se levanta desde una idea de Justicia universal y absoluta, que etic queda circunscrita a las unidades atributivas por las que se extiende mientras logre mantener su eutaxia. Nos acogemos aquí a una perspectiva análoga a la que diferencia la visión interna de los imperios, cuya nematología pretende la universalidad, de la concepción crítica según la cual sostenemos que no cabe un fin o totalización de la historia.

Escolio: La solución a tal enfrentamiento ha derivado hacia la actual universalidad kantiana de la persona humana, como si dada ella y el progresismo histórico inherente a la distribución de círculos culturales, hubiera un factor común a la multiplicidad de sus rasgos, a saber, el sujeto humano desde el que se forman, de modo que ya estuviera resuelto el problema de la multiplicidad de normas culturales y su base humana común. Cuando en realidad hay una estratificación ideológica impuesta por la necesidad de las conformaciones imperiales (en el caso de Kant el imperio prusiano de Federico II), que continúa tras la primera y segunda guerra mundial, con los «liberales» reformados anglosajones que las ganan. Los Derechos Humanos son en gran parte normas éticas que cuando son morales evocan un equilibrio neutral y ficticio que no ha existido nunca. Y sin embargo, lo que aparece como orden atributivo total (emic) en la idea de Imperio absoluto, en realidad, etic, quedará vinculada a una dialéctica permanente entre Estados o Imperios en pugna. De modo que se pueden entender las normas de la primera casilla como originarias de la época tribal, dando paso a la segunda en los imperios absolutos y la actualidad de lo que llamamos imperios filosóficos, como crítica al relativismo cultural de la tercera.

PROPOSICIÓN XIII

Cuando un grupo se enfrenta a otro, la imposibilidad de cumplir sus objetivos, demuestra el carácter utópico e irrealizable de sus normas (acepción posteriorística de la utopía, que se puede aplicar a modelos escatológicos periclitados como el comunismo).

Explicación: Sólo se constituye una normativa institucional en función del éxito que permite su recursividad (Prop. XXIV – P. II), por lo que el logro de un bien futuro u otra cosa, se demuestra tras el proceso que ha conducido al mismo (Prop. VIII). La titularidad académica o patrimonial sólo se demuestra posible una vez que se ha logrado, pues hablar de derechos de propiedad o de licenciatura *a priori* es ejercer el posibilismo de un ser suareciano que se aplica a la fundamentación del Derecho a través de la filosofía alemana, bastando la voluntad y la libertad para lograrlo y olvidando al resto del mundo, es decir, suponiendo tal Derecho *a priori*, como facultad o posibilidad real. Ya hemos dicho que detrás del idealismo alemán se esconde la idea de novedad «radical» que viene por el nuevo mundo constituido con América y Suárez recoge con la vuelta a Aristóteles, donde lo contingente o posible aparece como la logicidad modal que constituye al ser. Se trata de una forma de «asumir» la realidad americana subsumiéndola en cualquier otra posible, en cuanto forma de inteligibilidad.

PROPOSICIÓN XIV

El dintorno del cuerpo esencial del Derecho está delimitado por un contorno político y un entorno económico-social.

Explicación: Tal es nuestra tesis, ninguna esencia está aislada, separada existencialmente del resto de cosas (Prop. VIII – P. I), lo que no evita que comprenda una serie de términos fisicalistas y operaciones con ellos que permitan un cierto cierre fenoménico, es decir, que ofrezca ciertos esquemas de identidad con un funcionamiento propio (E.G. IV). Esto es lo que ocurre con el campo jurídico, en cuanto no puede separarse de los organismos políticos en los que está inserto, ni de los campos de problemas socio-económicos que tienen que solucionar, aunque no se reduzca a ellos. De este modo, categorías políticas, económicas o sociales, serán parte del cuerpo del Derecho (Prop. VI – P. II), en cuanto a su materia (fenonemología casuística) y su forma normativa (pues otros aspectos de las categorías sociales, económicas o políticas son ajenos totalmente al Derecho).

Escolio: Hay quien sitúa la esencia del Derecho en su entorno, así se sostiene que el Derecho es un bien de capital o un nuevo instrumento de validez financiera, viendo el Derecho desde el entorno económico. Quien dice que los tribunales de justicia son salas de represión y castigo lo ve desde la psiquiatría o desde la ética. Igual que quien habla del Derecho consuetudinario ligado a los usos y costumbres habla desde la moral. Del mismo modo, sitúa la esencia del Derecho en su contorno político quien lo identifica con las leyes como conjunto de normativas legales. Por lo que se observa que la esencia del Derecho se tiende a situar en «fuentes» que no son propiamente jurídicas, es decir, que corresponden a lo que no es el Derecho. Sus fulcros de verdad provienen de las fuentes materiales (entorno) y formales (contorno) de su cuerpo esencial.

PROPOSICIÓN XV

La fuente formal de la legalidad está en el contorno estatal del cuerpo del Derecho.

Explicación: Hay que distinguir aquello que forma parte esencial del cuerpo del Derecho (su dintorno) (E.A. IV -P. II), de aquello que le rodea y de donde toma los materiales, aunque originariamente no sean categorías jurídicas (sino su contorno y su entorno) (Prop. XV – P. I) hasta que no forman parte de su dintorno. Nos referiremos en primer lugar a las leyes, tal y como se generan (incluyendo la familia jurídica anglosajona). En efecto, quien aprueba las normas que tienen que aplicar los juristas son los políticos, pues aunque de hecho las suelan hacer los juristas (como desde un principio se constata por los jurisconsultos y su evolución jurisdiccional en Roma), no les corresponde a ellos aprobarlas (I.P. II). Es evidente que cuestiones sobre el gobierno, los parlamentos, la estructura del Estado, la aprobación y modificación de leyes, son propias de los políticos, y se estudian por las llamadas ciencias políticas, igual que problemas procesales, penales o judiciales, en general, se estudian en las facultades de Derecho, pues aunque compartan muchos contenidos, hay que diferenciarlos en su aplicación. Pues si bien la ley, en cuanto su forma o fuerza legal es política, independientemente de si su contenido normativo viene de la tradición, del legislativo o de un veredicto judicial, el mantenimiento de su ejercicio, su aplicación según las formalidades propias del Derecho ya no le corresponde al político establecerlo, sino al jurista, y cuando el político intente inmiscuirse o interferir en la tramitación de una querella judicial o influir en casos donde se vea implicado, se le encausará y se tomarán las medidas oportunas, otra cosa se entenderá como delito o corrupción de la «justicia» (E.N. V). Y no se pueden confundir los planos. La fuente de la legalidad no está separada del cuerpo del Derecho, por eso la ponemos en el contorno que lo delimita, en su frontera «epidérmica», estableciendo unos límites que no puede rebasar y que no le corresponde juzgar, pues ni es un problema político, ni jurídico (Prop. XIV), es un problema gnoseológico.

Escolio: Cuando aquellos que por carecer de una teoría de la ciencia y una ontología correspondiente, confunden unas categorías con otras, o reducen unas categorías a otras, por ejemplo, el Derecho se reduce a la economía en el materialismo histórico, o a la psicología en el realismo jurídico, a la sociología en el estructuralismo cultural, o a cualquier otra, no podrán utilizar la distinción entre dintorno, contorno y entorno del cuerpo del Derecho, viéndose incapaces de explicar su especificidad frente a otras ciencias con las que está conectada, por lo que acabarán negando que tenga ninguna. El Derecho será un instrumento de la norma, una mera aplicación de la ley, un mal necesario o cualquiera otra cosa que le niegue su entidad. La idea de fuente del Derecho, solidaria de la idea de contexto en que se mueve y donde queda comprendido, invita a la determinación de sus fronteras categoriales de un modo esencial. Como las «fuentes» que aportan el agua al cauce de un rio, sin confundirse con su curso.

PROPOSICIÓN XVI

La fuente de materiales del campo jurídico se identifica con el entorno del campo del Derecho.

Explicación: La segunda fuente de materiales que necesita el campo jurídico para existir viene del entorno que rodea tanto al campo del Derecho como al contorno político del mismo (Prop. XV y XVI), pues no sólo comprende la capa reticular del Estado sino también otras categorías. Nos referimos a la multiplicidad de contenidos materiales que tienen que juzgarse y resolverse, ya no a las normas con las que tienen que juzgarse, sino al conjunto de fenómenos que caen bajo cada tipo legal (Prop. XVIII – P. I), es decir, la multiplicidad indefinida de conflictos sociales que alimentan las querellas sobre las que el juez debe pronunciarse obligatoriamente y que no puede resolver el político ni su normativa (Prop. XX – P. I). Un material casuístico variadísimo que tiene que repartirse cada jurisdicción (penal, laboral, fiscal, militar, &c.).

Escolio: Una manera desenfocada de ver estas cuestiones se ofrece en la denominada Teoría tridimensional del Derecho que elaboran teóricos como Reale, Recasens Siches o Carlos Fernández Sessarego, entre otros, y que también llaman integracionista. Distinguen tres dimensiones del Derecho, la que trata la dimensión normativa (la base legal positiva), la dimensión social (los «hechos» que se deben juzgar) y la dimensión valorativa, que ya es propia de la Filosofía del Derecho, pues no se entiende como legalidad positiva, sino como legitimidad axiológica. A nuestro modo de ver, parece evidente que estas «dimensiones» del Derecho, son externas al mismo, y más bien hablan de las conexiones del Derecho con la normativa, con la sociedad y con los valores que envuelven a ambos. Es decir, de lo que habla esta teoría es del entorno y del contorno del cuerpo de la esencia del Derecho, pero no dice nada del dintorno o del núcleo esencial del Derecho (lo que veremos en la Parte IV)

Según esta teoría, la efectividad social se diferencia de la vigencia normativa y de la fundamentación valorativa, pues se corresponden con criterios de validez empírica, formal y material respectivamente. Por ejemplo, Bobbio discrimina la Filosofía del Derecho (dividida en metodología jurídica y teoría de la justicia en la determinación de los fines), de la Sociología jurídica (que se encargaría de los medios) y de la Teoría general del Derecho (que indagaría sobre la forma que debe adquirir). Fin, medio y forma se articulan con vigencia, eficacia y fundamento. Verdross distingue la dimensión analítica como teoría jurídica pura, la sociológica y la axiológica (todo lo cual se corresponde con una ontología de corte popperiano donde la teoría de los tres mundos viene a ser una hipóstasis de nuestros géneros de materialidad especial que hemos visto en la Parte 1). Pero hay más fuentes de esta teoría, Siches sigue el raciovitalismo de Ortega en la tridimensionalidad específica, donde «el Derecho es una obra humana social (hecho), de forma normativa destinada a la realización de valores».

Creemos que en esta teoría se está hablando de dimensiones externas al Derecho, en la medida en que desde cada una de ellas se puede totalizar el resto. Así, Reale explica como la Sociología del Derecho comprende factualmente las normas en función de los valores, la ciencia del Derecho comprende normativas de hechos en función de valores y la filosofía del Derecho comprende axiológicamente las normas en función de los hechos. Como se puede observar, este juego de posiciones hace al Derecho reo de otras categorías, lo que el genitivo objetivo («del») hace sospechar, pues las dimensiones, como modos de medir, vendrían impuestas desde fuera. En efecto, la teoría tridimensional del Derecho en su ansia de totalizar el campo se sale del mismo. El Derecho viene a definirse como una integración normativa de hechos según valores, lo que se corresponde con la Sociología del Derecho (los «hechos»), la ciencia del Derecho (las normas) y la Filosofía del Derecho (los valores). Desde nuestras coordenadas ontológicas están refiriéndose a funciones ontológicas, gnoseológicas (pues entienden las normas como lenguaje o ciencia del sujeto) y deontológica (pues definiciones como la propuesta, no son específicamente jurídicas, también pueden valer para cuestiones morales, religiosas, étnicas, &c.), incluso pueden referirse a prácticas políticas, económicas o meramente lúdicas, como cuando se habla de los valores que integran las «normas» en el «hecho» de jugar al rugby (pongamos por caso). Es necesario resituar estos análisis en el entorno y el contorno del Derecho, para dar paso al dintorno o núcleo específico de la esencia jurídica, que de otro modo queda oculto y desplazado por tales análisis.

PROPOSICIÓN XVII

El principal presupuesto no jurídico del Derecho es la propiedad.

Explicación: La propiedad como situación de la cosa es el origen de la noción de Derecho. Si decimos que la propiedad es el presupuesto fundamental del Derecho, no es porque veamos la propiedad como un elemento de la economía, sino porque la propiedad viene determinada por la configuración basal del Estado, donde ponemos su esencia, es decir, la apropiación y administración de un territorio con los bienes que contenga (I.P. I). De modo que la propiedad particular es el centro desde el que se forma el Derecho civil (como se ha puesto de manifiesto tantas veces con la figura del *pater familias*) pero también del mercado que genera (Prop. XXXII – P. II). La tripartición institucional de Gayo entre personas, bienes y acciones, pone los bienes como referentes de las relaciones que implican, pero también como referentes de las relaciones entre las personas (el eje circular donde se mueve el Derecho), e incluso de las acciones jurídicas, el núcleo en que situaremos la esencia del Derecho. Así, la propiedad de los bienes por las que disputan las personas según normas que determinan la acción correspondiente, no es propia del Derecho, sino que es el presupuesto o fundamento principal del campo jurídico, como queríamos explicar.

Escolio: Por tanto, hay que negar que el Derecho derive o tenga como presupuesto una facultad del sujeto, o derive del fondo subjetivo de la persona, o de su naturaleza (racional o no). En efecto, la idea de los derechos subjetivos de corte kantiano es relativamente reciente, aunque se puedan rastrear en una larga tradición que algunos ponen en Suárez y otros en Ockham, por lo que nos parece propia de una metafísica espiritualista a la que nos enfrentamos directamente desde el materialismo de los términos, las relaciones y las operaciones jurídicas.

PROPOSICIÓN XVIII

La propiedad particular deriva de la apropiación de un territorio por medio de la cual una sociedad política establece el Derecho, y no al revés.

Explicación: No puede haber Derecho de propiedad, es decir, relación jurídica de algo respecto de un sujeto, si no hay un Estado que lo garantice a través de un sistema jurídico en marcha (E.N. I). De modo que el territorio estatal donde están los bienes que son propiedad de los sujetos particulares, o bien comunes a todos, es la base sin la cual ni hay sistema jurídico que garantice la distribución o la administración de esos bienes. De modo que primero es necesaria la apropiación que una sociedad política hace de un territorio frente a terceros para que exista la propiedad sobre partes del mismo (I.P. I). La importancia del concepto de límites jurisdiccionales, va en este sentido, ya se trate de potestades del juez o de la extensión territorial de tal potestad judicial.

Escolio: Todas aquellas teorías que parten de la propiedad

individual para explicar la formación del Estado están erradas. Ya sean teorías contractualistas de carácter liberal o anarquista, ya sean teorías comunalistas que parten del modo de producción asiático, ya sean teorías positivistas como la que ofrece Kelsen, todas ellas invierten la realidad histórica desde una metafísica humanista de carácter individual o genérica. Hay que desechar tales teorías, pues ni nunca hubo individuos (a-tomos) originarios de la propiedad que se unieron posteriormente por un contrato, ni nunca fue la especie humana una unidad de origen que se fracturó cuando alguien dijo «esto es mío», como quiere Rousseau y tantos otros, siguiendo el Génesis monogenésico cristiano (por ejemplo, ahora sabemos por el análisis del A.D.N. mitocondrial que tenemos un 2,3 % de genes del *Homo neardenthalensis*). Por el contrario, hay que partir de una pluralidad de grupos humanos diversificados y enfrentados entre sí que al apropiarse de un territorio fundan las propiedades que se reparten entre las partes por el grupo dominante. Una vez repartidos los bienes aparecerán las relaciones jurídicas (como explicaremos en el Apéndice a esta parte). Sin embargo, la tradición contractualista de carácter holizador que nace con el Derecho contemporáneo se ha impuesto machaconamente. El propio Kelsen así lo argumenta cuando entiende que los derechos subjetivos nacen primero, en especial el de propiedad, que es su prototipo y resultado de la apropiación originaria, dando paso al Derecho objetivo que aparece más tarde bajo la forma de un orden estatal que reconoce, garantiza y protege los derechos subjetivos que han nacido en forma independiente. Ya hemos dicho que se trata de una concepción muy general, sostenida en especial por los representantes de la escuela histórica, que fue la primera manifestación del positivismo jurídico en el siglo XIX, pero también por corrientes tan dispares, en apariencia, como el marxismo, el liberalismo, &c. De modo que el sujeto de Derecho, cuyo modelo es el propietario, es el titular de un Derecho subjetivo, al concebirse como un ser jurídico independiente. De este modo, habría una personalidad jurídica que el Derecho subjetivo encontraría de alguna manera preexistiendo en el individuo o en ciertas colectividades (conjuntos de sujetos iguales). El Derecho objetivo, es decir, el Derecho establecido por el Estado, solamente le correspondería reconocer esta personalidad y debería hacerlo si quiere ser un verdadero Derecho. Ninguna persona puede, si seguimos a Kelsen, atribuirse derechos, pues el Derecho de uno supone la obligación de otro, y dicha relación no puede nacer, conforme al orden jurídico objetivo, sino por manifestaciones concordantes de la voluntad emanada de dos individuos (de modo que el matrimonio pasará de ser una relación sacramental a un contrato). En este tema nos parece que lo característico de la posición de Kelsen es la tesis según la cual el contractualismo individualista sigue actuando conjugado con el objetivismo estatal. Es decir, para Kelsen sería necesario que el Derecho objetivo atribuya al contrato la calidad de hecho creador de Derecho, de tal manera que, en el último análisis, el Derecho contractual emane del Derecho objetivo y no de las partes contratantes. Esto le permite incluir a Hegel en esta concepción. En todo caso, los derechos subjetivos van antes que el Estado, por ello, la «persona» será para Kelsen un haz de obligaciones, de responsabilidades y de derechos subjetivos; un conjunto, pues, de normas.

PROPOSICIÓN XIX

La *sistasis* o *constitutio* material de un Estado es la base para su formalización normativa constitucional.

Explicación: Igual que la estructura gramatical de un idioma es la base dada desde la que el gramático elabora las normas de su uso (que no puede crear ni modificar), así los órganos constituyentes de un Estado plasman una estructura política real dada (I.P. I), en una serie de normas fundamentales más o menos sistematizadas frente a terceros (I.P. II).

Escolio: Ocurre aquí algo parecido al trasvase del núcleo del Derecho a sus fuentes externas (la sociedad, la economía, la psicología, &c.), ahora se tenderá a poner la esencia del Derecho (junto con la esencia política) en los códigos legales, lo que entendemos como el trasvase de la esencia del Derecho a lo que hemos denominado (Prop. III) su diferencia específica, es decir, los grafos fijos de anverso, la escritura de las leyes en los códigos anteriores a la aparición del Derecho romano, o en los posteriores. Cuando en realidad se trata de una parte del contorno del Cuerpo esencial del Derecho. Así, decía Argüelles que la constitución era el ídolo de la nación y los liberales de Cádiz veían en ella la solución a todos los problemas, una ilusión jurídica que proviene de la fuerza de los contratos. Como veremos en el Apéndice a la parte IV, la Revolución francesa y sus codificaciones responden a la pujanza del Derecho comercial sobre el Derecho civil, es decir, a la pujanza de los contratos como eje social que opera en las empresas y sus asalariados, o entre las empresas, los ciudadanos y el Estado, pero en todo caso, como instrumento del comercio internacional y de la producción económica en sustitución del eje de las propiedades feudales, comunales o gremiales de las estructuras productivas eminentemente agrarias, o dicho desde nuestros términos, por la pujanza que recogen las totalizaciones ideológicas de la política de corte distributiva (holizadora) sobre las atributivas.

PROPOSICIÓN XX

La normativa constitucional y el sistema jurídico que dirige, dura tanto, como la eutaxia que contribuye a mantener, lo que obliga a modificarla si no quiere caer con el propio Estado y desaparecer con él.

Explicación: Si toda ley depende de la fuerza coactiva que la mantenga en la existencia (Prop. XXXIV – P. II)), cuando esta desfallece, desfallece la norma vigente, pues pierden su poder las instituciones del Estado que las aplican (Prop. XV – P. I). De modo que el principal procedimiento por el cual se solucionan los conflictos del Estado (E.N. V), desaparece cuando desaparecen poderes del Estado (I.P. III). Está de más decir que también ocurre a la inversa, un Estado sin las instituciones de Derecho no es Estado, es decir, todo Estado es, entre otras cosas, Estado de Derecho.

Corolario: Igual que las Cortes franquistas elaboraron las leyes fundamentales que rigen en España después de ganar la guerra, y son las mismas Cortes que formalizan la Constitución autonómica del 78 cuya existencia se configura según las nuevas fuerzas ascendentes y cuya fuerza eutáxica está dando sus últimos suspiros, así ocurrirá con una nueva Constitución cuya existencia estará en función del grado de eutaxia que alguna de las fuerzas en pugna logre imponer, un hecho que la pluriarquía actual en el poder y los intereses del contexto internacional tenderán a dirigir a toda costa.

PROPOSICIÓN XXI

La pluralidad de órdenes jurídicos (particulares, locales, internacionales, &c.) remiten en último término al Estado.

Explicación: Los órdenes jurídicos de los que hablan los tratadistas (órdenes jurídicos supra-estatales o internacionales, órdenes infra-estatales como los órdenes jurídicos corporativos o aquellos órdenes transversales como el orden jurídico eclesiástico o el de la FIFA), no tienen fuerza de obligar por sí mismos, al no disponer de un aparato operativo que apliquen las sentencias (I.P. VI) por lo tanto, las sentencias elaboradas desde tales órdenes legales serán ejecutadas en función de la asunción, estatuto o acuerdo al que lleguen con el Estado donde se aplica la norma. Lo que hace que los tribunales o las normativas internacionales que suscriba el Estado, en los casos en que se vea gravemente perjudicado por las sentencias, legitima al Estado implicado para romper el acuerdo y no asumir la sentencia que deriva de tal acuerdo (I.P. V). Es decir, el contractualismo tiene su verdad jurídica (su aplicación) en el Derecho internacional (público), pues no es tal Derecho el que determina la vigencia del contrato, sino que son las partes contratantes, los Estados, los que determinan la vigencia del mismo (otra cosa es que se asuman o no sus consecuencias, algo que se discutirá dentro de cada Estado).

Escolio: Desde la paz evangélica, un mito que deriva de la aplicación de las leyes «eternas», que según dijo Espinosa, eran escritas por unos particulares para beneficio del Estado de Israel, y no provenientes del mismo Dios, se han sucedido múltiples apellidos a la idea de paz en la misma línea, reapareciendo en las paces perpetuas de la Ilustración, todas ellas metafísicas. Por el contrario, las paces reales, a saber, la de Augusto (la *pax romana*), la paz hispana o la paz americana actual, llevan detrás un sistema de fuerzas y unos tribunales «internacionales» sujetos a sus intereses. Consideramos de este modo al pacifista reo de su miseria y culpable de la ajena.

PROPOSICIÓN XXII

El Derecho de cada Estado es inconmensurable con el Derecho del resto de Estados.

Explicación: Se denominan familias jurídicas a los modos de ordenar los tipos de legislación tal y como se han desarrollado históricamente (algo que veremos en el Apéndice a esta parte), distinguiéndose según su campo de expansión, la familia romano-germánica, punta de lanza de la leyenda negra que absorbe la historia jurídica hispánica, la familia anglosajona, la socialista, nórdica, islámica, &c. Con esto, el Derecho comparado establece grandes diferencias en la evolución de los sistemas jurídicos, lo que entendemos desde la perspectiva diacrónica por la semejanza de los imperios y afecta al nacimiento y evolución del Derecho (I.P. V). Sin embargo, lo más importante es atender al hecho de la diferenciación y diversificación dentro de cada uno de ellas. Así, los sistemas jurídicos de los Estados modernos del S. XVI se forman al diferenciarse del resto, como ocurre con los idiomas modernos respecto del latín. De modo que se hace necesario elaborar una serie de correspondencias terminológicas entre los sistemas legales estatales para poder llegar a coordinar las legalidades de los diferentes países (lo que principalmente afecta al Derecho penal y mercantil). Es decir, las divergencias o inconmensurabilidades entre los sistemas jurídicos se dan a nivel inter-estatal (como se ha visto últimamente con la negativa a extraditar etarras por Francia y Bélgica y secesionistas catalanes por Alemania).

PROPOSICIÓN XXIII

La coacción no forma parte del núcleo del Derecho, sino de la dialéctica con las categorías sin las cuales el Derecho perdería todo sentido.

Explicación: Las discusiones sobre si el Derecho es coactivo o no, deriva de que no pertenece a la inmanencia o dintorno del Derecho, pero sí a su cuerpo esencial, pues son operaciones «violentas» que llevan a cabo los poderes del Estado (y la policía judicial en último término depende del ejecutivo) (I.P. III), pero de modo que, si no se llevaran a cabo, harían del Derecho una farsa, un juego o una representación teatral (Prop. XX – P. I). La ausencia de coacción, o mejor dicho, el incumplimiento de una sentencia, sólo forma parte del cuerpo del Derecho, como norma sobre el procedimiento a seguir por tal incumplimiento, es decir, como parte del sistema legal que prevé la no aplicación de la sentencia, y por tanto su recurso. Sin embargo, esto no garantiza nada, pues si no se cumpliese ninguna sentencia, la cadena de recursos sería infinita y todo proceso judicial un sinsentido.

APÉNDICE

La cuestión de los fundamentos políticos del Derecho obliga a pronunciarse sobre el problema de su origen y desarrollo. No se trata de elaborar una tesis sobre las transformaciones internas del Derecho, del dintorno en que se desarrollan las especies del Derecho (lo que haremos en la parte IV), sino antes bien, de los cambios en el contexto que engloba el contorno del cuerpo de la esencia del Derecho.

Hemos situado el género generador de las técnicas jurídicas en las normas morales y religiosas de los imperios absolutos del creciente fértil, allí donde la Justicia se entiende como orden necesario, único y absoluto, con independencia de que se trate de leyes de tradición oral o no. Habrá que esperar dos milenios desde la aparición de las esencias gráficas del cuarto milenio (3.350 a.n.e.), que darán lugar a los registros legales del segundo milenio (1700 a.n.e.). Pero todavía hay que esperar cerca de otros dos milenios para que aparezca el Derecho en Roma (hacia el año 100 a.n.e.).

De modo que los contenidos que van alimentando el cuerpo del Derecho dependen de la naturaleza de sus fuentes, aquellas que vienen del contorno político que dota de fuerza a la ley y aquellos materiales que vienen del entorno socio-económico que nutren de contenidos contenciosos los tribunales de justicia.

En este apéndice nos proponemos poner en movimiento los contextos que determinan los contenidos formales y materiales del dintorno propio del campo jurídico (igual que en el Apéndice a la Parte I hicimos con la ontología en las fundamentaciones históricas de las doctrinas del Derecho). Se trataría de situar el núcleo procesual del Derecho en función de su contorno histórico-político. Al contrario que indicamos en el Apéndice a la Parte II, en perspectiva antropológica, la política implica la perspectiva histórica en que se mueve el Derecho. La distinción entre la perspectiva antropológica (nomotética) y la Histórica (idiográfica) podremos derivarla, no ya de una supuesta oposición entre instituciones universales e instituciones singulares, sino de una posición entre los modos de concatenación de las instituciones, ya sea en modo cíclico (o repetible) o en modos de concatenación no cíclicos, sino abiertos e irrepetibles. En el primer caso estaríamos en la perspectiva antropológica y en el segundo en la perspectiva histórica. Un ejemplo de ciclo ampliado distinto del Estado es la empresa capitalista (mercantil o industrial) que según Gustavo Bueno «transforma el Antiguo Régimen en el moderno Estado democrático». Y aquí la institución fundamental para entender las continuidades y discontinuidades en estos ciclos es sin duda una institución constante en las sociedades civilizadas, la guerra. En efecto, los grandes «cataclismos jurídicos» se producen con las guerras y las revoluciones, allí donde se produce la implantación de una normativa frente a otras en un territorio (hoy es implantar la democracia, antes exportar el comunismo, y antes aún el catolicismo). De hecho, las normas empiezan a ser «universales» con la extensión territorial de los imperios, lo que supone una apropiación desde la que se determina la propiedad de los bienes como fundamento no jurídico del Derecho (por lo que Villey entiende que la extensión del Derecho civil se produce según se van ampliando los territorios).

Entender la historia en general, y el Derecho en particular se antoja imposible sin entender el desarrollo de estos imperios, lugar donde hay que buscar la clave de su origen y sus transformaciones. Álvaro D´Ors decía que de «la estructura fundamental del reparto del suelo dependen todas las demás relaciones y situaciones jurídicas», si es así, los cambios territoriales y su administración a lo largo de la historia será esencial para entender cambios en conceptos básicos del Derecho como herencia, usufructo, donación, contrato, matrimonio, &c., por lo que al jurista español le parecía que «toda la realidad jurídica queda condicionada por la perspectiva histórica».

La tesis básica que defendemos aquí entiende que el Derecho es imprescindible para los imperios diapolíticos, por lo que aparece con ellos. Sobre la base de estas organizaciones totalizadoras veremos levantarse el Derecho como un campo jurídico propio en la Roma del Principado, para ir transformándose según se amplía con el imperio de Constantino, los Estados pontificios del Medievo, el imperio español en América, el napoleónico, el pequeño Imperio Alemán, el inglés, &c. Así, y no de otro modo, se produce la extensión progresiva de las instituciones políticas, económicas y jurídicas, al resto del mundo.

En este apéndice se trataría de ver cómo se inicia el núcleo procesal del Derecho como una constante en medio de las transformaciones histórico-políticas que modifican la evolución de los materiales que van a incorporarse a esos procesos nucleares, así como su necesidad en el funcionamiento de «sociedades totalizadoras» que llamamos Imperios dia-políticos. Recordemos aquí que el término «proceso» deriva del latin *processus* (avance, marcha, desarrollo), y está asociado al verbo *cedere* cuya raíz indoeuropea *ked- también da el adverbio y adjetivo *necesse* (con prefijo ne- como lo que es necesario o inevitable, de donde procede *necessarius* referido en un principio a los vínculos familiares que no podemos suprimir).

Nuestra tesis sobre el género generador del Derecho ya se ha defendido muchas veces. Por ejemplo, Hans Julius Wolf se refiere al arbitraje como el origen del Derecho en los pueblos prehistóricos. O cuando Ihering afirma que el proceso civil romano había nacido del arbitraje privado consuetudinario, más tarde adquirido por el Estado y revestido con autoridad pública. El paso del arbitraje a la justicia obligatoria (coactiva, *compulsary*) se da en el inicio de todo ordenamiento jurídico. Arbitraje y procedimiento son fenómenos «jurídicos» muy diferentes, y todavía paralelos en algunos casos, de modo que las formas arcaicas de procedimiento y los métodos modernos de resolución de controversias internacionales son muy parecidas.

Hay que comenzar la presente indagación por el origen mismo del Estado, las ciudades-Estado griegas. Y es que en Grecia no hay una literatura jurídica en el sentido técnico de la palabra (según se dice) a causa del hecho, muy singular, de que el pueblo donde nace la matemática y la política no tenía las condiciones que hacen necesario el uso del Derecho. Nos enfrentamos aquí, desde el primer momento, con el hecho fundamental de la ausencia de una ciencia jurídica griega, y hay que explicar por qué no pudo aparecer el Derecho siguiera en el imperio alejandrino. En efecto, los griegos nunca escribieron nada que tratara de aclarar las consecuencias prácticas de las instituciones jurídicas mediante un método casuístico semejante al de los romanos, sencillamente porque carecían de semejantes instituciones. Por ello, ni siquiera hay un ensayo para presentar una visión sistemática del Derecho mediante un análisis dialéctico. Semejante ausencia se señala como regla general en el funcionamiento de tribunales y abogados que se atenían estrictamente al tenor de las leyes, de suerte que no había lugar para una interpretación jurídica extensiva o modificativa. Lo que demuestra para muchos historiadores del Derecho cómo las instituciones jurídicas suelen desarrollarse vinculadas a los condicionamientos socio-religiosos.

Que el Derecho aparece en la Roma del Imperio, la del principado de Augusto, no se suele discutir, aunque muchas veces se diluye entre tratamientos más generales, como los vinculados a la Iglesia o la sociología. La justificación de por qué es así se hace desde cada escuela jurídica en función de la idea que se tengan sobre las funciones específicas del Derecho. Por ejemplo, Villey entiende que «el Derecho es medida del reparto de los bienes», por lo que la idea de justicia se desecha por ideológica y vacía, traduciendo justicia por Derecho en los tratamientos de Aristóteles. En efecto, cuando habla de dos tipos de justicia: la distributiva, cuando se reparten las tierras entre los colonos, las magistraturas e impuestos, que es proporcional, y la conmutativa, donde «las notas son iguales, como, en ocasiones, sucede en una sinfonía», se está hablando de lo que serán dos tipos de Derecho. La solución de Derecho se expresa en una fórmula de igualdad aritmética». Del mismo modo Santo Tomás distinguirá operaciones en las distribuciones (donde se establecen proporciones) y en los intercambios (donde se establecen equivalencias). En todo caso, para Villey el origen del Derecho se sitúa en la Roma de la época ciceroniana donde «una corporación de jurisconsultos tenían por función guiar al juez y el procedimiento, enunciando las reglas del Derecho». Cicerón entiende el Derecho civil (el Derecho de la ciudad) con ocasión de observar la justa proporción que deriva de la proporción en las cosas (*res*) en los procesos. El plan de instituciones romanas distingue tres elementos: personas (*cives*), las cosas (*res*) y las acciones (*causae*). Niega que el Derecho sea «un conjunto de reglas», pues «el Derecho no se deduce de la regla, sino que es el Derecho, de lo que es, de donde se extrae la regla, (...) los *iura* no son «normas», (...) sino cosas que residen en el mundo de la naturaleza: matrimonio, filiación (*Digesto* I, 1.1), o instituciones sociales (reinos, comercio) o lo que hay en cada asunto». Santo Tomás recupera la defensa de la propiedad, de modo que «la «materia» del arte jurídico son «cosas exteriores», mensurables, susceptibles de reparto (*res* exteriores).

A nuestro modo de ver, teóricos como Villey aciertan al situar el inicio del Derecho en el tratamiento específico del procedimiento (cuya importancia veremos en la parte IV) pero lo confunden con sus fundamentos. Desde luego no creemos que la «filosofía del Derecho», atribuida a Aristóteles sea anterior al propio Derecho, sencillamente ocurre que los análisis distributivos y conmutativos son generalizables a otras categorías, como la política o la economía. En nuestra filosofía de la moneda vimos cómo los tratamientos conmutativos de la realidad contractual, donde los sujetos se tratan como iguales al contratar cuando no lo son (lo que se traslada al fundamentalismo democrático y los derechos subjetivos), se siguen oponiendo a los tratamientos distributivos que tratan de equilibrar una desigualdad cada vez mayor.

Teorías como la de Schiavone señalan las «prácticas jurídicas» como el elemento de demarcación del Derecho frente a otras categorías, pues «el trabajo de ordenación de toda la comunidad estuvo muy tempranamente reservado de manera rigurosa, a un grupo de especialistas, y se transformó luego en una tecnología social con un fuerte estatus, que, por primera vez y para siempre, iba a aislar la función jurídica y sus expertos «juristas, (...) desgarrándola de cualquier otra producción cultural o centro institucional —de la religión, de la moral, incluso de lo político— y permitiendo de este modo una identificación autónoma, nítida y definitiva».

La posición de preeminencia de este grupo social y profesional se explica por su origen, a saber, los juristas romanos clásicos son los sucesores de los antiguos pontífices que tenían el monopolio de la interpretación de la justicia (*ius*) en época arcaica, aquel estamento patricio que custodiaba las reservas de conocimientos civiles de la colectividad (el calendario, el tiempo, la historia, la escritura) con objeto de cubrir las relaciones entre el hombre y la divinidad (el *fas*) y los hombres entre sí (el *ius*), respondiendo a problemas de derecho sagrado y problemas de la sociedad gentilicia antigua. De modo que a finales del S. IV a.n.e. Gnaeus Flavius (escriba del censor Appius Claudius), publica formularios procesales y negociales, en una colección pontifical de fórmulas para pleitos y negocios jurídicos, rompiéndose el monopolio del saber jurídico que hasta el momento estaba en manos de los pontífices. Es decir, antes de que aparezcan los jurisconsultos en sus funciones judiciales (las *legis actiones*), se señalan indicios en cuestiones relacionadas con los procesos judiciales. En el S. III a.n.e. Tiberio Coruncanio, Gran Pontífice, fue según algunos historiadores el primero que emitió sus opiniones y aconsejó acerca de los asuntos forenses a todos aquellos que a él acudieron. Sexto Elio emitirá responsa sin ser pontífice, publicando sus *Tripertita*. Desde el momento en que se publicaron las colecciones de fórmulas de archivo de los pontífices y algunos miembros de este colegio comenzaron a dar pareceres jurídicos públicamente, esto es, ante todo el mundo y con una exposición abierta de los puntos de vista relevantes, se rompió, al menos en teoría, el monopolio de los pontífices, quedando allanado así el camino para el desarrollo de una ciencia jurídica libre y accesible a todos.

En efecto, en los inicios de la Jurisprudencia, a finales de la República, se produce una transformación a tenor del fenómeno de la secularización de las normas debido a la progresiva separación del *ius* y el *fas*. La institución del patronato entre los patricios dio origen en Roma a la profesión de los jurisconsultos, pues uno de los deberes del patrono era explicar la ley a sus clientes y defender sus derechos en los litigios.

Desde mediados del S. II a.n.e. hasta Augusto se produce la denominada «revolución científica» en el Derecho, «cientificidad» que curiosamente se pone en la interpretación *iuris* con base en la dialéctica de la filosofía griega y la retórica, con la consiguiente conceptualización y la lógica interna, acentuando su autonomía y su vocación técnico-profesional. Sabemos que la cuestión técnica es genérica a otras disciplinas, como las lingüísticas, las teatrales, poéticas o políticas, pero a nuestro modo de ver, el cambio se tiene que ver actuando en la inmanencia del campo que se está formando, a saber, en las técnicas que se forman alrededor de las prácticas procesales.

En efecto, ocurría que el implacable rigor formal de la *legis actiones* determinó que en su aplicación se produjeran muchas injusticias, así, la pérdida del Derecho material por un error de forma (procesal) producía descontento y desconfianza en los usuarios. Esta situación condujo a la necesidad de reducir las exigencias formales a fin de hacerlas menos categóricas. Y éste es el origen del procedimiento formulario. Aquí aparece de nuevo lo que denominamos la diferencia que especifica el Derecho frente a las normas morales en general, la escritura (la diferencia específica del Derecho). En el procedimiento formulario se reemplazaron los actos solemnes, regularmente orales, de la *legis actiones,* por un documento escrito en el que las partes precisaban el tema materia de controversia y designaban al juez encargado de resolverlo. También es un tema trascendente el hecho de que el procedimiento formulario, al dejar de ser quiritario, amplió su competencia y se convirtió en un auténtico servicio estatal de solución de conflictos. Con el procedimiento formulario escrito estamos ya ante lo que vamos a denominar núcleo del Derecho, donde el proceso toma protagonismo.

Otra diferencia, tal vez la más importante, es que en el procedimiento formulario el Pretor adecuaba el proceso al tipo de conflicto que no estaba previsto en el Derecho civil romano, lo que hubiera sido imposible en las *legis actiones.* Para ello creó una variante de la fórmula clásica. Esto equivale a que salirse del sistema legal conocido venía a simplificar la creación de nuevas leyes, lo que supone ya el funcionamiento de un campo inmanente del Derecho. Por ello suele hacerse referencia a la justicia pretoriana para describir aquellas teorías que consideran que la función judicial es en esencia una actividad creadora de Derecho, aunque haya que ver cómo y en qué sentido.

En todo caso, creemos que lo fundamental se produce durante el Principado, donde la jurisprudencia llegó a su mayor esplendor por el propio impulso que otorgó Octavio Augusto a las Escuelas Jurídicas. Augusto fue el primero en hacer del *«ius publice respondendi»* el objeto de una concesión especial. Aquellos que obtenían este Derecho respondían a las cuestiones jurídicas, en virtud de la autorización expresa del emperador. Y los sucesores de Augusto continuaron otorgando este privilegio honorifico, que concedían a los que de él estaban investidos, modo en que aparece como poder del Estado con fuerza de ley.

Así se entiende la Época clásica como el período histórico-político que coincide con el Principado (finales del siglo I a.n.e.) y llega hasta la época del emperador Diocleciano (S. III d.n.e.). Es el periodo en el que se produce el gran desarrollo y desenvolvimiento de las Escuelas Jurídicas (sabinianos y proculeyanos). En esta etapa aparecen distintas definiciones del *ius*, que marcan de forma decisiva la *interpretatio* de los juristas. Entre las definiciones más destacadas podemos mencionar las de Celso o Ulpiano.

En todo caso, la justificación de la esencia del Derecho determinará su origen, por lo que será distinta para cada doctrina que se defienda: si la esencia del Derecho la ponemos en las leyes o normas, el origen coincidirá con las primeras normas escritas; si lo ponemos en la sociedad, cuando ésta se forme; si lo ponemos en el juez, desde que se dictan sentencias; pero si suponemos que el Derecho forma un sistema de procedimientos prudenciales que tienen que obedecer a una coherencia interna, sólo se puede producir con la aparición de los estudios sobre el Derecho, es decir, las escuelas, donde aparecerá el Derecho como tal, en nuestro caso a la vez que los procedimientos escritos procesales (S. I a.n.e.). En definitiva, nos referimos al conjunto de operaciones que se suceden en el interior del proceso, el *Iudicium*.

El problema de fondo que hay que explicar, sigue siendo el mismo ¿por qué ocurren estos desarrollos categoriales en Roma, y no, por ejemplo, en Grecia? La razón, a nuestro modo de ver está en que los determinantes materiales (económicos y sociales) y formales (políticos) no se habían dado nunca con la estabilidad que se dan en Roma. A saber, la consolidación de un imperio con tal extensión y su constancia secular no se había logrado en el fugaz imperio alejandrino. Es decir, la necesidad de los procesos judiciales y las escuelas jurídicas viene impuesta por la necesidad de coordinar normas morales, religiosas, productivas, de orden muy distinto, lo que tampoco ocurría en los imperios absolutos de los milenios anteriores. Se trataba de hacer compatibles estructuras familiares, de gobierno, de distribución y comercio prácticamente a la escala del mundo conocido. En conclusión, los procesos de tramitación de tal amalgama de conflictos serán esenciales para mantener la eutaxia y el equilibrio de regiones enteras ya de por sí conflictivas. Por lo que se puede decir que sin Derecho no hay imperio ni historia de la civilización.

Al Derecho hay que atribuirle la eutaxia de un imperio como el que abarca la *pax augusta.* Que las categorías jurídicas se desarrollen en escuelas supone que se tiene un conocimiento técnico complejo que se va institucionalizando en su uso, es decir, mirando a las consecuencias, por lo que se configura como praxis prudencial consciente de sus rudimentos conceptuales. Nada que ver con la justicia divina, ni las morales tribales. Se sabe cómo administrar Derecho y se transmite como uno de los primeros conocimientos imprescindibles para toda sociedad política, el conocimiento del modo de asumir transformaciones y novedades que comprometen constantemente la paz social. De modo que en los últimos siglos de la república se entra en contacto con las disciplinas de la retórica y de la filosofía griega. De ellas aprendieron los juristas romanos el método dialéctico que se basa en el análisis conceptual y en la síntesis, el núcleo esencial del supuesto jurídico, unir las analogías, separar las diferencias y, de este modo, profundizar en la materia jurídica y dominarla. Del mero conocimiento del Derecho, de saber las prescripciones de la ley y los formularios del tráfico jurídico se pasa ahora a una «ciencia» del Derecho como saber-hacer, una creación que en sus entrañas era verdaderamente romana, una ciencia que ni los griegos ni ningún otro pueblo habían poseído: la ciencia o técnica del Derecho positivo vigente.

El estudio del Derecho levantó cuestiones delicadas, y en todo tiempo dio lugar a diferentes escuelas. Bajo el reinado de Augusto, estas divergencias de opiniones motivaron la formación de dos escuelas o sectas bien distintas: los proculeyanos y los sabinianos. Esta división se remonta a dos jurisconsultos igualmente célebres: Antistio Labeón y Ateyo Copitón, donde ya aparece en su versión jurídica lo que hemos denominado en el Apéndice a la parte I, dos direcciones de fundamentación del Derecho: las ascendentes que corresponde a los sabinianos y las descendentes a los proculeyanos. El primero, Labeon, enemigo declarado de la autocracia imperial y fiel a las instituciones republicanas, rehúsa las dignidades que le ofreció Augusto y muestra en el dominio del Derecho la misma independencia. Partidario de los principios de la filosofía estoica, utiliza el *Logos* en sus razonamientos como una lógica inflexible. Busca el sentido de las palabras, la etimología, de donde deduce rigurosamente sus soluciones de los principios sin preocuparse de la opinión de los antiguos, lo que muestra el carácter descendente que le atribuimos. El otro, Capitón, será el favorito del emperador Augusto. Alejado de las doctrinas filosóficas es partidario de la autoridad en Derecho como en política, por lo que permanece fiel a las tradiciones de los jurisconsultos que le han precedido, dejándose guiar por sus antecesores, por lo que revistió de autoridad a los jurisconsultos de mayor valía, otorgándoles el *ius publicum respondendi ex auctoritate principis* (según nos relata Pomponio en el *Digesto*), es decir, se otorga este Derecho a algunos juristas para que sus *responsa* tuviera el mismo valor que la autoridad del Príncipe.

Cuando llegó el Emperador Adriano, no suspendió la concesión del «*jus publice respondendi*» a los jurisconsultos; más aún, al final de su reinado tomó la decisión de otorgarles fuerza de ley. Por lo tanto, desde Adriano, es correcto afirmar que los jurisconsultos tenían la facultad de hacer leyes, es decir, el «*permissio jura condendi*». Así las cosas, quien hiciera parte de un litigio y presentara a favor de sus argumentos el dictamen de uno o varios jurisconsultos oficiales, se presumía tener la razón, en contra de quien siendo su contraparte no contará con el apoyo de uno o varios de ellos. En este sentido, destacaba y prevalecía el nombre y el prestigio del jurisconsulto que emitía el concepto. Más adelante, el concepto de «*responsa prudentium*», esto es, las respuestas de los jurisconsultos a inquietudes jurídicas, se amplió a las opiniones generales que en materia jurídica fueron consignadas en sus obras.

Desde el principio del Imperio, el Derecho *honorario* alcanzó todo su desarrollo; la obra de los pretores concluye al final del siglo I de nuestra era, y sus edictos ya no se hacen notar por ninguna reforma importante. Además, el emperador Adriano quiere fijar y codificar los principios del Derecho pretoriano. Salvio Juliano, fue encargado por el soberano Adriano de esta misión. Juliano, reúne en un solo cuerpo las reglas publicadas cada año por el pretor urbano y los ediles curules. Después, su obra fue ratificada por un senado consulto. Éste fue el *edictum perpetuum* por excelencia, el que, en lo sucesivo, se cuenta entre las fuentes de Derecho escrito, pero sin que el *ius honorarium* se confundiese, sin embargo, con el *ius civile*.

Con los Severos (S. II d.n.e.) los juristas se engranan con el poder imperial, convertidos en funcionarios burócratas al servicio del *Princeps*. Ulpiano, Paulo o Papiniano serán compiladores que cierran la jurisprudencia clásica. En el S. III desaparece el modelo del jurista libre como creador del Derecho. Será la legislación imperial y los juristas pertenecientes a la cancillería imperial los que generen el Derecho.

A partir de Diocleciano no hubo más remedio que recurrir a las obras de los jurisconsultos antiguos y atenerse a sus decisiones. Pero siendo las obras de los jurisconsultos clásicos muy numerosas y a veces discordantes, a falta de jurisconsultos vivos que resolvieran las dudas y eliminaran las contradicciones, los jueces no eran ya capaces de dominar el volumen de aquellas obras. Tampoco eran capaces los jueces de apreciar los motivos de las decisiones que ciegamente adoptaban en sus fallos y se generalizó la abstención de todo examen personal y razonado, de donde resultó una verdadera manía de citar y alegar las opiniones contenidas en las obras de los jurisconsultos, sin haberlas ponderado ni entendido bien. Este deplorable método, indujo al emperador Teodosio II a dictar especialmente una ley para determinar el uso de las obras de los jurisconsultos. El sistema extraordinario (*extraordinaria cognitio*) estuvo en vigor en forma por demás excepcional en determinados litigios y quedó garantizado a partir del Imperio de Diocleciano, y precisamente ahí apareció la fuerza pública que le dio plena garantía. En el Bajo Imperio, el procedimiento extraordinario sustituyó a los anteriores; cuando la autoridad ya se hacía sentir en la ejecución de la sentencia, el proceso dejó de ser un convenio entre litigantes y se convirtió en emanación del poder del Estado, es decir, en función pública. El magistrado y el juez se identificaban en una persona. Justiniano en el S. VI hace la proeza de compilar el inmenso cuerpo generado por la casuística romana en su *Corpus Iuris Civilis*, los *Digesta* o *Pandectae*, prueba de que lo ve esencial para el mantenimiento de la eutaxia de su imperio romano de oriente.

Señalemos a nuestro favor, que la acepción con que se conoce a la categoría, el vocablo «Derecho», aparece en la praxis judicial. En efecto, es conocido que, a partir del siglo IV, se llamaba a las constituciones que eran justas, «*iura directa*», por lo que fue en la praxis judicial donde se empezó a emplear la expresión *directum*, propia del lenguaje vulgar que desplazó, en definitiva, a la acepción más evocadora de *ius*, en relación a las normas que se correspondían con las prescripciones religiosas y morales.

Sin embargo, la importancia del cristianismo y el Imperio Romano de Oriente se tiende a denostar, cuando en realidad recubrió buena parte del antiguo Imperio Romano occidental y llega hasta *Spania,* aumentando sus territorios más allá del Mar Negro. ¿Cabe preguntar por el papel que desempeño el Derecho en sus mil años de existencia?, ¿y su influencia en el nuevo Imperio católico?

«A nuestro señor Jesucristo», así comienza el *Código* de las recopilaciones de leyes de Justiniano: «El emperador Justiniano, proviniendo la más alta conservación de la República de dos órdenes de cosas, de las armas y de las leyes, y tomando de aquí su fuerza, hizo que la raza afortunada de los romanos descollara sobre todas las naciones, y a todos dominara, así en tiempos pasados, como Dios mediante hará que los domine eternamente». La necesidad que el imperio tiene de un sistema jurídico aparece como el primer elemento que se tiene en cuenta y del que se es completamente consciente. Así se dice en las *Instituta-Digesto*: «La majestad imperial conviene no sólo estar honrada con las armas sino también fortalecida por las leyes (...) y llegue a ser tan religiosísimo observador del Derecho, como triunfador de los enemigos vencidos». Sólo cuando, reinando el emperador León el Filósofo (886-911), la necesidad de simplificar la materia jurídica llevó a resumir toda la compilación justinianea en un nuevo código, que comprendía 60 libros, los *Basílicos* (Βασιλικά o Derecho imperial).

Por lo que respecta al «Occidente», el *Ordo Mellifluus* confirma la tradición ininterrumpida de los estudios de Derecho Romano en el Alto Medioevo, y guardan estrecha correlación con el Edicto de Teodorico y con el *Codex Euricianus*. El *comes gothorum* no era otra cosa que un Magistrado militar encargado de gobernar un vasto territorio y con facultades jurisdiccionales como para resolver las controversias entre Godos y Romanos. El *Fuero Juzgó* o *Liber Judiciorum* es el nombre con que se conoce a la legislación recesvintiana. Recesvinto (649-672) completando la reforma de la legislación visigoda iniciada con su padre Chindasvinto publicó una nueva *Lex Visigothorum* que derogó a toda la legislación anterior «porque no evitaba, con lucidez, las controversias de los litigantes, de modo que (estas leyes) que debieran poner fin a las demandas (calumnias), con ello preparan nuevos lazos de engaño contra ella. De ello nace la multitud de los pleitos, de ellos se derivan las controversias de los litigantes, de ello nace también la duda de los jueces, de manera que ignoran cómo poner término a las demandas despachándolas u oponiéndose pues siempre se encuentra en toda vacilación y duda».

Nos interesa resaltar que esta etapa no tiene nada que ver con el llamado Derecho germánico propio, al contrario, se diferencia de él completamente. Una razón aducida a nuestro favor es la vuelta a procedimientos que tienen que ver con lo que llamamos diferencia específica del Derecho, la escritura en el procedimiento, y con ello, un elemento que diferenciaba la esencia jurídica de toda la justicia moral y religiosa (el Género generador donde no hacía falta justificar las sentencias), a saber, la prueba como base de la acusación.

En efecto, el procedimiento en el *Liber iudiciorum* es más romano que germano. No tiene la publicidad (no hay huellas de asamblea judicial) ni el carácter formalista que entre los germanos tenía. El procedimiento en el *Liber iudiciorum* se entabla a instancia del demandante, a la cual sigue la citación del juez al demandado. Esta citación se hace por un enviado que entregará al citado, delante de personas ingenuas, la carta o sello del juez (*epistulam vel sigillum*). La no comparecencia se castiga con multa y no teniendo el multado para pagar, con azotes (si no era eclesiástico). Contestada ante el juez la demanda por el demandado, se presentaba por ambas partes las pruebas. Primero interrogaba el juez a los testigos, los cuales debían declarar con juramento (It, 4, 2) y después examinaba los documentos. No pudiendo probarse la verdad de la demanda, el demandado podría quedar libre prestando juramento en contra de la reclamación y entonces el que le había reclamado debía pagarle cinco sueldos (lib. II, tít. 1. ley 21 y tít. 2, ley 5). Según disposiciones de los Concilios de Toledo, los obispos debían mirar cómo se portaban con el pueblo los jueces seculares y los agentes del fisco, amonestar a los que obrasen con injusticia, y si no se corregían demandar sus abusos al rey.

Pero la idea que se retoma en la Roma Occidental con el descubrimiento del *Codex es* la idea de *Dominium Mundi,* lo que hace que en el S. XIII, Bonifacio VIII se proclame César y Emperador bajo la donación de Constantino. El «cesaropapismo» de lo que llamamos Imperio de la Iglesia, transcurrirá en años de guerras por las investiduras y el control del «Imperio sagrado -*sacro*-». La importancia del Derecho vuelve a primer nivel, romanistas y canonistas darán lugar al Derecho Canónico como Derecho común en toda Europa, y así ocurrirá con las *Decretales* de Graciano. Es clara en esta evolución la influencia del cristianismo. Las ciudades lombardas habían llegado a un alto grado de riqueza y de prosperidad y la nueva vida que animó sus negocios y comercio exigía un Derecho civil más desarrollado y las compilaciones justinianeas estudiadas a fondo, bastaban a satisfacer plenamente todas las necesidades de la época. Fue Irnerio, quien a principios del siglo XII, estableció en Bolonia, la enseñanza del Derecho romano, separado ya de la retórica y gramática que hasta entonces andaban confundidas, y aun cuando antes ya existían las escuelas de Derecho en Roma, Rávena, Pavía, la reputación de la de Bolonia las eclipsó. Por lo que el verdadero iniciador de la Escuela de los Glosadores fue Irnerio (1060?-1130?), el cual fue llamado por el comentarista Odofredo *maximi nominis et primus illuminator scientiae nostrae*. Por tanto, el primero que según la tradición puso con éxito manos a la obra.

Hay que recordar el papel de las provincias eclesiásticas a nivel administrativo, con sus diócesis, archidiócesis y demás subdivisiones en todo tipo de cuestiones civiles, ya sean educativas, sanitarias, económicas o jurídicas. Es decir, la Iglesia al asumir muchas de las funciones que ahora tiene el Estado, recubre con sus instituciones, en concreto las órdenes monacales, el mundo occidental (tan alargada es esta sombra, que su papel en el Imperio castellano durante los siglos de la Reconquista se sigue viendo en la influencia que la división de las provincias eclesiásticas tuvo en la España de las autonomías de 1978, prácticamente calcada del mapa provincial eclesiástico de 1953).

Chiovenda cifra la continuidad con Roma en el proceso jurídico: «la idea romana es el alma y la vida del proceso civil moderno», pues «la historia del proceso entre los pueblos civilizados modernos se resume en un lento retorno a la idea romana», y aclara «con los años he llegado a una visión más clara y más simple de este fenómeno: la romanidad del proceso civil moderno, examinado en su finalidad, en los medios de prueba y en las formas y en su resultado último; la cosa juzgada», y sin embargo, hasta el Medievo no empieza a configurarse lo que será el Derecho procesal, «el Derecho procesal se debe sustancialmente a Bolonia, lo mismo que el Derecho civil a Roma».

Hay que referirse a los precedentes de esta revolución jurídica para ver la importancia del proceso en la llamada «*questione longobarda*», como se la denomina por la moderna historiografía italiana, especialmente por Gian Bognettig que plantea como primer problema histórico el de la elaboración de un Derecho, el Derecho longobardo, por una escuela, la escuela de Pavía, precursora y antecesora de la escuela de Bolonia. Siendo la prueba el alma del Derecho y del proceso, el análisis de esta quintaesencia ontológica y dialéctica de cualquier época y en cualquier espacio, supone, en buena cuenta un estudio de *prima philosophia* procesal. La prueba, bajo cualquier dimensión que se la mire, constituye, siempre, un tema de meditación fundamental... una *philosophia perennis*; ya que, como dice Sattas, «en todo procesalista... hay un filósofo oculto». Así reaparece el proceso escrito y la prueba judicial (ni *ordalia ni* oralidad germana). Este fenómeno irradió en el siglo XI un renacimiento estético, cultural e intelectual denominado, según una feliz expresión de Charles Hasins, «el renacimiento cultural del siglo XII». Johan Huizinga, profesor en la Universidad de Groninga, ha dicho al estudiar la vida y el pensamiento de Abelardo, ese gran profesor de vida trágica, que «el siglo XII fue una época de inigualada capacidad creadora y formadora. El proceso de despertar y el desarrollo es mucho más real aquí que en el período que los alemanes del S. XIX denominaron Renacimiento».

El prestigio de los juristas de Bolonia extendió por toda Europa la teoría jurisprudencial como operación de la Retórica a un modelo jurídico, a saber, un texto equiparable a la Biblia, el *Digesto*, ya sea en su versión pisana o, en general, todo el *Corpus iuris civilis,* se veía por los glosadores «con la reverencia estupefacta de quien se acerca a un libro caído del cielo». Autores como Silva Vallejo también ven la teoría moderna del proceso originarse alrededor de los textos justinianeos investigados por Irnerio y sus discípulos como el condensado de toda la *legalis sapientia.* En la escuela de Bolonia no solo se origina la ciencia jurídica occidental sino también, la doctrina contemporánea del Derecho y del proceso. Según Odofredo, fue el maestro Pepone el primero en enseñar Derecho Romano Civil y Procesal, por su propia autoridad, a partir del descubrimiento por parte de Irnerio de un documento único, el llamado *codex secundus*, la más elaborada obra del Derecho romano, en una biblioteca de Pisa.

Ahora bien, como vimos en Roma con la «sustantivación» del Derecho al independizarse del *fas*, ocurre aquí al contrario cuando en el año 1219 el papa Honorio III prohíbe la enseñanza del *ius civile* en la escuela de teología de París, amenazando con excomulgar a quien osase transgredirla. La bula *Super speculam* (X.5.33.28), decretará oficialmente la separación de la enseñanza del Derecho y de la teología. Y precisamente, se ha señalado que el lugar en donde esta confluencia de saberes se hace más intensa es en el del Derecho procesal, fijándose en cómo a partir del siglo XII y durante todo el siglo sucesivo, los juristas, los civilistas primero y luego sobre todo los canonistas, se ocuparán preferentemente de las formas del proceso necesarias para garantizar la resolución de las controversias jurídicas. El Derecho romano que se toma de fundamento tuvo que actualizarse de acuerdo a una fenomenología de problemas nuevos que obligaban a una continua reordenación de las reglas del procedimiento como conjunto de pasos formales para garantizar la corrección de la coherencia del mecanismo judicial. Más allá de cualquier intervención de autoridad externa, la adecuación lógica de las decisiones adoptadas como conjunto ordenado de instancias garantiza lo que se entenderá como «verdad procesal», con unas consecuencias que trascienden el ceremonial.

Las analogías con los ceremoniales religiosos son numerosas y evidentes. Del mismo modo que sucede con la misa, el juicio se realiza en un lugar sagrado y dedicado. Se entenderá por qué las analogías entre la salud del alma de que se ocupa la teología y la salud social, terreno de las facultades del Derecho, son tan profundas. La ceremonia de la eucarística y el proceso judicial comparten la convicción de que solo a través de la ejecución de una «liturgia» se puede alcanzar la verdad, sea esta sacramental o procesal. Y el resultado del proceso, sellado por el principio *ne bis in idem*, una vez alcanzada su forma definitiva, no puede ser puesto en tela de juicio, en la medida en que es la manifestación tangible de la sacralidad del «rito».

A nuestro modo de ver, las analogías, que tienen como fondo un traspaso de estructuras formales entre teología y Derecho, derivan de tratamientos pautados sin carácter legal, ni religioso, por haberlo perdido, nos referimos a la representación teatral. A este efecto, el teatro sirve de método de simulación por el cual se enseña, se educa o se forma a una sociedad que está siendo gobernada por instituciones que desconoce cómo son las normas teológicas y jurídicas. Cabe referirse a una obra cuya autoría se atribuye a quien pasa por ser el más excelso jurista de todos los tiempos, nos referimos al *Proceso entre el diablo y la Virgen ante Cristo juez*, con el título de *Tractatus questionis ventilate inter Diabolum et Virginem Mariam coram Cristo iudice*, presente en el corpus de los Tratados de Bartolo de Sassoferrato. Beatrice Pascuita nos lo presenta como un modelo teológico-jurídico por el cual se enseña lo que es un proceso judicial: «el *Processus Satane* es un texto pensado esencialmente para los juristas y, muy probablemente, destinado a la didáctica del proceso». Por lo que toca a las analogías entre la versión jurídica de la cuestión teológica, se conserva la estructura dialéctica de las argumentaciones en pro y en contra y la *solutio* pero transformada en una simulación teatral del proceso. Así resume Pascuita el contenido de los procesos en el Paraíso: «Dios, luego de haber invitado a las dos Virtudes a buscar un acuerdo –que se revela sin embargo imposible–, pronuncia una decisión arbitral en nombre del principio de equidad: es equitativo que el pecado del hombre sea castigado a causa de la Verdad y perdonado por la Misericordia. La solución establecida por el juez supremo consiste en el desplazamiento del lugar que ocupan Misericordia y Verdad: Misericordia subirá al cielo y allí estará junto a Dios para mitigar su juicio de condena hacia los pecadores; Verdad descenderá a la tierra y estará en el corazón de los hombres, de modo que estos adquieran la consciencia de los propios errores y se presenten ante Dios con el justo arrepentimiento. El acuerdo es sellado con la intervención de Justicia y Paz, que ven en este esquema reconocidas sus prerrogativas propias. Se trata de la principal fuente a través de la cual se conoce el proceso de Jesús, tanto que ha sido atribuido –por la tradición– al mismo Pilatos. En la versión más completa, el Evangelio de Nicodemo.»

Pues bien, lo que nos interesa es lo que tiene que ver con la estructura procesal. Pues los juristas civilistas fueron los primeros en lanzar una reflexión sobre el ceremonial judicial, donde el proceso es un *actus trium personarum*. Según la celebérrima definición que se encuentra ya en Búlgaro, glosador, alumno de Irnerio y autor, en torno a 1140, de un pequeño tratado *De iudiciis*, normalmente considerado el primero en su género, donde los tres sujetos que animan la acción procesal son el demandante (actor), el demandado y el juez. El actor es el *intendens*, es decir, el que declara querer algo y reivindica un derecho que según él tiene; el *reus,* o demandado, es el que *intentionem evitans*, es decir, quien resiste a la demanda del actor, y el juez, finalmente, *in medio cognoscens*, es el tercer sujeto, el que está entre las partes con el deber de conocer las «verdades» planteadas y dar su solución.

Los problemas relativos a la normativa procesal aparecen en el *Processus Satane* inmediatamente con el problema de la representación o personalidad jurídica, y así la primera fase del debate está centrada sobre el reconocimiento de la legitimidad a actuar en juicio. El diablo pone en duda la legitimidad de la Virgen en tanto abogada del género humano, haciendo las dos objeciones más evidentes, el sexo y el parentesco con el juez. El debate prosigue entre las partes y se concluye, como impone la doctrina, con las respectivas demandas: el diablo pide que la humanidad sea condenada porque ha desobedecido a Dios y lo ha hecho con dolo; la Virgen, por su parte, pide solemnemente que el juez libere al demandado de la demanda, pues ha sido inducido al pecado por el engaño del diablo y la debilidad femenina. El juez no se limitará a negarle al diablo la posesión del género humano, sino que lo condena *ad infinitum*, relegándolo por la eternidad al infierno.

Las analogías procesuales, que son las que nos interesan, no sólo son de proporción sino de atribución, pues si la representación se inicia en el ambiente civilista, da sus frutos más maduros en el mundo de la canonística, precisamente porque ideas fundamentales del Derecho y la Teología, como es la idea de Persona, nacen en el teatro griego con el *prósopon* o máscara para hablar en público, por lo que Bártolo de Sosaferrato está situado sobre la base misma de la analogía. El problema de la acción en nombre de otro es inherente a la existencia de la Iglesia y de su pontífice: la primera, cuerpo de Cristo, actuaba siempre por cuenta de otro sujeto; el segundo, Vicario de Cristo, dependía, para la validez de su accionar, de la representación (lo que se discutirá en el Concilio de Trento). Más allá del dato teórico y teológico, el problema de la representación era de vital importancia para la existencia misma de los entes eclesiásticos, de esas estructuras que se comportaban como personas (personas jurídicas), y que la ficción del Derecho había dotado de la capacidad de actuar como si se tratase de personas físicas. La doctrina era unánime en declarar que el procurador, es decir, el que actúa en juicio por cuenta de otro, habiendo recibido un mandato explícito, deviene él mismo *dominus litis*, es decir, se substituye materialmente al propio representado, es la persona que actúa en el proceso y por la tanto padece los efectos de la sentencia. Y era circunstancia particular, pero bastante frecuentes que las mujeres, incluso no siendo reinas o abadesas, pudiesen actuar en juicio.

Las conclusiones que se pueden sacar son muchas, nos fijaremos en las diferencias, como es normal en una analogía, sobre las funciones de los analogados, teatro, teología y Derecho. Las similitudes están en su carácter ceremonial y práctico normativo, así como en la necesidad de sus funciones educativas, formativas, pues hay que educar, moralizar e instruir sobre el funcionamiento de las instituciones. En cuando a las diferencias fundamentales, señalaremos el estatuto que cabe dar a la idea de persona en cada ámbito, en el del teatro como forma de una ficción (ser un «personaje irreal») en la liturgia religiosa participar de una dignidad divina (que no existe ni tiene consecuencias justas o misericordiosas en el otro mundo) y en el Derecho, acceder a las prerrogativas en la solución de conflictos, como hemos dicho, un supuesto vinculado a las consecuencias de sus actos (son esas consecuencias las que hacen más real y democrático el papel del representante en Cortes de las municipalidades medievales, que el papel del representante del pueblo en los partidos políticos actuales).

En todo caso, la utilización de las fuentes romanas remite a un Derecho imperial que está en la línea de las ideas monárquicas y principescas que están tomando carta de naturaleza en toda Europa durante el siglo XIV y principalmente en el imperio de las *Partidas*. Al efecto hay que entender la importancia del Derecho en la extensión del Imperio católico español por todo el mundo. Un imperio que hay que medir desde la misma idea de Mundo, es decir, sólo se puede medir desde la aparición de la verdadera idea del globo, la esfera terrestre en su involucración con las esferas celestes. El verdadero mundo que pisaban los hombres, desconocido para la *ecúmene* y todos y cada uno de los sabios de la antigüedad no se conoce en su totalidad hasta el descubrimiento de América. Se comprende que las transformaciones del Derecho a este nivel aparezcan con los moralistas de la llamada segunda escolástica española, el *ius gentium* que iba dando paso al Derecho internacional. Pero también a los fundamentos del Derecho positivo. Será la escuela de Salamanca principalmente, la que se haga cargo de la repercusión legal y jurídica del nuevo mundo (que es el mundo entero, no sólo América): Vitoria, Molina, Soto, Suárez, Menchaca y un largo etcétera, ponen las bases para la progresiva secularización del Derecho en Grocio, Locke, &c., los que transforman los contenidos metafísico-teológicos en metafísico-humanistas.

Pero donde hay que insistir, para ponerlo en continuidad con el Derecho Romano, es en la labor que los letrados hacen en la implantación del Derecho en América. Ya se ha señalado muchas veces que el Derecho indiano es un Derecho real, efectivo y en marcha que mantiene la eutaxia del Imperio y va integrando aspectos religiosos, morales, económicos muy distintos, limando costumbres y razas, en lo que se llama la *Pax hispana*. Por citar alguna tesis al respecto, Pérez Prendes ve formarse la idea moderna de Estado de Derecho alrededor de la corona y el Derecho indiano en la América española cuando señala cómo la «inexistencia» de gobiernos obliga a juzgar sin barreras señoriales, requiriendo la formación de una burocracia muy numerosa y una magistratura consciente de su papel vertebrador del sistema y profundamente profesionalizada. El Derecho indiano se convierte así en acelerador del Estado moderno de Derecho, pues a su juicio, se establecen unos aparatos y cuadros jurídico-políticos cuya jurisdicción se extendía por miles de kilómetros sin competencia o rivalidad con otros poderes. De modo que las formas jurídicas del Derecho indiano son un ejemplo del más elaborado y efectivo Derecho práctico como base de la eutaxia de un Imperio diapolítico como el de la Monarquía Hispánica, dilatado, extensísimo y diversificado, pero involucrado esencialmente con la España europea.

El Imperio católico (universal) que durante 300 años está llevando a cabo la transformación del mundo, principalmente al establecer las rutas de comercio en el Atlántico y el Pacífico, al «coser» la economía a nivel global con el «real de a ocho», tendrá su fin con la aparición de los imperios vinculados a una nueva ideología, la holización francesa que las izquierdas van a implantar progresivamente con la expansión del imperio napoleónico, el alemán y luego el inglés, lo que transformará el Derecho. Los códigos civiles y de comercio primero, y el Derecho alemán después, ponen las bases de la mueva jurisprudencia, sólo delimitada por el *Common law* y el posterior Derecho comunista.

Como consecuencia de la lucha imperial del S. XIX y XX salen victoriosos los Estados anglosajones y sus formas de Derecho. Ahora bien, ya hemos visto que las normas consuetudinarias no son propiamente el origen del Derecho, las *mores maiorum* romanas, o el *Common law*, serán Derecho sólo cuando se utilicen por la jurisprudencia y tengan carácter vinculante (del que se conocen compilaciones, que quizás fueron usadas en forma ocasional, pero que ya existían o circulaban entre el S. XII y el S. XIV). En Inglaterra, además, el *Common Law* no asumía los asuntos del Derecho mercantil, los cuales eran conocidos por los *mercantile courts*, es decir, las cortes mercantiles. Tampoco se llevaron al *Common Law* los asuntos puros de Derecho marítimo, los que se consideraban bajo la competencia del *admiralty court*, es decir, la Corte del Almirantazgo, el que desde la misma revolución industrial fue exigiendo más asentamiento y seguridad en la vida jurídica de Inglaterra, a consecuencia de lo cual, el Parlamento británico se convirtió, con su actuación *legiferante*, en la fuente principal del Derecho. Ronald Dworkin, profesor de Harvard, vinculaba estos procesos mercantiles a sus tesis cuando decía: «podemos sostener (como hicieron algunos autores) que el Derecho será económicamente más eficiente si da margen para que los jueces tengan en cuenta el influjo económico de su decisión».

En Alemania, el Derecho consuetudinario del Romanticismo Jurídico tuvo como precursor al jurista Gustav von Hugo, siendo sus figuras más sobresalientes los juristas alemanes von Savigny y Friedrich Puchta. El Derecho se concebía unido indisolublemente con el lenguaje, las costumbres y la cultura, bases de la nación, a saber, la del nuevo Imperio alemán. De todos ellos hay que fijarse en los principios subjetivistas de la tradición protestante del Derecho. Los pandectistas alemanes posteriores llevarán esta concepción a su máxima expresión. Su principal objetivo fue trasladar del plano iusnaturalista al plano positivo la idea del individuo sujeto de derechos y todos sus atributos, construyendo sobre su potestad de querer el sistema jurídico. La eficacia de los derechos públicos subjetivos se encontró, desde la obra de Jellinek, ligada al Estado de Derecho, en la medida en que en el contenido material de esta concepción del Estado se encuentra en la consideración del valor político de los súbditos como portadores de derechos cuya pervivencia exige una organización del Estado determinada que les proteja. Por esta razón, los diferentes períodos de crisis del Estado de Derecho han tenido su reflejo en la teoría de los derechos públicos-subjetivos. En general el liberalismo posterior la Segunda Guerra mundial viene por la vía iusracionalista kantiana de los derechos personales, subjetivos en el fondo, los derechos como facultad, frente a la iusnaturalista del Derecho como posición de la cosa, pues en el fondo las relaciones se entienden desde los sujetos libres enfrentados al Estado.

PARTE IV
Sobre la esencia del Derecho

PREFACIO

Qué sea el Derecho, cómo se organizan los fenómenos del campo jurídico, cómo se concatenan sus conceptos y cuál sean los mecanismos de su evolución son temas que debe explicar cualquier filosofía del Derecho. Por lo que esta parte es el centro del ensayo.

Pero como doctrinas sobre el Derecho hay muchas, parece conveniente situarnos, indicando nuestra posición en su conjunto. Para ello hay que clasificarlas.

Las teorías o doctrinas sobre la esencia del Derecho, o simplemente sobre los fenómenos jurídicos, se suelen tomar de su desarrollo histórico, cual lista de lavandería (iusnaturalismo, iusracionalismo, positivismo, realismo jurídico, constitucionalismo, &c.). En el apéndice a la primera parte hemos ofrecido criterios ontológicos y gnoseológicos de carácter general para entender a qué obedecen los cambios que afectan de algún modo a los fundamentos del Derecho (junto al resto de categorías). Pero la clasificación de los modos de entender el Derecho será propiamente específica cuando se levante desde los modos de organizar el campo de sus fenómenos y sus conceptos. Es decir, si las tesis sobre la voluntad, la razón, Dios o la Naturaleza afectan al Derecho, también afectan a la economía, la religión o la ciencia, y lo que nos interesa ahora no es algo genérico, sino específico de la categoría por lo cual se expliquen sus estructuras y su evolución «interna».

Clasificación de cuestiones de las ciencias del Derecho

Orden gnoseológico / Orden ontológico	Aspectos existenciales o históricos	Aspectos esenciales o estructurales
Nivel fenomenológico (emic)	(1) Fenomenología de la realidad jurídica	(3) Constitución y comparativa legal
Nivel ontológico (etic)	(2) Fundamentos e historia del Derecho	(4) Sistemática jurídica

Lo que nos interesa de esta tabla es el cruce entre la fundamentación del Derecho y su sistemática interna. Lo que, por así decir, tiene que ver con su materia (contenidos ontológico propios de la segunda casilla de la tabla) conjugada con su forma (la ordenación gnoseológico sistemática de la cuarta casilla). Nos oponemos así, a los tratamientos epistemológicos de carácter idealista (espiritualista) que toman como criterio clasificatorio las ideas de sujeto/objeto, y por así decir, basculan entre el fundamento interno (subjetivo) y el externo del Derecho (objetivo).

Lo que hemos llamado ósmosis o filtrado normativo de materiales según se incorporan al campo formal del Derecho tiene una dirección de entrada para su tratamiento jurídico y uno de salida, en su reincorporación a los «engranajes» originarios de partida. Identificar este «mecanismo» requiere entender cómo funcionan las técnicas jurídicas, de modo que el problema del papel que juega el Derecho en la sociedad tuvo que estar presente en sus orígenes. Para ilustrar la naturaleza de los problemas teóricos relacionados con este problema, que enfrentaban a las primeras escuelas de juristas, vamos a referirnos a una de las disputas más interesantes que se suelen citar, a saber, el problema de la especificación. Cuando los primeros jurisconsultos discutían la especificación, es decir, la primacía de la materia o la forma, como un problema fundamental del Derecho, estaban discutiendo sobre las mismas funciones del Derecho (independientemente de cuál sea el contenido que cada una de ellas atribuía a una u otra). Se trata de una discusión donde están involucrados directamente los principales conceptos jurídicos sobre los que se define una filosofía del Derecho, a saber: la materia del bien, la forma en que se modifica, la normativa, la propiedad del mismo, la coactividad, la corroboración judicial, la re-composición de los «hechos», la verdad judicial, &c.

Por especificación se entendía la transformación substancial de una cosa en tanto la materia adquiere una nueva forma, de modo que el «bien» aparece como un objeto «nuevo», de distinta «identidad», naturaleza o especie. La problemática jurídica aparece cuando el especificador ha transformado una materia ajena y hay que decidir si el objeto transformado pertenece al propietario de la materia (donde se pone su valor) o al especificador (donde el valor depende del trabajo), por lo que algunos comentaristas ligan el problema de la especificación al comercio (motivo por el cual sigue siendo objeto de disputa en los códigos actuales).

Las opiniones de las escuelas citadas eran las siguientes. Los Sabinianos opinaban que la forma debe ceder a la materia, y que el propietario del bien debía considerarse como propietario legítimo del nuevo objeto. Los proculeyanos daban más importancia a la forma, pues creían que la forma antigua había desaparecido con el nuevo objeto y sostenían que la propiedad del bien pertenecía siempre al artífice. Otros jurisconsultos hacían una distinción, y según que el nuevo objeto pudiera o no reducirse a su primera forma, daban la preferencia al propietario de la materia o al especificador. Como se ve, la clave aquí está en lo que llamamos proceso de anamórfosis, frente al proceso de reducción inverso (algo sobre lo que hablamos en la Proposición XX y XXII de la parte ontológica).

Justiniano adoptó la posición intermedia citada. Si el nuevo objeto puede restablecerse a su primitiva forma, pertenece al dueño de la materia, por ejemplo, el vaso de bronce, en tanto puede reducirse por medio de la fusión a una masa de bronce, pertenece al propietario del metal (Paulus, fr. 24 «de adq. rer. dom.», XLI, i). En caso contrario pertenecerá al especificador. Por ejemplo, el vino hecho con uvas ajenas, el aceite hecho con aceitunas de un tercero, el vaso de mármol y otras cosas semejantes que no pueden recobrar su antigua forma, pertenecen al especificador (*Instituciones*, de «re. Div.»). Cuando el especificador haya empleado en parte materia propia y en parte ajena, queda propietario del nuevo objeto, aún en el caso de que éste pueda recobrar su antigua forma (*Theophilus*, ad. h I.).

La analogía gnoseológica que nos parece pertinente subrayar, consiste en tomar los fundamentos materiales que toma el Derecho de categorías socio-económicas y los fundamentos formales de las normativas que implican el tratamiento técnico jurídico para su aplicación. Esta analogía nos sirve para ilustrar la propia transformación de un fenómeno socio-económico (materia normativa no jurídica) cuando se especifica desde otra categoría, como ocurre cuando se tramita jurídicamente. Así, cuando un hecho social o político pasa a formar parte de un juicio, el especificador es ahora el jurista, y por tanto es el proceso de formalización lo que determina la naturaleza sustancial de la normativa sobre la cosa juzgada, si es distinta de su categoría originaria. El jurista trabaja con una forma normativa sobre la materia que, por así decir, se extrae de su lecho, pero cuando se tipifica jurídicamente, ya no se devuelve a su naturaleza anterior del mismo modo, sino que el jurisconsulto está transformando o especificando las normas sociales al crear Derecho, es decir, al establecer juicios que serán institucionalizados por el Estado.

La razón de esta necesidad deriva de la novedad que supone una sociedad política imperial en permanente cambio, y este cambio es el que se juzga por el Derecho. De modo que nos encontramos con un «especificador» que transforma la cosa en un primer plano operatorio (como propietario o no), y, cuando se juzga estamos en un segundo plano operatorio donde el especificador es ahora el jurista, cuyo criterio es, si la materia que se juzga se reduce a la norma socio-económica, religiosa o de otro cariz, o si no es posible y hay que especificar una nueva donde quede especificado jurídicamente. Diríamos, se trata de un problema que comprende la necesidad del Derecho tanto en su trámite de partida, pues tiene potestad para admitirla a trámite, es decir, requiere un análisis de su «especificidad» jurídica, pero sólo con el veredicto o resolución judicial se justificará la norma a aplicar, de modo que si no puede juzgarse hay que devolverla a su materia normativa originaria, y si se juzga podrá justificarse desde una norma ya establecida o crear una nueva, generando jurisprudencia para casos posteriores de este tipo.

Así, la polémica sobre la especificación aplicada a la propia norma se puede entender como una reflexión sobre la especificidad del Derecho que está naciendo con las transformaciones técnicas del mundo y sus repercusiones sobre la propiedad, es decir, sobre la capacidad de especificar o no a quien pertenece. Por lo que vamos a trasladar las versiones sobre la problemática al propio núcleo del Derecho.

Lo que la categoría jurídica ejercita es la idea de que la cuestión sobre la restitución de la propiedad o su cambio es la esencia del proceso, aquello en que consiste el juicio sobre la ruptura de la norma y la tipificación del delito. El proceso judicial es el punto donde se apoya la producción normativa de segundo grado respecto de las transformaciones sociales de primer grado, donde se toma como modelo la producción de vino y metales, por lo que vemos como la idea de la esencia del Derecho está tratada sobre el hilemorfismo de la razón institucional que está apareciendo en la evolución histórica y que debe asumir el campo jurídico.

Preguntamos entonces ¿puede el Derecho, como especificador, juzgar o establecer la normativa sobre la propiedad anterior o no? Si la puede re-establecer o no, es porque tiene una ley o genera otra, entonces la normativa sobre materia social, civil o penal queda incorporada a su campo y puede juzgarla (recordemos que las codificaciones en materia penal, mercantil, administrativo, constitucional, &c., son del S. XIX, veinte siglos posteriores) si puede introducir la «materia» del entorno del Derecho en el proceso judicial y restituirla o modificar el contexto normativo inicial (su contorno legal), entonces estamos ante el campo específico del Derecho.

Las tesis de Justiniano vienen a asumir y «justificar» (mediante «juicios» o procesos jurídicos) los procesos de transformación del mundo cuando aporten novedades, formas nuevas, positivas, es decir, conceptos económicos, sociales o políticos que vayan produciendo modificaciones que repercutan sobre la propiedad de los bienes, es decir, el Derecho será el encargado de institucionalizar novedades históricas juzgando su coordinación con el resto. La propiedad no tendrá una materia inamovible, fija, eterna (como podría ser la que da la «naturaleza» agraria o animal) pero tampoco podrá cambiarse a voluntad por la fuerza o por una mera convención. Dicho en el segundo plano operatorio, la normativa socio-económica, religiosa, moral, no será independiente para solucionar sus problemas, ni el Derecho aplicará unas leyes convencionales (postizas) o formas fijas e inmutables ajenas a la materia que trate, sino que las toma de su ajuste a las nuevas formas-materiales, pues no podrá juzgar y asumir las novedades históricas si no adaptan la normativa a los nuevos fenómenos en marcha, asumiendo como cambios lo que no pueda reducirse al estado anterior y hay que asumir como modificación de la propiedad (determinando lo que será norma de delito o no) y conservando lo que no requiera un cambio normativo real, pues prima la materia anterior, conservando la jurisprudencia romana que se recopila y reajusta sucesivamente, tanto por Justiniano, el S. XII del Medievo Occidental como en el S. XIX.

La especificación en el Derecho supone conjugar la norma política con la materia socio-económica *in media res*. La analogía que hacemos sobre la tesis de la propiedad de Justiniano hace que el Derecho no pueda aceptar que toda forma se reduzca a la materia anterior, ni que las formas nuevas transformen la materia a su elección, sino que tendrá que «conjugar» (procesar o juzgar en cada caso) materias y formas, en cuanto el Derecho se define por determinar en qué casos se da «a cada uno lo suyo». Por lo que el criterio de la reducción o la anamórfosis aplicado al Derecho, supone un proceso (o procedimiento) por el cual se pueda ir conjugando la materia y la forma de manera constante, acompañando los cambios del abigarrado mundo que domina el Imperio. Y si no puede, generar nuevas leyes para reajustar cada conjugación concreta, siempre desbordada por la materia. Este criterio de ajuste entre la especificad del Derecho como especificación de la propiedad es el que tomaremos en el Apéndice a esta parte como criterio de la evolución histórica de los sistemas jurídicos.

Resumiendo un asunto del que caben muchas lecturas: suponemos que hay una analogía entre la transformación de las cosas (materias en formas) respecto de su propiedad, y el papel de las normas jurídicas (formas o normas nuevas sobre la propiedad) respecto a otras normas sociales. La transformación en las relaciones sobre la propiedad de las cosas depende de su producción, la transformación de las relaciones sobre las normas de la propiedad también depende de su producción (jurídica). Cuando las formas cambian esencialmente de especie, la «res», la cosa producida aporta algo que impide su vuelta atrás (a la materia formalizada anterior), determinando su nueva propiedad (lo que afectará profundamente al modo de producir y al modo de comerciar). Del mismo modo ocurrirá con la producción de normas, pues los conflictos normativos cambiarán de «especie» cuando la norma jurídica (del Estado) establezca una nueva legalidad de modo recurrente, cuando la norma que se aplica para solucionar un conflicto (por ejemplo sobre la propiedad de las cosas) ya no se pueda reducir a las normas de categorías anteriores (por ejemplo, la propia ley de las XII Tablas), pero sobre todo porque esa norma puede regir para otros conflictos semejantes, hasta que estos no cambien y obliguen de nuevo a la transformación de la norma. La especificidad del Derecho aparecerá con la recursividad de estas transformaciones institucionales a nivel histórico-político.

Dicho de otro modo, el Derecho no consistirá en aplicarse a todo, tesis cercana a los proculeyanos (como si el Derecho fuera el transformador de la sociedad), o suponer un orden dado natural inamovible, al que hay que volver siempre, lo que hacían las leyes morales o religiosas (el *fas*) justas y divinas. Antes bien, la teoría de la restitución o la anamórfosis si hay un «bien» nuevo, consiste en otorgar al Derecho una función constatadora (institucionalizadora) de los procesos de producción y transformación del mundo de modo actualista en términos de la propiedad social o civil, con lo cual el Derecho no hace más que acompañar el orden cambiante del mundo en función de la eutaxia del Estado, y esto es lo que parece certificar Justiniano. El criterio de restitución de formas niega al Derecho la capacidad de entrar en la especificación de materia no tipificada, la función del actualismo eutáxico nunca consistirá en aplicar un «deber ser» ajeno a la realidad (por ejemplo, de modo revolucionario), a la vez que niega las tesis de los sabinianos sobre una materia inamovible (el derecho natural eterno), como eran las normas justas y eternas de las XII Tablas. El Derecho existe en el proceso judicial que en cada caso debe juzgar si se determinan restituciones en sentido negativo, si la modificación es contraproducente o inviable, por lo que será ilegal y se devuelve a estado anterior, o positivo, la modificación es correcta y no hay delito, aceptándose la nueva forma como legal. Y si no tiene elementos de juicio, tendrá que modificar su propia forma legal creando nueva jurisprudencia (nuevos conceptos jurídicos) para acompañar los cambios en la realidad, que es la que manda en función de la eutaxia o equilibrio del Estado. Estamos ante una nueva especie de normatividad «intercalada», el campo jurídico.

Atendiendo al criterio de las relaciones entre la materia y la forma distinguiremos seis modos generalísimos de entender el Derecho:

1- Teorías que niegan tanto el fundamento material como el fundamento formal del Derecho, son aquellas que se ciñen a la positividad misma del Derecho.
2- Teorías que sitúan el fundamento del Derecho en su materia, se diferenciaran según el modo de concebir la «naturaleza» de sus contenidos:
    A- Teorías que ponen el fundamento del Derecho en la naturaleza de las cosas.
    B- Teorías que entienden la materia del Derecho desde bases

psicológicas o sociológicas para determinar los juicios, en función de los sentimientos o las expectativas de los sujetos.

C- Teorías que fundamentan el Derecho en el carácter relacional o abstracto de sus contenidos.

3- Teorías que ponen el fundamento del Derecho en la forma, independientemente de la naturaleza o materia que configure.

4- Teorías que ponen el fundamento del Derecho en la conjugación entre la materia y la forma del Derecho.

1- El positivismo jurídico: el Derecho no tiene un fundamento ni formal ni material de carácter transcendental (término que, frente al idealismo, aplicamos a aquellos contenidos con capacidad para extenderse recursivamente a otros campos del espacio antropológico), sino como reducción a su aspecto factual, positivo. El Derecho sólo comprende «hechos normativos», las causas o fundamentos funcionalistas, sociológicos o psicológicos, o aquellos que acuden a algún mandato positivo pero revelado (dado históricamente), no importan tanto cuanto que se toman como hechos positivos. Igual que Ockham atiende a la voluntad de Dios, que podía virar completamente el signo de las normas que son fuente de la obligación, así se toman los dictámenes o las leyes constitucionales, demostrando que no importa cuál sea el origen o la causa de la norma, sino su constatación o vigencia. Se trata de planteamientos donde el fundamento científico-positivo se asemeja mucho al teológico-positivo porque parten de la normativa dada, en cada caso de un modo, por lo que el científico debe atenerse únicamente a la «descripción del hecho normativo». Hans Kelsen justificaba tal cientificidad en analogía al físico que describe un hecho natural en función de las leyes causales que actúan en cada caso, así el teórico del Derecho describe un hecho jurídico en función de las leyes que actúan en cada caso, solo hay que cambiar conceptos como «causa» por «imputación», «efecto» por «perjuicio», ley natural por ley constitucional, &c., y obtenemos ciencias homologables.

Son tesis que defiende el Trasímaco de la República de Platón, donde el Derecho es ley vigente mientras lo sea, aunque lo sea por imposición del más fuerte. De modo que esta posición adquiere la forma de un relativismo moral pegado al pragmatismo empírico que lo determina. El tratamiento «formal», retórico, positivo, convencional de las normas permitía en el caso de los sofistas pasar de unas ciudades griegas a otras con independencia de las razones que diferenciaban sus leyes y sus constituciones. Una «independencia» de la materia jurídica que les permitía moverse de un sistema normativo a otro sin tener que pronunciarse, sin tomar partido por la norma justa o válida. La ley es válida si es ley. Se comprenderá que el iusnaturalismo se transforme en positivismo en los Estados reformados y las guerras en que se imponen las tesis de la los *Elementos de la ley natural y política* de Hobbes. Del estado de naturaleza se pasa al estado civil a través de la «puesta» en marcha de formas contractuales (positivas) con el fin de garantizar el orden y la seguridad del Estado.

Tal positivismo jurídico agradece mucho la sistematicidad normativa a la hora de justificar unas normas en otras y no salirse de la inmanencia jurídica. Lo que no quiere decir que se busque un fundamento trascendental en la lógica deóntica, sino que sencillamente permite establecer causas, consecuencias, razonamientos y pruebas de modo interno al ordenamiento. El conocimiento de este campo normativo da un áurea de brillantez a la práctica jurídica de quien conoce al milímetro el campo donde se mueve el jurista cuando utiliza excepciones a la norma, subterfugios legales, trampas procedimentales, atenuantes de la pena, &c. Hay que prescindir de todo fundamento, y del mismo modo que no se exige tomar partido a fiscales, abogados, se les permite realizar funciones de parte en los juicios con la imparcialidad de sus fines profesionales, pero sin tener que identificarse con la causa que defiende, en cada caso, distinta. Se comprende que el positivismo jurídico sea el modo más cómodo y adecuado al profesional que tiene que partir de premisas como la presunción de inocencia o defender fines de parte prescritos por el procedimiento con independencia de cualquier «verdad» ajena al mismo, es decir, con independencia de una materia o una forma ajena al procedimiento. Cualquier otra posición de parte respecto a la norma o respecto al hecho que influyese en el juicio le haría renunciar, de modo que, si las tiene, como buen profesional, tiene que obviarlas. Esto lleva a ecualizar en la práctica el relativismo más absoluto del absolutismo más dogmático.

Aunque el positivismo, realmente sólo fuera una crítica a las concepciones trascendentales que remiten a un fundamento moral, ético, axiológico o «justo» en los procedimientos, tiene como efecto práctico dejar la norma desligada de cualquier vínculo ajeno a la jerarquía normativa, lo que la permite explicarse desde sí misma, adquiriendo un aspecto cerrado, propio, preciso, que convierte al teórico del Derecho, como hemos hecho, en un especialista en su campo, un «científico».

Partir de la norma dada, con independencia de su fuente, pues la legitimidad se establece desde el sistema ya formado, lleva a positivistas como Kelsen a fundar tal positividad en un Derecho internacional universal que le permita salir al paso de la crítica a la aplicación «perversa» del Derecho que llevaron a cabo regímenes como el nacional-socialista, a todas luces dependiente del sistema de fuerzas del momento. Será a partir de las codificaciones del S. XIX cuando el Derecho se identifique con la ley cuando el positivismo campe por sus anchas. Esto hace que la escuela pandectista pueda acogerse a la historia positiva del mismo Derecho, aunque autores como Puchta vean su fundamento en el «espíritu de pueblo» como conjunto de fuerzas latentes, y Savigny entienda el Derecho como «lo que llega a ser» en su mismo discurrir histórico, donde se forma una dogmática que se recoge de la elaboración de sus principios, por ejemplo, a partir del *Corpus Iuris Civilis*, y que sirve de base sistemática para que el Código civil alemán convierta el Derecho en una ciencia (nos remitimos a la extensa crítica que hace Jesús Vega a *La Idea de ciencia en el Derecho*).

2- El materialismo jurídico pone el fundamento del Derecho en los contenidos materiales que lo transcienden. Sin embargo, como hay contenidos materiales que determinan la conducta o los juicios de distinto orden ontológico, se atenúa el carácter inmanente o transcendente en cada caso según se refiera a un género de materialidad especial o a modos de su combinatoria (de los que aquí prescindimos)

A- El materialismo jurídico «naturalista»: cuando el Derecho trata de representar o formalizar algún orden de cosas entendido como justo, equilibrado, proporcional estamos ante fundamentos naturales a los que hay que ajustar el orden jurídico. El orden correcto se asemeja a un organismo sano, y el jurista al médico que restaura ese orden, en la misma medida en que se ha «torcido», se ha desajustado.

El iusnaturalismo tomista de carácter ascendente no necesita ir a buscar las razones últimas de la ley positiva en un *Deus absconditus*, sino en la misma naturaleza de las cosas creadas por Dios. El hombre de acuerdo a su esencia tiene una serie de necesidades vitales y sociales que la ley tiene que proteger y promover, principalmente la propiedad. El Derecho natural es por tanto la fuente del Derecho y la legislación. La legislación será ajustada a la naturaleza de la cosa en cuando va «derecha» al cumplimiento de sus fines propios. Posiciones iusnaturalistas ven en el origen del Derecho romano la esencia de la norma jurídica cando se atiene a la «res», a la cosa misma (los llamados derechos reales).

Villey señala a los bienes como fundamento del Derecho, pues «las cosas» (*res*) son las «causas» de los procesos, según sean cosas «corporales» e «incorporales», una distinción que habían elaborado filósofos estoicos como Cicerón, al diferenciar en los *Tópicos* entre aquellos bienes «que pueden ser vistos y tocados» y los que «no se pueden tocar» (cómo hace Gayo en las *Instituta*), poniendo como ejemplo de bienes no corporales la *hereditas*, el usufructo, las servidumbres, las obligaciones, &c., y como ejemplo de aquellos que contienen cosas corporales: casas, esclavos, oro, &c. De modo que serán un conjunto de «cosas», aquellas que, como un crédito, una deuda o una *hereditas*, no pueden tocarse ni verse.

Cabe citar como casos de materialismo jurídico grosero más actuales. Nos referimos a la distinción que el materialismo energentista del S. XIX hacía entre fuerza y materia (Buchner) y la aplicación práctica de las leyes antrópicas de la termodinámica de Ostwald, en cuanto alcanzaban a todo orden categorial normativo como criterio de sus juicios, a saber, si contribuían al ahorro de energía.

Pero no hay que irse tan lejos, basta acudir a la idea de «orden concreto», a la idea de institución práctica de Carl Schmitt, para ver el Derecho construirse en torno a realidades concretas, precisas y distintas en cada caso. Frente al voluntarismo de la ley o las codificaciones modernas, son los órdenes concretos los que dan realidad a las construcciones jurídicas. Su crítica a los formalismos y los positivismos, así como su defensa del decisionismo se fundamentan en instituciones que tienen una funcionalidad material.

B- El materialismo jurídico psicológico: la jurisprudencia es parte de la organización social, por lo que sirve a su bienestar, por ejemplo, entendido como lo mejor para el mayor número, es decir, la suma de placeres particulares. El materialismo segundo-genérico (M_2) tiende a justificar instituciones, leyes y fines del Derecho desde aspectos psicológicos de los sujetos, y en tanto viven juntos, de las sociedades en que encuentran satisfacción a sus necesidades. En último término el Derecho se fundamenta en la conducta, ya sea del reo, de la víctima o del mismo juez que tiene que decidir qué es lo más justo al caso.

Así se puede ver la función jurídica como una ingeniería social que utiliza una serie de reglas y procedimientos para ajustar los intereses concretos y sus repercusiones en la vida social.

El realismo jurídico escandinavo cree tocar tierra firme cuando fija la utilidad de la norma en el razonamiento mental del sujeto que elige el camino para llegar a los fines que persigue en función de perjuicios y beneficios. Si el Derecho tiene aquí una función es provocar temor a una sanción. La norma tiene vigencia si sus consecuencias se sienten como partes del razonamiento. Los conceptos jurídicos, en definitiva, son conceptos formales, psicológicos. La escuela de Uppsala siguiendo la tradición del empirismo inglés sitúa los conceptos jurídicos en torno a las reacciones psicológicas de carácter sentimental. Los verdaderos «hechos» no son las normas en sí, o el deber ser impuesto a la conciencia, sino las reacciones psicológicas que provocan. De modo que el análisis del Derecho se centrará en su estructura lingüística específica, su carácter imperativo, directo; centrando su cientificidad práctica en la predicción de los razonamientos que va a seguir el juez en sus veredictos.

Tanto el utilitarismo que va de Bentham a Austin, como el realismo que va de Olivecrona a Ross, son formas del psicologismo en que se fundamenta el Derecho. De modo análogo, el pragmatismo economicista al modo de Hayek, ve el Derecho como un «seguro contractual», y por lo tanto dependiente de los proyectos del individuo libre que busca maximizar beneficios. En este sentido va toda la concepción del Derecho entendido como una práctica cuyo control está vinculado a la voluntad de los sujetos. Este es el vínculo psicológico que une el Derecho al contexto socio-cultural donde se fijan los órganos de poder. El pragmatismo norteamericano de James o Rorty, que ancla los valores en las experiencias de los sujetos, adopta versiones post-modernas vinculadas a los sentimientos de pertenencia a colectivos de minorías que buscan su espacio de poder, ya sean lesbianas, ecologistas, veganos, &c. La reciente introducción de las normas tradicionales étnicas en las constituciones de sus respectivos países viene circulando como parte de nuevas corrientes jurídicas como el neo-constitucionalismo, llegando a traspasar funciones jurisdiccionales a tribunales étnicos o tribales.

Más problemática es la introducción de Álvaro D´Ors en este epígrafe, cuanto que su definición del Derecho como «aquello que aprueban los jueces», más que al juicio del juez se refiere a una síntesis «del criterio -el texto jurídico- que aplica, el libro que lo contiene, la competencia que se le atribuye, (...), el mismo trámite del litigio, etc...», curiosamente, todo aquello que falta en el Derecho divino y el juicio de Dios del que habla el propio D´Ors, «aquello que el juez divino aprueba» como «Derecho natural». Descartada la «personificación» judicial, parece que D´Ors señala lo que vamos a llamar «cuerpo de la esencia del Derecho», pues no se puede hacer un sumatorio de sentencias judiciales que identifiquen el Derecho como una totalidad distributiva, ya que lo que aprueban unos jueces es negado por lo que aprueban otros, ocultando una contradicción que se resuelve por la totalidad atributiva del proceso, a saber, la jurisprudencia creada a partir de la «cosa juzgada» que viene del órgano superior, los demás no. El corporativismo judicial, una forma de psicología-social, oculta que «lo que aprueban los jueces» no es conexo, es decir, supone pluralidades e inconmensurabilidades entre órdenes jurídicos diferentes (por ejemplo, entre la judicatura belga y la española en materia de extradición). Aprovechamos para adelantar que lo común a unos jueces y otros es el mismo proceso judicial cuya unidad atributiva «salva» las contradicciones (los «recursos» o vueltas al curso procesal), y no es una materia que apruebe el juez, pues ni el juez aprueba la sala judicial, ni aprueba las leyes, ni aprueba la estructura del proceso, ni la declaración del reo, sino que tiene que contar con ello cuando elabora una sentencia, es decir, el juez no «aprueba» el proceso donde están insertos los jueces, como le ocurre a él mismo, si no quiere que aprobarse a sí mismo sea parte del Derecho.

C- El materialismo tercio genérico: poner el fundamento de las leyes positivas en un orden de contenidos trascendentes al Derecho según su naturaleza abstracta e independiente (M_3) requiere diferenciarlos tanto de sus referentes fisicalistas, como de los componentes psicológicos que median en su percepción y su uso.

Herman Lotze inaugura la axiología cuando ve en los valores la verdadera naturaleza de las esencias platónicas. Desde entonces, se entenderán los contenidos axiológicos como un modo de ordenar el profuso campo de la estimativa, las valoraciones o los juicios en que se basa la vida de los hombres. Este es el uso que se hace en el Derecho, no sólo respecto de los polos axiológicos de lo justo y lo injusto, sino respecto de toda normativa en general. Así, lo que antes eran principios, axiomas, fundamentos o fines últimos de la legislación, lo que engrosaba el campo de polémicas ideológicas, ahora parecen «positivarse» con su acepción axiológica. En el artículo primero de la Constitución española se denominan «valores superiores de su ordenamiento jurídico», la libertad, la justicia, la igualdad, y el pluralismo político». Otra cosa es entender qué se entiende en cada caso por «valores» (inextricable tema al que hemos dedicado nuestra tesis doctoral).

En líneas generales se echa mano de los «valores» cuando se tratan cuestiones polémicas o problemas que desbordan el campo de la normativa legal al uso. En todo caso, muchas doctrinas del Derecho recurren a estos «valores» en cuanto a su fundamento material (lo que no quiere decir que todas las concepciones de los valores lo sean, ni mucho menos).

Frente a un «deber ser» formal, vacío de contenidos materiales, levanta Max Scheler una doctrina cuyas esencias materiales adquieren una categoricidad que explica el conjunto de la vida humana. Esta doctrina, sin perder de vista la totalidad de fenómenos normativos (estéticos, éticos, religiosos, políticos, económicos, vitales, &c.) permite su aplicación a campos prácticos precisos. En el caso del ordenamiento jurídico servirá de anclaje a un deber ser normativo que condiciona. La capacidad de la idea de valores para articularse en proposiciones y juicios regulativos la hace idónea para fines argumentativos y prudenciales que justifiquen decisiones judiciales sin base legal clara pero racionalmente convincentes, de modo que no parezcan puramente subjetivos, es decir, provenientes de ideologías, gustos o preferencias personales del juez.

Ejemplos de doctrinas del Derecho de corte axiológico florecen en el mundo del Derecho alemán en la época del nacional-socialismo, reapareciendo a fines del pasado siglo. Olvidadas sus raíces, hoy día han adquirido un marcado aspecto humanista referidos a «principios» que rebasan su carácter meramente normativo, en autores como Dworkin, o en autores post-positivistas como Manuel Atienza, vinculados a acepciones de carácter moral (no nos deja de sorprender cómo acepciones que quieren ir dirigidas a lo real, efectivo y concreto del Derecho, como en una «filosofía del derecho para juristas», se insiste en la esencia activa y la práctica social del Derecho, sin llegar a tocar ni de lejos los procesos judiciales).

A nuestro modo de ver, estas teorías tendrían que probar no sólo la «existencia» de tales valores o principios, sino su «efectividad», pues según entendemos, en la medida en que toda problemática axiológica (contra-valores, jerarquías, valoración, &c.) es una problemática institucional, nos llevan a entender que no es el Derecho el que se fundamente en los valores, sino que más bien, son los «valores» los que se fundamentan en las instituciones jurídicas (entre otras).

3- El formalismo jurídico: las doctrinas «formalistas» suponen un fundamento formal transcendental *a priori*, un deber ser en que se expresa la norma. Estamos en plena metafísica kantiana. La forma de la ley moral de la propia razón es el fundamento de la voluntad y de la libertad del sujeto o conciencia moral en la que fundamentar sus juicios.

El deber ser puro toma su fuerza universal y su necesidad de su carencia de materia, por lo que entra en contacto con los fenómenos a través de la idea de persona, a saber, un yo trascendental nouménico (no corpóreo). El aspecto ideal o genérico de la norma permite abstraer la materia concreta de sus fuentes heterónomas (morales, religiosas, ideológicas, &c.) que la privarían de universalidad y por tanto de objetividad en su fundamentación, aunque sea una objetividad con raíz en la subjetividad.

Aquellos que identifican la justicia con este aspecto formal universal beben de las teorías kantianas (que denominamos descendentes en el Apéndice de la parte I). En el caso de Rawls y su *Teoría de la Justicia*, de Alexy y el discurso ideal, del auditorio universal de Perelman, de la situación ideal de habla de Habermas, de MacCormick, &c. En general, se trata de la metafísica que en torno a la persona humana deriva en los Derechos Humanos y la idea de los derechos subjetivos (de la que nos ocuparemos en el Apéndice a la Parte V).

Sin embargo, como ya se ha hecho notar, al no ofrecer la determinación de ningún contenido puede llevar a los casos más aberrantes. La crítica al formalismo categórico (o a los valores) demandará la inexistencia de algún tipo de enlace entre el «deber ser» y las estructuras de la conducta (la voluntad o el deseo) sometida a juicio, remitiéndose a postulados (supuestos necesarios) como Dios, la inmortalidad del alma o la ley del progreso, lo que, de no darse, pues son meras condiciones de posibilidad o postulados requeridos por sus planteamientos, dejarían la moral y el Derecho en nada. Lo que de hecho le está ocurriendo.

4- El materialismo formalista: frente a los anteriores modos de entender el Derecho, sostenemos que el fundamento del Derecho es material y formal-transcendental. Ahora el Derecho tiene su propia función institucional, pero sus materiales los toma de las demás instituciones que reformula técnicamente según la actualización continua de la normativa en que se conjugan.

Desde el Materialismo filosófico entendemos que las formas son las relaciones entre las partes materiales de un campo de referencia, y cuando las relaciones son transcendentales a los sujetos, desbordan cualquier región particular de la realidad y se extiende constitutivamente a la *omnitudo entis* (las categorías de la realidad que Aristóteles toma de los juicios y Kant atribuye a un sujeto trans-empírico que se extiende a todo fenómeno). Pero frente al *regressus* escolástico o kantiano a lo *a priori*, el materialismo parte de un contenido dado originariamente y va en *progressus* hacia el límite de la totalidad del campo de referencia según una recurrencia por la cual la norma puede desbordar su círculo original y propagarse constitutivamente a otros círculos categoriales (no de un modo meramente isológico). Su carácter dialéctico deriva de que al extenderse rectifica la apariencia de circunscripción de la determinación a la categoría originaria (el doble plano operatorio del que hemos hablado). Es decir, en el Derecho ocurre como en otras categorías, donde las formas tienen un origen técnico, preciso, al tratar una materia concreta de modo actual, en tanto no hay formas sin materia, ni materias sin forma alguna. De modo que el jurista le corresponde dar con las formas precisas cuya normativa se aplica en los conflictos sociales, económicos y demás aspectos en que se desarrolla la vida política.

Como hemos expuesto en la primera parte, las relaciones (en principio una categoría accidental en Aristóteles) serán transcendentales cuando se predican del sujeto de un modo constitutivo, no accidental, pues el sujeto no podrá concebirse al margen de la relación. En este caso, habrá que señalar aquellos contenidos materiales, como la operatividad del sujeto o del lenguaje gráfico, que serán «condiciones de la necesidad» de las obras que produce, pues el ego trascendental no será un *a priori* metafísico, sino el proceso que resulta por la recurrencia histórica del sujeto operatorio en cuanto forma parte (*in media res)* de sociedades totalizadoras o imperios intencionalmente universales (basta recordar que el Digesto se escribe bajo la advocación de la Santísima Trinidad). Se trataría de encontrar una materia que por su contenido corpóreo pueda conformar otras materialidades, a la vez que se diversifique en sus especificaciones. Esto es lo que vemos en las Instituciones del espacio antropológico y en concreto en las ceremonias del hacer humano (según hemos expuesto en la Parte II), como el núcleo desde el que se forma la esencia del Derecho: el procedimiento judicial.

FUNDAMENTOS DEL DERECHO

I- Todo Derecho es otorgado por el Estado en función del poder que permita su cumplimiento.
II- Toda norma jurídica supone una jurisdicción que *prima facie* coincide con el territorio del que un Estado se apropia.
III- La legalidad es el sistema jerárquico que rige la formación y aplicación de las normas.
IV- La legitimidad deriva de los poderes que constituyen el orden y eutaxia del Estado.
V- Las normas que traspasan la jurisdicción del Estado requieren de acuerdos con otros Estados.
VI- El Derecho lleva a cabo la actualización continua del ordenamiento jurídico de un Estado, según su influencia sobre el resto.

ESTROMAS JURÍDICOS

I- El arco general de la racionalidad jurídica supone el circuito causal que comprende un sistema normativo (institucional), su puesta en crisis (factual) y su recomposición (coactiva).
II- Las instituciones jurídicas tratan de resolver los conflictos que imposibilitan la recursividad institucional que enlaza correctamente (derecho) medios y fines.
III- Cada división o rama del Derecho tiene como fundamento un tipo de poder del Estado.
IV- Un sistema jurídico no puede ser cerrado.
V- La pluralidad de ordenamientos jurídicos implica grados de incompatibilidad entre ellos.

PROPOSICIÓN I

Todo Derecho supone un poder.

Explicación: Tener derecho a comer, supone poder comer, o tener derecho a viajar, supone poder viajar. Esto se demuestra porque bastaría la invocación del derecho cuando no se puede ejercer, para que se restituya tal poder, sin el cual, tal derecho queda en mero voluntarismo. Del mismo modo se dice que tener derecho, aunque ahora mismo no se ejecute tal derecho, significa algún poder para poder ejercerlo en otro momento, ya que, como decimos, tener derecho a algo y no poder ejercer ese derecho, es carecer del mismo, o dicho de un modo más certero, supone la inexistencia de tal derecho (Prop. VIII y XXXI – P. I). Como veremos, la dialéctica del Derecho supone la negación de la norma para activar el proceso de restitución y en su caso, la correspondiente penalización (E.J. I y F.D. I). Es más, precisamente se sabe a ciencia cierta que se tiene tal derecho o tal otro (según venga en las normas), cuando se ejerce, de modo que, si no se puede llevar a cabo, es cuando se cae en la cuenta de que realmente no se tenía (cuando creía tenerse), es decir, cuando no se ha podido ejercer (el supuesto derecho se convierte en un «miembro fantasma», que todavía se siente, pero se descubre que no se tiene cuando se quiere usar). Siempre, y sea como sea, se demuestra que cuando al derecho se le entiende ajeno a la modalidad posibilista, dado que sólo existe en acto (como todo lo demás), el derecho es un modo de poder, es coactivo (Prop. XXXIV – P. II).

Corolario: La subordinación de la idea de Derecho a la idea de poder se demuestra históricamente, es decir, al poder le sigue el derecho, y no al contrario. Pues con la autoridad vienen las leyes, y con la imposibilidad de ejercerlas es cuando se juzga tal derecho. Y al contrario, nadie reclamó el derecho a respirar aire puro hasta que no se contaminó el aire por la polución de las fábricas y los motores. El derecho a la información o a la libertad de prensa se reclama cuando multiplicándose los medios de comunicación, algún grupo ideológico se ve incapacitado para llevarlo a cabo (y esto aun cuando tal derecho sea puramente metafísico). Si desvinculamos derechos y poderes nos encontraremos que el sentido que alguien de a la frase «tengo derecho», significa, «advierto que no tengo el derecho, pero debería tenerlo», confundiendo el imperativo futuro de la norma (el deber ser efectivo) con los meros deseos de cambiarla, quizás bajo el supuesto de que en una sociedad de consumo los deseos son órdenes, pues querer es poder (la demanda crea la oferta).

Escolio: Que el deber ser ideal o futuro sea la condición de posibilidad de las normas actuales, en la medida en que guían sus déficits normativos hacia una sociedad justa, es una tesis moral que se nutre de las más reaccionaria de las tradiciones voluntaristas, la que discurre por la vía alemana (y termina en el nacional-socialismo). El posibilismo en el Derecho va implícito en el fundamento subjetivo del mismo, o sea, es una metafísica que supone el Derecho como facultad y a las relaciones jurídicas como inherentes a tal subjetividad. El posibilista, caso de un jurista que haya bebido de la tradición alemana que nace del ser como *esse posibile* suareciano (al invertir sus fundamentos teológicos), cuando no se cumple la dirección de las sentencias hacia la justicia universal (lo que nos devolvería al género generador anterior al Derecho), tenderá a pensar que «el cadáver miente».

PROPOSICIÓN II

El circuito causal jurídico implica que la restitución de la norma es la condición para la existencia de la misma.

Explicación: Como no entendemos la norma de modo formalista, sino ligada a una institución, la complejidad de instituciones que funda el Estado requerirá su codificación y la consiguiente multiplicidad casuística de la que se encarga la judicatura. Dado que la norma es el esquema material de identidad que la infracción niega de «hecho» al poner en cuestión su validez, el sistema jurídico estatal se ve impelido a «demostrar» coercitivamente que la norma o esquema material de identidad «existe» (E.J. II). A tal efecto se elabora la sentencia mediante la cual el juez indica las consecuencias del proceso, que hasta que no se cumplan, no cierra tal proceso causal (PXXV. E. - P. II). De modo que el circuito causal del que hablamos comienza con una supuesta infracción que tendrá que demostrarse, y termina con la acción sancionadora, que tendrá que aplicarse. Es decir, poner normas o leyes políticas depende del entorno institucional en que toma su funcionalidad, lo que se «demuestra» en el dintorno del Derecho (Prop. XIV – P. III). Por lo mismo, cuando asumido que el hecho niega la norma y no se castiga de modo reiterativo, significa que «de hecho» no existe tal norma (E.A. V). Esto es lo que todo el mundo cree saber cuándo hace algo porque «le asiste el Derecho», o no lo hace en caso contrario.

Corolario: La explicación de por qué el aforismo *nulla poena sine lege*, como principio de legalidad de Feuerbach, no explica el Derecho pues se fundamenta en un mero formalismo como pueda ser la mera ley escrita (pues hay leyes sin aplicación jurídica). Más adecuado es el principio *nulla poena sine iudicio*, pues se fundamenta en el conjunto de instituciones organizadas en un sistema jerárquico que interviene en el cierre del circuito jurídico (sujetos, propiedades, derechos, policías, jueces, &c), es decir, se fundamenta en la praxis que liga las consecuencias (la condena) a la causa (la norma que se infringe) para que tenga significado jurídico, lo que demuestra que las leyes que estuvieron implicadas por las condenas, y ya no lo están, quedan convertidas en materia de estudio para universidades, pero no forma parte de los procesos judiciales.

PROPOSICIÓN III

La legitimidad entendida como racionalidad de un sistema jurídico se da en función de la eutaxia del Estado, lo que significa que, en virtud de su capa cortical, tiene que tener vínculos jurídicos con el resto de Estados.

Explicación: No se puede legitimar un orden jurídico desde bases metafísicas (Prop. III. E. - P. I), esto se demuestra, porque la impugnación de un sistema legal como ilegítimo sólo se hace desde las partes implicadas o desde las coordenadas de otros sistemas jurídicos (Prop. II. E. - P. III). Tal deslegitimización es efectiva en virtud de los acuerdos que exigen la dialéctica entre los imperios que coordinan las relaciones internacionales dadas en función de la fuerza que se tenga (I.P. VII). Es decir, los Estados se relacionan por la capa cortical. Esto significa que no se puede «deslegitimar la guerra» desde otra instancia superior, sino con la pérdida de la misma, es decir, desde los Estados que la han ganado.

El incumplimiento o deslegitimación de la norma en un hecho concreto supone la desvalorización de los fines recursivos implícitos en ella (E.A. V), por lo que negar esa institución conduce a su crisis (si como creemos, toda crisis de valores es crisis de instituciones), por lo que la ejecución positiva de la sentencia conlleva la restitución del valor de la institución que se niega de hecho, así como los fines que implica (E.A. III). Este es el plano axiológico material de las funciones jurídicas, que, siendo universal, no es conexo, pues sus instituciones principales no casan entre sí (E.J. V). En todo caso, las normas que afectan a toda la humanidad son meramente éticas, no políticas. De igual modo, el incumplimiento de las sentencias (el desacato) implica la desvalorización del Derecho, deslegitimando o devaluando las mismas instituciones jurídicas (E.J. III y P. I). Si ocurre esto, se tenderá a desechar tal norma y a no tenerla en cuenta por la judicatura, y por fin a quitarla de un código aprobado por políticos que no la hacen cumplir. Este proceder actualista es el que muestra la división ideológica entre conservadores, reticentes a los vaivenes ideológicos de la sociedad (anclados en normas de corte religioso o tradicional que los legitima) y progresistas, reticentes a un Derecho fijo, sustantivado, en virtud de un cambio que justifique un progreso ideal de la humanidad en busca de su legitimización (sin ver la cuerda imperial que aguanta la zanahoria que persiguen).

Corolario: Esto hace que la subordinación normativa a la tan cacareada «norma fundamental» de un Estado se ponga en cuestión según las relaciones internacionales en que está inserto, y no respecto de un «deber ser» universal y desinteresado que nunca existirá realmente. Pues, la idea del «deber ser» ideal tiene sus raíces en la idea de justicia universal de orden único, reminiscencia de las religiones absolutas y las morales tribales que sólo posibilitaría un imperio universal imposible, por lo que la pluralidad de deberes no es relativista, sino la crítica mutua que deriva de la necesidad histórica que compone la dialéctica entre aquellos «deberes ser» vinculados a unos imperios universales frente a otros.

PROPOSICIÓN IV

La persona como concepto jurídico se define desde el conjunto de relaciones en que está inserta, de modo que no se origina en el individuo, sino en las instituciones del Derecho, por lo que será el individuo quien tome su especificidad como sujeto de derechos y obligaciones desde el sistema jurídico que lo constituye como persona, y no al contrario.

Explicación: Igual que en el método geométrico de las definiciones implícitas (Hilbert) los términos se definen a partir de las relaciones geométricas, y no antes (de modo que el punto se define como unión de dos rectas o la recta como unión entre puntos), en el Derecho las relaciones son constitutivas de los términos que quedan redefinidos desde el «formalismo» jurídico que les da validez, así ocurre con la idea de Persona. Como hemos visto en la parte III, el Derecho Natural o la Justicia son ideas pre-estatales y pre-jurídicas de orden moral o religioso (que hemos tomado como género generador del Derecho) (Prop. II – P. III), pero que tomados como referentes de las categorías jurídicas, serán destruidas por la técnica de los conceptos jurídicos en marcha. Pues bien, entre tales referentes metafísicos está la idea de persona como sustrato ontológico que se identifica con el individuo tomado en sí mismo (Prop. XIX – P. II). Por tanto, hay que negar la idea de persona humana como individuo o sujeto de derechos anterior a todo ordenamiento jurídico y principal referente de la idea de derechos subjetivos (Prop. V. E. - P. I).

Escolio: Así, no sólo nos oponemos al espiritualismo de la persona, sino también al naturalismo, al racionalismo o a cualquier otra concepción de la persona que la considere identificado con el sujeto, es decir, a la idea de persona substancial o resultancia inherente y propia del individuo. Nos parece pura metafísica atribuir el carácter de persona a un «niño salvaje», o como el que propone Abentofail (como si fuera posible un filósofo autodidacta) y reproduce el método cartesiano, el buen salvaje de Rousseau y tanto otros, pues nunca podrá un niño separado de las instituciones que lo forman llegar a poder hablar, razonar con palabras, proponerse fines sociales de los que sea responsable, o siquiera vivir en sociedad con algún grado de «libertad» o con una mínima independencia, es decir, ser capaz de alcanzar el estatus de persona.

PROPOSICIÓN V

El cierre fenoménico del campo del Derecho sólo aparece cuando se vincula al campo gnoseológico de conceptos que conforman su categoricidad ontológica.

Explicación: Igual que no se puede hablar del campo geométrico antes de los teoremas que lo especifican, de campo de la química antes de la tabla de los elementos, o de campo político antes de la aparición de los Estados, y así, en general (E.G. II), no se puede hablar de un campo de fenómenos propios de una categoría antes de la construcción conceptual de las concatenaciones que lo distingan de otras categorías (en un grado suficiente) (E.G. III), tal y como sucede en el campo del Derecho. Tal explicación tiene en la técnica su motivo fundamental. En efecto, son las técnicas las que al destruir los contextos de los que parten sus transformaciones, requieren un grado de artificialidad normativa que sólo cabe reiterar desde algún tipo de recursividad de su institucionalización doctrinal (Prop. XXVIII – P. I). Es decir, requiere términos específicos, especialistas, escuelas, doctrinas, profesionales reconocidos, &c.

Escolio: Suponer una realidad estromática al margen del conocimiento que tengamos de ella, es tan imposible como lo contrario, suponer un conocimiento de nada. Y la razón está en que ser y conocer están conjugados necesariamente, lo que no impide sustantivarlos (separarlos) para volver a yuxtaponerlos o vincularlos a un tercero como hacen muchas doctrinas del Derecho. Es su conjugación lo que explica que podamos tratar uno a través del otro y viceversa. De modo que en el Derecho se están tratando conjuntos variadísimos de fenómenos según técnicas propias que suponen una conceptualización determinada que sólo se puede desarrollar vinculando la realidad jurídica y su enseñanza.

Corolario: El mismo concepto de *instituta* aparece con Gayo en los orígenes del Derecho, extendiéndose por las escuelas que defienden sus doctrinas a otras muchas disciplinas hasta constituirse en una categoría «universal» del campo antropológico.

PROPOSICIÓN VI

El incremento del volumen de conflictos institucionales en la Roma imperial del S. I a. n. e. hizo necesario un procedimiento actualista (urgente, inaplazable) para su resolución. Este procedimiento ceremonial va a ir constituyendo lo que será el núcleo o vórtice en torno al cual se va a formar el campo jurídico.

Explicación: Mientras la mera aplicación de la ley escrita por Pretores o Magistrados (caso de las XII Tablas en Roma) era capaz de dar una solución a los problemas de la *civitas* romana (Prop. III – P. III), los cargos políticos o los tribunales tradicionales privados (mediadores, árbitros) eran suficientes para dar soluciones tradicionales a tales litigios. Pero según se irá ampliando el Imperio en los últimos siglos de la República y según vayan incrementándose las conexiones entre órdenes morales, religiosas, tradiciones, usos y costumbres distintas, que el imperio respetaba (E.N. V), y en la medida en que irá tomando mayor peso el *ius comerciarum* o *ius peregrinus*, será imposible ceñir con los rígidos formalismos del *ius civile* (las *legis actiones*) la gama de problemas que irán apareciendo según se va incrementando la capa basal del imperio (Prop. XVI – P. III). El incremento de la casuística, imposible de ser prevista por la norma tradicional con base religiosa, hace necesario su adaptación «en acto» a esos procesos (E.J. II), el llamado procedimiento formulario, como mecanismo para solucionar *in media res* los problemas del Imperio Romano (Prop. XV – P. III). A tales procedimientos ceremoniales (instituciones del hacer) con carácter normativo (I.A. V y P. XXII – P. II) es a lo que vamos a denominar núcleo del campo jurídico.

Corolario: El tratamiento de los conflictos institucionales (entre normativas funcionales incompatibles) adquirirá un volumen que hará necesaria la formación de especialistas en su estudio (lo que se daba de algún modo desde varios siglos atrás) los denominados «jurisconsultos». Será cuando a sus decisiones se les otorgue rango legal, con Augusto, cuando podemos hablar de un principio de inmanencia del campo jurídico, es decir, a la formación del dintorno de la categoría propia de las técnicas jurídicas. Como hemos tratado ya, las dos primeras escuelas de jurisconsultos son la sabiniana y la proculeyana.

PROPOSICIÓN VII

Los procesos que van institucionalizando el tratamiento de tipos de acciones (el *imput*) y su resolución (el *output*) hace que los conceptos que clasifican y definen la casuística fenoménica que se presenta contengan un doble plano operatorio, es decir, sean operaciones que determinen operaciones, y por tanto hacen imposible el cierre del campo. La razón es clara, ha sido la apertura del campo legal (normativo) a la realidad (social y económica) en marcha, la que ha requerido su inicio.

Explicación: Esto es lo que significan las metodologías II-β2, en cuanto saber-hacer operativo sobre otras operaciones, que por ello mismo son continuas entre sí, es decir, se trata de un saber técnico-prudencial (Prop. VIII y P. XXXIV – P. II). La continuidad operativa hace que las relaciones jurídicas sean re-exposiciones de operaciones entre sujetos a través de las cosas. Esto explica por qué los jurisconsultos ya formaban una capa social de «prestigio», interna a la sociedad política, cuando se institucionalizan y se otorga a sus dictámenes carácter legal (E.J. I). El plano o sujeto operatorio de «parte» es el que se levanta como sujeto gnoseológico «totalizador» cuando se le otorgue un papel institucional dentro del Estado, lo que le sitúa por encima de las partes, dotándole de carácter «neutral» a la hora de administrar la ley, permitiendo en según qué caso su modificación, lo que se irá generando en la misma institución jurídica en torno a la pulcritud del procedimiento (lo que no significa que el propio Estado no pueda ser, a su vez, «parte» en el mismo). En todo caso, la inmanencia o «independencia» de los «elementos» que forman el proceso o «juicio debido» no significa que se cierre su campo (E.J. IV).

PROPOSICIÓN VIII

El incremento de la inmanencia del campo jurídico será exponencial según se van sedimentando las resoluciones con rango de ley que se vayan elaborando en su ejercicio, obligando al estudio de su funcionalidad para los nuevos casos que irán apareciendo. La comparación legislativa, las re-clasificaciones de la casuística, la compatibilidad de las resoluciones, la compilación de jurisprudencia, &c., darán un aspecto sistemático a la casuística que irá delimitando el dintorno del Derecho, respecto de su contorno político y su entorno socio-económico.

Explicación: Con la ampliación de la capa cortical del Imperio Romano se hace evidente a la altura del Principado que la unidad del mismo no se puede llevar a cabo con la imposición de una legislación civil hecha para una ciudad-estado como era la Roma del S. IV. Como hemos dicho, la incorporación de territorios nuevos, poblaciones heterogéneas, religiones incompatibles, con una normativa y unas costumbres distintas, requería una ordenación «móvil» ella misma, es decir, que tuviera la capacidad de adaptarse sobre la marcha a las modificaciones del terreno (E.N. V). Esto es lo que aporta el procedimiento, una práxis operativa (en realidad, una institución ceremonial) (Prop. XXII – P. II) en sí misma ajena a la fenomenología que trata, es decir, una «formalidad» capaz de absorber materias factuales conflictivas y darles una solución sobre la marcha (E.J. II). La modificación de las fuentes del entorno jurídico a través de su contorno político obliga a elaborar un proceso con capacidad de estabilizar en su estructura institucional tal multiplicidad de materiales, se trata de los formalismos jurídicos procedimentales, que por supuesto también tienen una materia específica (Prop. XXX. C. - P. I). Un procedimiento que prácticamente conserva su estructura desde las formulas romanas hasta la actualidad.

Corolario: Tal procedimiento judicial irá definiéndose según vayan incrementándose los conflictos de poder entre las partes que integran la sociedad política romana (I.P. V), de igual modo que ocurrirá en cualquier otra sociedad política a su escala, generando formas distintas adaptadas a cada normativa jurídica, de modo que los poderes del Estado serán los que constituyan las ramas del Derecho: civil, penal, comercial, militar, privado, público, &c. (E.J. III).

PROPOSICIÓN IX

El Derecho será un resultado determinista de carácter histórico que irá extendiéndose con los imperios generadores al asimilar múltiples instituciones según va dando con el tratamiento de sus inconmensurabilidades normativas. La multiplicidad de sistemas jurídicos no hacen al Derecho «relativista» (convencional), sino plural.

Explicación: Ya hemos dicho que el género generador destruido por el Derecho es la idea de Justicia como ley universal, natural, o divina (Prop. II -P. III). De modo que al quitar el foco en la ley necesaria e indiscutible, no nos quedamos con lo meramente convencional, sino que nos quedamos con los procesos de coordinación, composición o ensamblamiento de normativas institucionales que no permiten una solución meramente arbitraria, ni una imposición absoluta externa (E.N. V). Este es el motivo para ver en la inmanencia del Derecho una necesidad de carácter histórico (posteriorística) que asuma su naturaleza actualista, siempre en trance de modificación (Prop. XXV. E. - P. I).

Escolio: Quien suponga que las leyes imperiales se imponen implacablemente del centro a la periferia que va absorbiendo, no atiende al carácter generador de los imperios, caracterizados por establecer instituciones de coordinación, es decir, la institucionalización de procedimientos de racionalización entre normativas plurales, lo que hace que estos imperios sean de Derecho. Quizás quien vea despotismo y tiranía en el Estado está pensando en imperios depredadores, aquellos que se caracterizan por no extender sus procedimientos jurídicos a las poblaciones que absorben. Esto hace de los imperios generadores los verdaderos creadores de Derecho, y a Roma y España los más claros ejemplos. La diferencia es notable, el imperio civilizador debe armonizar con procedimientos coactivos la problemática que genera, lo que obliga a dotar de derechos a todos aquellos que caen bajo su *civitas* (fue Caracalla quien extiende la ciudadanía a todo el imperio, reconociendo algo que ya estaba funcionando). Lo que no ocurre en los imperios depredadores, cuyas «factorías» para la explotación por la fuerza de las sociedades por las que se extienden no necesitan el Derecho, le basta el «respeto», que consiste en dejar a los otros pueblos en su nivel originario (religioso, moral, tradicional, &c.), lo que permite la continuidad de su explotación hasta que deje de ser productiva y se abandone, o se pase a la colonización y consiguiente aniquilación social (nos referimos al colonialismo europeo del S. XIX, principalmente reformado).

PROPOSICIÓN X

Supuesta una pluralidad de leyes morales, éticas, religiosas, &c.,

llamamos Derecho al proceso normativo de resolución de conflictos que las hacen compatibles a escala política.

Explicación: La formación de una sociedad política eutáxica requiere que un grupo imponga su «ley» sobre el resto de grupos que la integran, de modo que aquellas normas, del tipo que sean, que no pueden coordinarse con la dominante se prohibirán, no aceptando las normas impuestas sino es en cuanto interesan a todos, un interés objetivo que se ve como inauténtico, artificial, técnico, no derivado de la conexión moral del grupo, sino de su practicidad (I.P. I y E.N. V). De este modo, la norma que a escala social tiene vigencia, a escala política requiere un salto de nivel reglamentario, cuya vigencia se produce por la reformulación de las leyes en referencia a otras sociedades políticas con las que está en dialéctica (F.D. III y V).

Escolio: Nos dirigimos contra un plano metafísico, por ejemplo, el de la moral kantiana, que abstrae todo contenido normativo sin hacer referencia al Estado, al situarse en un «deber ser» absoluto al que accede un sujeto supra-sensible. Pero tal plano es vacío, en tanto tiene por objeto eliminar toda materia normativa concreta, a la vez que impotente, pues concibe el Derecho al margen del poder que lo garantiza (junto a otros muchos inconvenientes que omitimos).

Corolario: A una determinada escala histórica, las confluencias de grupos humanos hacen indispensable y necesaria la formación de las sociedades políticas (I.P. I) y con ellas, la necesidad de que un grupo totalice el resto de normas e instituciones con una cierta eutaxia, como garantía de la convivencia entre ellas (F.D. IV). En principio esta armonía se consigue con la fuerza y la violencia, pero su mantenimiento, requiere un proceso de racionalización de los conflictos al que todo el mundo podrá recurrir, por ser «neutral» pero con fuerza para llevarse a cabo, esa institución es el proceso judicial (E.J. II).

PROPOSICIÓN XI

«Es en este punto -dice Gustavo Bueno- en donde pondríamos la función más característica de las normas jurídicas, prácticamente ligadas a la constitución del Estado, como una sistematización (que comporta una cierta axiomatización, al menos ejercida) de las normas éticas y morales, orientada a resolver las contradicciones, a llenar las lagunas y a coordinar las normas yuxtapuestas (y también, es verdad, a generar un proceso infinito de «normas intercalares» específicamente jurídicas)».

Explicación: Recoger las palabras de Gustavo Bueno nos permiten incidir en lo específicamente jurídico, es decir, en la característica que especifica el Derecho frente a otras categorías: sociológicas, económicas, políticas, morales, &c., a saber, que están ligadas a un Estado (E.N. V), que se ejercita de modo sistemático aunque no cerrado (E.J. IV), pero sobre todo que lo específicamente jurídico consiste en «generar un proceso infinito de «normas intercalares», específicamente jurídicas». Es esta «especificidad» a la que nos referimos. En efecto, a su rasgo generativo (Prop. I – P. III) y a su carácter infinito lo denominamos «actualismo jurídico» (Prop. VI), en cuanto estructura «intercalar». Si esto es así, como suponemos en este ensayo, cabe preguntar: ¿dónde y cómo se generan estas normas intercaladas «específicamente jurídicas»? La respuesta a esta especificidad nos pone de nuevo ante el núcleo generador de la esencia del Derecho: el proceso judicial.

PROPOSICIÓN XII

«Los fundamentos de un Derecho -sigue diciendo Bueno- suponen dos momentos o aspectos: el momento del contenido (o materia) de ese Derecho y el momento de su fuerza de obligar (o forma). El fundamento del contenido tiene que ver intrínsecamente con el origen o génesis del mismo, si se quiere con su «descubrimiento» (o «invención», en su caso); el fundamento de la fuerza de obligar tiene que ver con la misma validez del Derecho como tal (con la normatividad eficaz)».

Explicación: Las querellas que tiene que resolver el Derecho, se originan en su entorno social y su contorno político (Prop. XV y XVI – P. III)), de donde toma la materia que va a procesar (lo que no quiere decir que el mismo Derecho se libre de problemas de incompatibilidades internas que deriven en causas judiciales), formalizando una «respuesta» o solución a la querella que se trate, lo que revierte sobre el contexto problemático de partida, de modo que si no es eficaz en la solución del conflicto (Prop. VIII y XIII – P. III), el proceso judicial continúa con los recursos o con nuevos juicios. En todo caso la «forma eficaz» no es teórica, sino práctica, es decir, su aplicación es coactiva y no se lleva a cabo en la inmanencia del Derecho, sino por otros poderes del Estado que hace cumplir la sentencia, es decir, hacen a la norma eficaz. Lo específico del Derecho, no de sus fundamentos materiales y formales, lo que llamamos inmanencia jurídica, está en el proceso que conjuga ambos fundamentos, se traban y se resuelven, a saber, en el núcleo procesal del Derecho (los fundamentos materiales y formales que hemos utilizado en el Apéndice para clasificar las filosofías del Derecho).

PROPOSICIÓN XIII

La conexión entre los fundamentos formales y materiales del Derecho se establecen por la conjugación, que lleva a cabo el proceso es cada caso concreto, entre la materia que asume el Derecho, en cuanto «partes» analíticas del procedimiento, y la forma «total» (sintética) de la sentencia judicial que tendrá que aplicarse al contexto de partida. Esta conjugación es la que «delimita el contenido mismo del Derecho».

Explicación: La imposibilidad que tiene el Derecho para cerrar su campo (E.J. IV), hemos explicado ya que se muestra tanto en la procedencia «externa» de la materia que tiene que juzgar, como con la aplicación también «externa», de las sentencias, sin cuya eficacia el Derecho dejaría de serlo (Prop. XIV – P. III). De modo que lo propio del Derecho está en el proceso intermedio entre uno y otro momento, a saber, en la composición o conjugación de la materia «socio-económica» y las leyes o normativa «política» que se utilizan en la praxis judicial.

Corolario: Cuando se habla de «derechos humanos», o de «Derecho penal, o «derechos sociales» se habla de la normativa legal escrita que se pretende utilizar como ordenación de la sociedad política (constituida como una realidad en marcha que no inventa el político o se reduce a la capa conjuntiva) (F.D. III). Será cuando se pone en «tela de juicio», al incumplirla, cuando se demuestra si es un «deber ser» práctico, real o no. Pero esto precisamente es lo que se discute y se demuestra en los juicios, es decir, en los procesos que aseguran su existencia «de hecho» y no sólo «de Derecho» (en el sentido de máximas, teorías o supuestos), y a través de los cuales se hacen efectivos. Si no fuese así, si incumplir alguno de estos «derechos» (en cuanto normas escritas en códigos) no implicasen juicios de verificación y sentencias efectivas, carecería de existencia cualquier forma de Derecho (con mayúsculas), y con ello la eutaxia de la propia sociedad política, pues volveríamos a praxis morales o religiosas pre-estatales.

PROPOSICIÓN XIV

El Cuerpo del Derecho comprende tanto la praxis jurídica procesal (el núcleo del Derecho) como las normas o leyes que se aplican en él. El primero es el Derecho sustantivo en sentido atributivo, el segundo son los derechos en sentido distributivo (como conjuntos de valores en continuo cambio)

Explicación: Se suelen mantener dos acepciones distintas sobre el Derecho. Los derechos en sentido distributivo (con minúsculas), (E.O. VIII) identificados con las normas, y así, se habla de Derechos Humanos (que se distribuyen en treinta proposiciones), y en general cuando se hace referencia a las tipologías de derechos civiles, penales, procesales, &c. La segunda acepción entiende el Derecho en sentido atributivo, es el Derecho sustantivo (con mayúsculas), a saber, el proceso donde se «sustancian», se pone en marcha la evaluación práctica de estos derechos y la decisión sobre su aplicación (Prop. VII). A nosotros nos interesa el Derecho Sustantivo. A las cuestiones normativas dedicaremos la parte V.

Escolio: Esta distinción suele llevar a la confusión que identifica el Derecho sustantivo con la pluralidad indeterminada de Derechos: el derecho a la vida, el derecho a indemnización por daños, el derecho a tutela judicial efectiva, &c., es decir, se confunde el núcleo del Derecho, el Derecho sustantivo como totalidad atributiva de actos operatorios «que aprueban los jueces», con el cuerpo del Derecho, compuesto de normas que entran y jurisprudencia que sale, manteniéndolo en un cambio permanente, pues la permeabilidad entre política y Derecho hace que algunas normas políticas (otras no tienen aplicación jurídica), vistas desde el exterior (o contorno) del cuerpo del Derecho, se traduzcan en normas jurídicas vistas desde su interior (desde su dintorno).

PROPOSICIÓN XV

El Derecho es el órgano de demostración de la ley.

Explicación: El proceso de conjugación (Prop. XXII – P. I) por el cual se constituyen los derechos a nivel político, supone que un «derecho determinado» sólo lo es cuando se justifica, es decir, cuando se pone a prueba y se demuestra que rige, por ello, es cuando se niega y dispara el proceso judicial, cuando se demuestra que es una ley o norma válida y efectiva (E.J. II). La ley no se «demuestra» por su plasmación en el papel, como querría el contexto de descubrimiento, sino en la dialéctica constantemente abierta con su negación, pues invalida la «idealidad» futura del «deber ser». Esta dialéctica explica la mima necesidad del

Derecho, que como hemos dicho, sólo aparece al negarse la norma, incumpliéndola, lo que el mismo Derecho debe demostrar en el proceso judicial (Prop. XIII). Pues así como en las ciencias no se puede hablar de un descubrimiento antes de su demostración o justificación científica (pues no se pueden justificar por su descubrimiento), así, el actualismo del Derecho hace que no se pueda hablar de un derecho (en sentido distributivo), en un contexto anterior al propio Derecho (las instituciones jurídicas en marcha). Es decir, los «derechos» requieren su demostración o justificación jurídica, tal justificación es la que constituye tanto el Derecho Sustantivo como los derechos distributivos.

Escolio: Quienes entienden los derechos como derechos naturales, o divinos o de cualquier otro modo «teórico» que no incluya la práctica judicial (procesal), habla desde el punto de vista especulativo, como el que habla de modo utópico o simplemente fantasea. Dice Gustavo Bueno, «solamente cuando el contenido de un Derecho (su ser, o materia) ha alcanzado su forma (su validez normativa, su fuerza de obligar, su condición de deber ser efectivo, acaso su coactividad), sólo entonces puede hablarse de origen o de fundamento material». A tal condición se llega en el proceso.

Corolario: Que los derechos sean constitutivos, niega por de pronto que se tenga un derecho a la vida de forma natural antes de la misma institucionalización del «derecho a la vida» (o a la «muerte digna»). Ahora bien, el derecho no te garantiza el «derecho a la vida», pues aparece, bien cuando te la han tratado de quitar o con el propio homicidio, sino que se pone en marcha estableciendo las consecuencias (entre las que no está devolver la vida). Por este motivo, la ley, que es de carácter político y por así decir implica la totalidad de poderes del Estado (pues para que no te asesinen está la auto-defensa, la policía, la «educación en valores», &c.), no se puede confundir con el Derecho, donde tiene que «sustantivarse» de algún modo la teoría legal, es decir, el «derecho» a no ser asesinado, si no del que ya está muerto, del resto. Esta estructura dialéctica del Derecho se verá mejor cuando expliquemos el «arco de racionalidad» del mismo.

PROPOSICIÓN XVI

La primera clasificación de los tribunales del Estado es anterior al Derecho.

Explicación: Cuando Aristóteles en la Política discute sobre la elección de los tribunales en su correspondencia con las formas de gobierno y la idea de justicia que defienden, diferencia ocho tipos de tribunal: de cuentas y gastos públicos, de daños causados al Estado, atentados contra la constitución, demandas de indemnización, de causas civiles, de homicidio y de extranjeros. Una clasificación claramente homologable a los poderes del estado: tributario, de cuentas, constitucional, administrativo, civil, penal y de extranjería. Jellinek diferenciaba el Derecho judicial (penal y procesal), del administrativo y del político en sentido estricto (donde incluía el Derecho canónico de una asociación pública), cuanto del Derecho internacional. Sin embargo, el Derecho sustantivo aparece en Roma (Prop. VI), y no en Grecia, por lo que entendemos que los tipos de «derechos» derivan de los «poderes del Estado» antes que al contrario (E.J. III)

Corolario: La distribución de la administración del Derecho dentro del Estado no se limita al poder judicial, sino que afecta a cada uno de los poderes.

Explicación: Como los poderes del Estado son normativos, establecen deberes y derechos entre las cosas y entre los sujetos. Así, los tribunales que proceden a coordinarlos en la práctica de la vida social y política de los ciudadanos tendrán que tipificarse en función de estos poderes (F.D. I). Como hemos sostenido en la tercera parte, el Derecho aparece como actualización de la normativa de un imperio sostenido en el tiempo, como es el Romano, y no en las ciudades-estado griegas, por ello, aunque los tribunales de apelación para órdenes de detención de los magistrados ya los crea Solón, y con Pericles los tribunales populares tenían una paga del Estado, la votación del veredicto reflejaba la moral ateniense antes que la ley (y los *diaitetes* eran tribunales de arbitraje). Tampoco podemos ver aparecer el Derecho en el Imperio generador alejandrino, fracturado antes de consolidarse. No es hasta la convergencia dilatada en el tiempo de múltiples normativas en conflicto (E.J. II) cuando se hace necesaria la tramitación particular de cada caso y en cada proceso concreto y aparece el Derecho como necesario para la eutaxia, en el Principado imperial (F.D. IV).

PROPOSICIÓN XVII

La estructura de poderes del Estado es la plataforma desde la que se genera y se clasifican las ramas del Derecho.

Explicación: Nada mejor que distribuir las ramas del Derecho en la tabla de poderes del Estado para ilustrar lo que queremos decir (E.J. III).

Capas del poder / Ramas del poder	Capa conjuntiva	Capa Basal	Capa Cortical	Direcciones de poder
Poder operativo	Derecho reglamentario	Derecho administrativo	Derecho militar	↓Descendente
	Derechos políticos	Derecho contencioso	Derechos de guerra	↑Ascendente
Poder estructurativo	Derecho constitucional	Derecho laboral Derecho financiero	Derechos mercantiles	↓Descendente
	Derechos políticos	Derechos sociales	Derecho internacional privado	↑Ascendente
Poder determinativo	Derecho procesal Derecho penal	Derecho tributario	Derechos de extranjería	↓Descendente
	Tribunales tradicionales	Tribunal de cuentas	Derechos humanos	↑Ascendente

No se requiere el ajuste uno a uno entre poderes del Estado y ramas del Derecho de modo unívoco, basta con que la tabla distribuya en su retícula de un modo general diversas cuestiones: las divisiones por capas o la dirección de las fuentes ascendentes (morales, consuetudinarias, &c.), o los poderes descendentes en la discusión de los derechos correspondientes, el tratamiento por el Estado de normativas internacionales, &c. Es decir, se identifiquen los puntos de fricción entre las ramas de derechos y su jurisdicción junto a conflictos de legitimidad de las propias normas, lo que llamaba Jhering, la lucha por el Derecho.

Entendemos así, por qué todo Estado es Estado de Derecho, y cómo los conflictos son tramitados dentro del Estado, en general, sin que quepa adscribirlos exclusivamente al poder judicial (como quiere la ideología del Estado democrático de Derecho), que está circunscrito a la capa conjuntiva.

PROPOSICIÓN XVIII

Los poderes del Estado se generan y se consolidan a la vez que las normas del Derecho.

Explicación: Con el reparto desigual de la propiedad entre los grupos y facciones que se integran en el Estado Imperial según se va formando (F.D. II), aparecen los «privilegios», es decir, los derechos sobre propiedades que tienen detrás el uso de la violencia (F.D. I). Es decir, las clases sociales vienen después del reparto de bienes y territorios que determinarán sus diferencias, de la aristocracia abajo. El ejercicio del poder requiere la atribución de deberes y derechos distintos según el estatus social, lo que se echa a deber por las leyes sobre su infracción y las penas correspondientes a su gravedad (como se ve en la llamada Reconquista, con los fueros, cartas puebla, el *ius comune*, las recopilaciones, &c.). Las primeras leyes escritas que se conocen de los Imperios absolutos o proto-Estados del neolítico tratan, precisamente, sobre penas y castigos que recaen principalmente sobre la propiedad y su herencia, lo que implica la unidad familiar (esposa, hijos, &c.) (Prop. XVII – P. III).

Como ahora veremos, el progresivo incremento de las funciones del Estado a lo largo de la historia va acompañado de los códigos que especifican cada rama normativa y la creación de jurisdicciones (Prop. XXIII – P. III).

PROPOSICIÓN XIX

El vínculo entre cada poder del Estado y la rama correspondiente del Derecho es muy variado, y en cada caso puede ser fuente del Derecho, objeto del mismo o simple órgano gestor de la normativa específica, por lo que no hay una relación unívoca entre poderes y derechos (lo que supondría integrar política y Derecho en una sola categoría), antes bien, hay una analogía que deriva de la función propia de cada poder respecto del campo que abarca la rama del Derecho a la que se asocia.

Explicación: Partimos de la absoluta falta de criterios sobre la nomenclatura jurídica, es decir, no hemos encontrado teorías solventes que permitan clasificar las ramas del Derecho que se aplica en Universidades, Estados o épocas, por lo que el desajuste y la imposibilidad de determinar el alcance de cada tipología nos ha obligado a recurrir a la tabla de poderes del Estado. Para no alargarnos en exceso indicaremos brevemente alguno de estos vínculos y sus problemas.

Del poder ejecutivo y el Derecho reglamentario respecto de la potestad legislativa atribuida al ejecutivo y otros cargos de gobierno, como ministerios o administraciones territoriales, se discute si pertenece al Derecho administrativo, o bien al ejecutivo en lo que queda del antiguo poder Real.

Del poder legislativo y el Derecho constitucional: del poder constituyente o norma fundamental que sistematiza el orden legal se ocupa el Tribunal Constitucional (en los regímenes democráticos actuales) en cuanto órgano superior de la jerarquía judicial y contrapeso que limita al poder ejecutivo.

Del poder judicial y el Derecho procesal y penal: frente a la nematología que otorga a este poder una extensión que cubre la totalidad de poderes del Estado, al definirlo como Estado de Derecho, ajustaremos su campo a la potestad jurisdiccional que se atribuye a los propios juzgados, tribunales y principios procesales (la práctica judicial que Chiovenda sustituye por procedimiento). Si lo ponemos aquí es porque sus atribuciones técnicas van ligadas al «gobierno de los jueces» y las normas internas del propio desarrollo de la judicatura.

Del poder Gestor y el Derecho administrativo: entendido como regulación de la administración pública en relación a los particulares, el Derecho administrativo se ajusta de algún modo a la gestión de los servicios públicos del Estado, recogiendo derechos ambientales, urbanísticos, viales, adjudicatarios, &c.

Del poder productor y el Derecho laboral: los llamados «derechos sociales» derivan del ajuste que se hace al contractualismo liberal vinculado a la historia de los derechos económicos y mercantiles, de modo que cuando el Estado asume una serie de obligaciones vinculadas al Estado de bienestar, los derechos de segunda generación abren paso al Derecho laboral, &c.

Del poder tributario y el Derecho fiscal: la capacidad recaudadora que mantiene al Estado en funcionamiento y permite redistribuir la riqueza nacional va a ir desarrollándose vinculado al ordenamiento jurídico que regula la gestión de la hacienda pública, ya sea por ingresos fruto de la tributación, ya sea por la gestión de los presupuestos de gasto.

Del poder militar y el Derecho castrense: el Derecho militar con jurisdicción propia regula la organización y el funcionamiento de las fuerzas armadas, lo que le da unas características especiales en función de los fines institucionales que organizan la defensa del Estado en caso de Guerra.

Del poder federativo y el Derecho mercantil: se trata aquí de una de esas ramas del mal llamado Derecho privado donde prima la práctica económica, en este caso internacional, como fuente normativa del Derecho (por lo que la dedicaremos el apéndice a esta parte).

Del poder diplomático y los Derechos humanos (Derecho consular): el Derecho internacional público se considera una fuente del Derecho en cuanto los Estados asumen acuerdos adoptados en virtud de su política internacional en cuestiones de inmigración, de extradiciones, de política económica, penal, &c.

De los poderes ascendentes y el «Derecho privado» o «civil»: hacemos alusión al vínculo que se suele hacer entre lo que se llama sociedad civil y Derecho privado, como si pudiese haber Derecho al margen del Estado. No creemos que los poderes ascendentes del Estado sean «Derecho», sino algo así como normas consuetudinarias o fuentes tradicionales del Derecho con las que determinados grupos buscan incrementar su poder en el conjunto del Estado (lo que denominan «reconocimiento de derechos»). Más interesante es considerar esta conexión desde la influencia que la política internacional de otros Estados, en efecto, los poderes ascendentes de la armadura basal, respecto del Derecho efectivo que estructura la armadura reticular descendente de un Estado, suelen venir promovidos desde elementos «comunes» a otras sociedades-políticas, que en función de sus intereses, exportan o imponen la ideología que organiza su eutaxia a terceros Estados, en orden a neutralizar o devaluar las instituciones donde se implanta.

PROPOSICIÓN XX

El «Derecho de Gracia» del ejecutivo y otras «excepciones que confirma la regla».

Explicación: Con el llamado «Derecho de Gracia (cuya reminiscencia teológica es evidente) aparece la discusión entre la primacía del jefe del Estado (como dice la Constitución), la administración de justicia y el poder ejecutivo, lo que se solventa en cada caso fuera del campo del Derecho. Es decir, la práctica del indulto de penas obedece a criterios que no tienen por qué hacerse explícitos ni justificarse por parte de quien se ordena, principalmente del ejecutivo (E.J. V). La administración de la clemencia, el perdón o las amnistías se lleva a cabo según cada legislación particular y las circunstancias que llevan asociadas. Por ejemplo, los cambios legislativos de régimen suelen ser ocasión de amnistías, pero también los cambios de gobierno, &c. (F.D. III). En todo caso, estamos ante una excepción al llamado «Estado de Derecho de los jueces» que si no arrumba el sistema entero de garantías, muestra sus contradicciones de manera flagrante. Si estos casos confirman la regla es porque nos permite delimitar el campo del Derecho, es decir, el «Derecho de Gracia», como el «derecho a soñar», no es un derecho sino por analogía, es decir, esencialmente distinto, pero con el mismo nombre.

PROPOSICIÓN XXI

El Cuerpo del Derecho comprende un conjunto de normas vinculadas a un Estado esencialmente conflictivo (pues pese al intento de «holización», se compone de grupos enfrentados, no sólo de clase distintas, sino de etnias, colectivos, religiones, gremios, &c.), que tratan sobre conductas de sujetos corpóreos individuales o grupos entre los que se distribuye la propiedad de los bienes.

Explicación: El Estado no elimina los grupos ni sus diferencias, antes bien, requiere las clases como modo de organizarse. Lo que significa, entre otras cosas, diferencias de renta. Eso explica que las grandes crisis del Derecho vayan acompañadas por cataclismos en las relaciones sobre la propiedad (modificando conceptos como el derecho de posesión, la herencia, las leyes fiscales, la redistribución de la renta, el usufructo, &c.) (F.D. II). La titularidad de las propiedades más valiosas siempre fue el objeto de los merecimientos (dignidades) en la formación de las clases nobiliarias, a la vez que objeto de los conflictos, ya sea sobre tierras agrícolas o ganaderas, administración de minas o bienes de comercio, la propiedad de la gran industria y actualmente de la administración de servicios de información, de distribución de entretenimiento y un largo etcétera, lo que ha hecho correr ríos de tinta y de sangre (F.D. IV y E.J. V).

Escolio: Se puede comprender cómo la aparición de la propiedad privada y el Derecho se entendió y se sigue entendiendo por muchos como el principio de la corrupción de la justicia divina o eterna. En efecto, ya dijimos cómo la propiedad es el presupuesto no jurídico fundamental, por lo que la apropiación de la capa basal por el Estado en su desarrollo imperial, está en su origen. Tal opinión deriva de la «ilusión de equilibrio» que emana de las sociedades no-civilizadas o salvajes, donde todavía se suponía un orden moral intocable o una justicia absoluta, aquel género generador, que como dijimos el Derecho destruye. Sin embargo, el circuito de tal argumentario sólo se puede iniciar desde la civilización (lugar donde se produce la conexión y el conflicto entre tribus o sociedades pre-políticas), y su base deriva de la capacidad para aceptar o modificar sobre la marcha las leyes del propio Derecho, es decir, de la discusión y puesta en crisis de tales decisiones (la idea crítica de Justicia). Sólo el idealismo puede hipostasiar el juicio sobre un «deber ser» final, justo o absoluto, secularización del juicio universal divino, hipostasiando una situación de inicio o de fin, que niega su mismo ejercicio crítico.

PROPOSICIÓN XXII

Contra lo que pretende la ideología del Estado de Derecho, los tipos de derechos o jurisdicciones del Estado no se identifican con el poder judicial.

Explicación: Hay varios tipos de jurisdicción que no pertenecen al poder judicial como tal (donde se incluyen los tribunales civiles, penales, sociales, militares y contencioso-administrativos) (E.J. III). En España son jurisdicciones especiales las del Tribunal Constitucional, la del Tribunal de Cuentas y las de los tribunales especiales (Tribunales consuetudinarios y tradicionales como el Tribunal de las Aguas de la Vega de Valencia y el Consejo de Hombres Buenos de Murcia), la jurisdicción militar, así como los tribunales supranacionales (Tribunales de Justicia y de 1ª Instancia de la Unión Europea, y el Tribunal Europeo de derechos Humanos y la Corte Penal Internacional) (F.D. I). De modo que llamamos ideología jurídica del Estado de Derecho a la sobre-atribución que el Poder judicial se atribuye sobre el conjunto del Estado. Desde semejante nematología suele entenderse el Estado desde el formalismo conjuntivo de los tres poderes, un formalismo que no tienen en cuenta los otros quince, donde el Poder judicial fuese garante de la legitimidad, la justicia y cosas semejantes (Prop. XVII).

PROPOSICIÓN XXIII

La independencia judicial es una libertad negativa que tiene como única realidad el cierre formal del proceso. Se trata de que los elementos que van a pasar a formar parte de la causa no lo hagan desde las funciones que tienen en el contorno político o en el entorno socio-económico del Derecho, sino que se determinen por la estructura jurídico-formal del caso en cada tipo de proceso abierto.

Explicación: Con libertad negativa entendemos la desconexión de los procesos judiciales de los contextos que han de ser juzgados y en los que intervendrá la sentencia (Prop. XXV. E. - P. II). Será en el proceso donde la materia que se juzga debe perder su conformación «exterior», para re-conceptualizarse desde categorías jurídicas con independencia de su origen y de su influencia (Prop. XV). La independencia judicial toma su forma, no tanto de sus fuentes o del contexto de donde no se pueden «extirpar» los organismos del Derecho, sino de la inmanencia de los procedimientos (Prop. XIII).

Escolio: Quien suponga que la independencia del poder judicial debe ser total, está hipostasiando el Derecho, como la idea de «ciudad de la justicia» recuerda la ciudad de Dios de San Agustín, una idea que proviene de los mitos sobre el Juicio final, donde los jueces no son de este mundo. O al modo en que opera la Gracia en la eucaristía, *ex opere operato*, con independencia de los pecados de quien la lleva a cabo. Pero ¿cómo eliminar la procedencia social y cultural de un juez? El juez no puede transformarse en una aplicación informática de sentencias. La neutralidad valorativa que se pide a los jueces es absurda, pues hay que saber que toda norma está supeditada a otras desde una ideología política con la que el Juez puede estar o no de acuerdo, pero aun cuando el juez asuma los fines «ideológicos» con los que está hecha la ley, la «subsunción» del hecho en la norma está por demostrar en cada caso concreto. La imposibilidad del cierre de las categorías jurídicas, su carencia casi completa de cientificidad, antes bien, encarece la profundidad y extensión de sus conocimientos, pero no podrá evitar nunca, que en la elección del cargo judicial ya estén funcionando ideas y conceptos no jurídicos, es decir, la imparcialidad del juez es imposible. Pues ¿qué puede significar «selección por méritos» si no son méritos jurídicos, es decir, seleccionados por el gremio de los juristas? Queremos decir, que el mismo funcionamiento gremial (distinto e independiente al funcionamiento de otros gremios o corporaciones) por el que se seleccionan unos juristas u otros en el escalafón judicial está atravesado en todas sus fases por ideas ajenas a una supuesta sustancia del Derecho. La figura del juez (que Dworkin llamaba «Hércules») cuya «imparcialidad» alaban todos no es más que la quinta esencia del equilibrio de factores que rodean el Derecho (morales, políticos, sociales, económicos, religiosos, culturales, &c.). Cámbiese el contexto, pasando de Inglaterra a Filipinas, o de Qatar a México para ver que sentencias muy distintas sobre un caso similar (en atención a leyes distintas, culturas distintas, y lo que se denomina «valores»), se entenderá en cada contexto de modo igualmente «imparcial y justa», según el cruce armónico de aquellos elementos que la maestría técnica o artística de cada juez conjuga, por lo que se ve que la imparcialidad no requiere la formación de una casta ajena al mundo que le rodea (algo completamente indeseable). Por este motivo, entendemos que se puede afirmar sin miedo a equivocarse que con «independencia del Derecho» se puede uno referir a los aspectos formales que cierran el procedimiento judicial a intromisiones que anularían el juicio.

PROPOSICIÓN XXIV

Supuesto que no puede haber una sociedad política sin ordenamiento jurídico, será cuando este ordenamiento pretenda cubrir la totalidad de la sociedad cuando desborde su inmanencia jurídica y se convierta en una ideología. Actualmente a tal ideología se la denomina Estado de Derecho desde la doctrina del «Estado democrático de Derecho».

Explicación: Como hemos visto, toda institución tiene un momento técnico y uno nematológico (Prop. XXVI – P. I). La nematología del Derecho en cuanto pretende incorporar a su campo otras categorías que lo envuelven, tendrá su formato fundamental en la incorporación de su mismo contorno político (la parte cóncava del cuerpo esencial del Derecho) (Prop. XIV). De este modo se entenderá la definición y la esencia de cualquier sociedad política en términos jurídicos, es decir, en cuanto la esencia del Estado es ser justo (y si no, no es Estado, antes bien era para San Agustín «una banda de ladrones»), y por tanto, producto de la «auto-organización del pueblo en una norma fundamental constitucional de la que derivan las leyes por las que el pueblo se dota de derechos», frases que carecen completamente de sentido.

Pasa aquí lo mismo que con otros poderes del Estado, así, el poder planificador de la producción de un Estado que se lleva a cabo por empresas (y trabajadores asalariados de esas empresas) verán al Estado como una empresa cuyo equipo directivo es el Gobierno, o bien, verán en el Estado un instrumento económico a su servicio; por su parte, los trabajadores lo verán desde la ideología del Estado de bienestar del que disfrutan, suponiendo de paso que un Estado que no garantice tal bienestar, no es Estado. Se trata de un procedimiento ideológico que se puede hacer extensivo a ideas como «Estado de cultura», propio de los artistas, «Estado sanitario o de salud» propia de los facultativos, &c. Sin embargo, igual que como «Estado de Derecho», el Estado puede ser visto desde conceptos próximos al Derecho, como Estado Leviathan o como Estado carcelario.

Escolio: Hoy día campan por sus anchas ideologías humanistas con raíz ideas teológicas, como la *causa sui* aristotélica en ideas como autoorganización del pueblo (o en la misma idea de Estado de Derecho). Por nuestra parte, objetamos a tal doctrina el carácter ficticio de la idea de pueblo en la que se sustenta. Contando con que, al contrario, todo Estado por el hecho de serlo ya supone un sistema jurídico en marcha, es decir, el Estado es ya un Estado de Derecho. Tal ideología es consecuencia de llevar al límite las categorías jurídicas, lo que trae como consecuencia descolocar y pervertir el equilibrio de fuerzas del Estado por donde discurre su eutaxia. El fulcro de verdad de la nematología en torno a la idea de Estado de Derecho se suele establecer desde los procesos cursados por el Tribunal Constitucional, un fulcro, por otra parte, sumamente débil, dado su sistema de elección parlamentario.

PROPOSICIÓN XXV

El Derecho no puede llegar a ser un sistema completo, saturado y consistente.

Explicación: Como expusimos en la primera parte, las categorías del hacer suponen operaciones entre sus términos, de modo que los nexos apotéticos o a distancia implican prolepsis (fines), es decir, anticipaciones del futuro como causas de tales operaciones (Prop. XXIII – P. I). Las relaciones jurídicas son de este tenor, y la propia jurisprudencia toma su nombre de la anticipación de las consecuencias de las sentencias judiciales. Tales consecuencias pueden afectar a otras partes del sistema jurídico, desconfigurándolo, subvirtiéndolo o simplemente desvalorizándolo al obviar partes del mismo o a su conjunto, lo que de algún modo afecta a la propia institución judicial que se está ejercitando (Prop. XX – P. II). Ahora bien, que las relaciones jurídicas no adquieran su necesidad con independencia de las operaciones con que se ejecutan (acusar, probar, testificar, encarcelar, notificar, &c.), no significa que tales relaciones estén desconectadas del resto, como querría un atomismo jurídico que basase la regla en la libre decisión del sujeto, pero tampoco obliga a que la sistematicidad sea perfecta, en un holismo jurídico que pretendiera cerrar el campo del Derecho (E.J. IV).

Antes bien, nos parece que el núcleo operatorio de carácter procesual y actualista donde ponemos la realidad del Derecho, a saber, la ceremonia del proceso judicial (Prop. XIII), se forma precisamente por la indeseabilidad de una sistemática legal de carácter perfecto y acabado (Prop. II). Por eso, como dijimos en el Apéndice a la Parte II, la técnica del Derecho aparece como la destrucción de tal orden (el que aparecía en la idea de Justicia absoluta u orden natural presente en los mitos y la moral tradicional). De modo, que la esencia del Derecho no está lastrada, sino que se alimenta de las limitaciones de los formalismos axiomáticos que formula Gödel. El ordenamiento jurídico no puede ser completo, saturado y consistente, eliminando sus lagunas y sus contradicciones de forma permanente porque los términos y las clases de términos que formaliza su sistema de relaciones se transforman permanentemente (según factores sociales e históricos impredecibles por esencia) lo que obliga a rectificaciones continuas que eliminen partes e incorporen otras que asuman tales novedades permanentemente (de modo actualista). Así, el ejercicio concreto de la función jurisdiccional obligado por cada Causa, en cada proceso, puede implicar que se dejen de aplicar normas que no funcionan o que se modifiquen otras en un cierto sentido, lo que con el tiempo, obligará a que el legista asuma tales cambios en las modificaciones doctrinales del ordenamiento jurídico pertinente, haciendo que el ajuste y la sistematización sea parte de su esencia.

PROPOSICIÓN XXVI

El Derecho como disciplina académica (teórica) trata sobre un material jurídico que le viene dado, y que tiene que comprender y ordenar, es decir, la teoría opera con los mismos materiales que deberá utilizar en la práctica, de la que está exenta.

Explicación: Las cuestiones que tienen que ver con la «verdad judicial» se establecen en el núcleo procesal y afectan al cuerpo del Derecho (al resto de leyes y disposiciones con las que intersecte el caso concreto), por lo que el estudio teórico del campo del Derecho es parte interna a la recursividad de su ejercicio (Prop. XXXIV – P. II). La aparición de una categoría cuyos conceptos acoten un campo de fenómenos se institucionalizan al trabajar técnicamente desde la inmanencia de la misma por un conjunto de especialistas, cuya continuidad doctrinal es imprescindible para la existencia de la categoría, lo que en Derecho aparece en la Roma del Principado y las escuelas de jurisconsultos (Prop. VI). El doble campo operatorio de las técnicas jurídicas nos indica cómo la ciencia del Derecho es una ciencia del saber-hacer (técnica) basada en principios (como se entiende la matemática desde el método aristotélico) resultantes de su ejercicio procesal. El plano operatorio de los sujetos temáticos está dado en su conceptualización jurídica (acusar, reclamar, interponer, demandar, acatar, &c.) en continuidad con las operaciones del sujeto «gnoseológico» que establece las relaciones jurídicas, a saber, el jurista que las aplica: categorizando el caso, dando un plazo, interrogando, tomando constancia, verificando, tomando cautelas judiciales, encarcelando provisionalmente, &c. Por este motivo, algunos teóricos como Koschade, Kantorowicz y entre nosotros, Jesús Vega, lo asemejan a la escolástica medieval que toma su sistemática moral de los principios revelados. Hay que recordar aquí el *dictum* de von Kirchmann sobre las palabras del legislador que «son capaces de convertir en maculatura a bibliotecas enteras» (F.D. I), igual que para Ockham la voluntad infinita de Dios podía hacer que lo bueno fuese malo. Desde luego, el Derecho guarda más analogías con la teología que con la medicina (las tres facultades superiores del Medievo), en cuanto el teólogo, como el jurista, no interviene directamente, como un cirujano hace al intervenir en un cuerpo. Por ese motivo, la analogía de proporcionalidad que establece Couture, según la cual, el proceso es al litigio, como la medicina es a la enfermedad, dando a entender como término medio la intervención o instrumento de solución, aunque acierta al entender el proceso como una institución, sin embargo, falla, en cuanto al estatuto gnoseológico de ambas disciplinas. A saber, la medicina es una «ingeniería» que requiere la aplicación de ciencias estrictas que tiene que conocer el cirujano, como la teoría celular o la química, lo que no ocurre en el Derecho, donde el jurista sólo debe conocer las leyes, pues ni son peritos ni se les exige saber otros conocimientos que los propios del campo de conceptos judiciales.

PROPOSICIÓN XXVII

El *progressus* de las normas o los principios generales que canaliza el ejercicio de la praxis judicial (cuyo «deber» es un verbo auxiliar, o simplemente un verbo en futuro simple que prescribe un futuro, normalmente en forma condicional: «si P, entonces Q») se le otorga una coactividad que puede afectar con mayor o menor profundidad a los contenidos de origen, de modo que al transformarlos requiera, en su caso, el posterior *regressus* hacia las normas o los principios de los que partió, reconfigurándolos.

Explicación: Desde la teoría del cierre categorial, entendemos que las ingenierías son disciplinas prácticas (Prop. XXII), por lo que podemos hablar del Derecho como «ingeniería social» (pues al margen de los procesos judiciales pasaría a formar parte del campo literario), ahora bien, en toda ingeniería se cruzan otras categorías, sean α-operatorias o β-operatorias, que pueden aplicarse *in recto* o simplemente de modo testimonial o informativo (Prop. XX – P. I y P. XXXIV – P. II). La arquitectura, por ejemplo, estaría en el primer caso, el Derecho en el segundo. O dicho de otro modo, la dialéctica del Derecho no trasciende el eje circular del espacio antropológico (Prop. XXXII – P. II). Esto determina que el *progressus* afecte únicamente a praxis que juzga o en el *regressus* a las normativas de las praxis del propio Derecho del que ha partido (Prop. VIII). Con esta proposición nos referimos a la inserción del Derecho en los cambios institucionales histórico-políticos.

Escolio: Aquellos que únicamente vean en el Derecho un sistema de normas dadas en códigos que tienen que estudiar, es decir, el que vea el Derecho desde las categorías políticas o educativas, confunden unas partes con otras del cuerpo esencial del Derecho, por ejemplo, las normativas del sistema jurídico (o del mismo Derecho procesal) con el núcleo de ese cuerpo, a saber, la practicidad procesal en marcha. Les pasa como a los que confunden el código de circulación o las normas de la misma conducción con la conducción del coche para las que están hechas, pues nadie espera que las normas los lleven de viaje (pues no está hecho el coche y su conducción para la normativa de tráfico, sino al contrario). Por eso, igual que nadie se come el libro de recetas, sino la comida que «enseña a hacer», nadie espera que en los libros de Derecho de las universidades se encuentre el nombre de quien se juzga si les robo el coche o la identidad del culpable de un homicidio. Por otro lado, no hay que olvidar que la aplicación del Derecho influye no solamente en la transformación normativa, sino en la propia sociedad política en marcha.

PROPOSICIÓN XXVIII

En el Derecho, la «neutralización» de las operaciones consiste en «neutralizar a los sujetos» que llevan a cabo tales operaciones» en función de la calificación jurídica de los «hechos» que se juzguen.

Explicación: La evidencia del carácter técnico-práctico del Derecho está en su coactividad (E.J. I), es decir, en el uso de la violencia ¿cómo iba si no a obligar a quien no asumiese un veredicto? (Prop. X – P. III). Las «operaciones» son internas al campo del Derecho, y no se «neutralizan» en la teoría (como vimos en la matemática o en la química donde no aparece el sujeto operatorio que la ha construido) porque son precisamente estas operaciones las que lo ponen en marcha dialécticamente (Prop. XIII), es decir, cuando infringen las normas, negándolas, o eso se dice en la acusación que pone en marcha la Causa judicial (Prop. VII), de modo que el desenlace del proceso no tiene por qué ser aceptado por las partes perjudicadas que leen el veredicto y toman conciencia de lo que significa, por lo que debe ser impuesto contra la voluntad del afectado mediante operaciones de la técnica policial (prácticamente reducidas a «juntar» o «separar» sujetos y bienes). Lo que en cada rama del Derecho ocurrirá de un modo distinto, pudiendo llegar en el Derecho penal a la «eliminación» del sujeto.

Escolio: Aquellos que ponen en la conciencia del bien o de lo justo la base de las conductas, viven aún presos de una moral «tribal», donde la conciencia no es más que la norma moral que actúa en el grupo, llevando a un acusado al suicidio, sea culpable o no (como vimos en el apéndice a la Parte II). Así, en la medida en que el protestantismo se refugió en la conciencia, pues huyendo de la nueva realidad mundial que venía por España y volviendo a los textos bíblicos (lo que llamaron «libre examen») regresan a estados religiosos metafísicos propios de una normativa pre-política, que condujo, entre otras cosas, a las guerras de religión entre cristianos y al genocidio de los pueblos por donde pasaron.

PROPOSICIÓN XXIX

Antes que el proceso judicial se entienda como el instrumento, el medio o el modo de aplicación de la normativa legal (que define al Derecho), entendemos que son las normas el instrumental del que se vale el proceso judicial.

Explicación: Con esta proposición no decimos que pueda haber un proceso sin leyes, lo que decimos es que sin el proceso judicial esas leyes no son del Derecho (Prop. XX – P. III). Tampoco decimos que se puedan separar, lo que decimos es que en la praxis judicial hay que dar prioridad a las operaciones, al ejercicio, sobre la teoría (E.O. VII), sobre la representación de ese ejercicio, es decir, al Derecho como a cualquier otra «ciencia», hay que aplicar la máxima según la cual, las técnicas y sus conceptos (como ya hemos dicho en la Parte I) son el origen de los conceptos. En el caso del Derecho procesal, los términos y sus conceptos son los que se están ejercitando desde un principio, aunque no se «representen» en un código normativo, lo que no se formaliza prácticamente hasta finales del S. XIX (Prop. XXXV – P. I). Esto es lo que viene a decir Goldschmidt en su *Derecho procesal civil* cuando atribuye a von Bülow el comienzo de la ciencia procesal moderna, «admitiendo que se pueda calificar de científico el estado de los conocimientos procesales antes de la expresada época». De hecho, suponemos que esto es precisamente lo que sabe el jurisconsulto que analiza la casuística judicial.

Escolio: Nos consta que la gran mayoría de teorías y doctrinas del Derecho sostienen lo contrario que nosotros (incluso los que tratan el Derecho procesal). Cabe recordar aquí a Mommsen cuando hablando del procedimiento civil romano, sostenía que «el Derecho penal, sin el procedimiento penal, es un mango de puñal sin hoja, y el procedimiento penal, sin el Derecho penal, es una hoja sin mango». Con permiso de Mommsen no nos parece una buena analogía (quizás tomada de la iconografía de la diosa Themis), sin embargo, creemos que acierta al ver el mango (la teoría del Derecho) como instrumento al servicio de la hoja (la práctica del procedimiento) antes que al contrario, pues lo que corta no es el mango. Para poder aseverar esta afirmación nos basamos en algunos precedentes sin los cuales no nos atreveríamos a formular nuestra tesis sobre el núcleo procesal del Derecho, nos referimos a tesis como las de Fritz Sander (el discípulo díscolo de Kelsen) y algunos otros, que pusieron la esencia del Derecho en el proceso judicial. Lo que no puede ser ciencia estricta ni antes, ni ahora. Por ello, no dejan de causarnos sorpresa aquellos que insisten en la idea de Derecho como praxis, que destacan el punto de aplicación práctico, los procesos ejercitativos de la realidad jurídica, la realización de las normas, o la técnica jurídica como lo propio del Derecho, y no son capaces de nombrar el lugar y el momento concreto donde se produce esta aplicación, esta realización, esta praxis o esta técnica, a saber, el proceso mismo en cuanto institución ceremonial *(hic et nunc)*. Y la prueba de que están pisando el terreno sin reconocerlo o sin quererlo ver, es que definen la técnica jurídica como «conjuntos de expedientes para realizar la normas» o como «práctica de acuerdo a valores» &c., sin poder, por así decir, salir de lo general y abstracto (quizás porque hablan desde su gremio universitario), cuando todo proceso es necesariamente concreto y delimitado (operativo), con jueces y tribunales concretos, señalables con el dedo, ubicados en un lugar, con un inicio y un final ceremonial perfectamente pautado.

Corolario: Esta proposición vincula lo que se ha llamado «materia legal» con las «formas procesales», lo que incluye el protocolo judicial. Ceremonial y protocolo son términos que, hasta hace pocos años, eran empleados con asiduidad sólo por un restringido número de personas y reservado su uso estrictamente al ámbito de los actos oficiales de Estado, de las relaciones diplomáticas e intergubernamentales y en el marco de determinadas instituciones o corporaciones. Si son imprescindibles para entender la estructura de los procesos judiciales es porque se trata de normas jurídicas o de legislación protocolaria que están incluidas en textos legales, y cuya característica es la obligatoriedad y exigibilidad del cumplimiento que se impone a sus destinatarios, sean personas privadas o públicas, lo que incluye distintivos, insignias, vestimenta, posición, nomenclatura honorífica y un sin fin de particularidades. El protocolo de un ceremonial requiere en primer lugar un programa que ordene la *precedencia* de cada acto, su orden, su función y el tiempo que requiere en el conjunto del proceso. Tal precedencia la define Urbina como «el previo establecimiento de un orden entre las personas que realizan o participan en una actividad que afecta al protocolo, en función de su preeminencia, primacía, rango, nivel o relevancia, en el seno de la estructura y de la sociedad misma, que integran el Estado, para obtener la máxima eficacia de la mencionada actividad….». En *El protocolo judicial en España* se cita el R.D. 2099/83, en su artículo 4.1., donde dice que «los actos serán presididos por la autoridad que los organice. La ordenación va de derecha a izquierda con respecto a la persona que preside. Del mismo modo, el Reglamento 2/2005, de Honores, Tratamientos y Protocolo en los Actos Judiciales Solemnes que en su Preámbulo ya señala como «la regulación del uso de la toga, insignias y condecoraciones tiene por objeto velar por el cumplimiento de este deber, en el entendido de que la dignidad y solemnidad de los actos judiciales compromete, en buena medida, el debido respeto a los ciudadanos y a la función que ejercen Jueces y Magistrados. Se contempla asimismo, recogiendo «Acuerdos del Consejo General del Poder Judicial», la regulación del diseño de medalla y placa, tanto de los miembros del Poder Judicial como de los Vocales del Consejo General del Poder Judicial», y en su Artículo 33 establece expresamente quiénes usarán toga: «Fiscales, Secretarios, Jueces de Paz, Abogados del Estado y demás Letrados de Servicios Jurídicos de las Administraciones Públicas, Abogados,

Procuradores y Graduados Sociales», que la vestirán tanto «en actos solemnes judiciales como en actos jurisdiccionales que tengan lugar en los estrados». Se puede señalar también que su uso por los abogados no sólo es un rasgo distintivo de una condición, además de una obligación legal en materia de vestimenta, sino una alegoría que tiene como finalidad propia situar los intereses que defiende a la misma altura que los que pueda defender el Fiscal, el Abogado del Estado o el Propio Juez o Tribunal; es una expresión del principio de igualdad expresada de manera figurada por el uso de esa antigua indumentaria. En el «Estatuto General de la Abogacía Española», que en la actualidad está vigente por el R.D. 658/2001, de 22 de junio, establece en estas materias relacionas con el protocolo, en sus artículos 37, 38 y 39, que los abogados concurrirán «ante los Tribunales vistiendo toga y, potestativamente, birrete, sin distintivo de ninguna clase, salvo el colegial, y adecuarán su indumentaria a la dignidad y prestigio de la toga que visten y al respeto a la Justicia...», a la vez que, al referirse a su derecho a intervenir ante cualquier Tribunal de las distintas jurisdicciones, señala su derecho a estar «... sentados dentro del estrado, al mismo nivel en que se halle instalado el Tribunal ante quien actúen, teniendo delante de sí una mesa y situándose a los lados del Tribunal de modo que no den la espalda al público, siempre con igualdad de trato que el Ministerio Fiscal o la Abogacía del Estado....», y la importancia que se confiere a su condición profesional se resalta aún más cuando establece el Estatuto que por «...los Tribunales se designará un sitio separado del público, con las mismas condiciones del señalado para los abogados actuantes, a fin de que puedan ocuparlo los demás letrados que, vistiendo toga, quieran presenciar los juicios y vistas públicas». Las puñetas dan estatus laboral y por ello, el tratamiento que reciben los que las llevan es diferente a los que no las llevan. Los fiscales de tercera, los jueces y los secretarios judiciales son 'Ilustre', los fiscales y los magistrados tiene el tratamiento de 'Ilustrísimo', y los magistrados del Tribunal Supremo y los fiscales de Sala son 'Excelentísimo'. Si nos detenemos en estas particularidades no es por vana erudición, como si fuesen meras «formalidades» o vanas cursilerías, sino porque es a través de ellas como se configura la praxis efectiva donde adquieren realidad las instituciones del Derecho.

PROPOSICIÓN XXX

El proceso no es una relación jurídica, sino una conexión.

Explicación: En ontología distinguimos las relaciones de las conexiones (E.O. VII), pues bien, hay que decir, que todo proceso judicial en cuanto institución ceremonial concreta es una conexión joreomática en que se suceden una serie de actos procesales de los que derivan relaciones jurídicas (Prop. XXII – P. II y P. XIV), demostrándose en el Derecho cómo las instituciones ceremoniales son anteriores a las instituciones del ser (donde aparecerán las relaciones de necesidad entre sus términos categoriales) (E.G. V y P. XXXVI – P. II).

Escolio: Cuando nos encontramos en los tratadistas clásicos del Derecho procesal definiciones del proceso judicial como: «forma exterior y armónica del proceso, a través de actos concatenados entre sí, que llevan, desde que aparece el conflicto litigioso, hasta su resolución en la sentencia final» no podemos dejar de preguntarnos: ¿exterior a qué?, hay dos candidatos al interior del Derecho del que el proceso es exterior: uno es el interior del sujeto (según quiere la doctrina de los derechos subjetivos kantiana) y otro el interior del Derecho procesal. En el primer caso tal interior es o psicológico o espiritual (como afirma Hegel en su introducción a la *Filosofía del Derecho*), en el segundo caso el interior se corresponde con el conjunto de normas legales, por ejemplo, del código de Derecho procesal. En ambos casos, interior y exterior, son meras metáforas imaginarias que ocultan una metafísica operando de fondo. En efecto, ni lo espiritual existe (E. A. II), ni el Derecho es un interior psíquico o mental (como quieren algunas doctrinas realistas), ni la norma tiene un interior, salvo que se considere que las normas forman parte de un entendimiento interior, con lo cual estamos de nuevo en el espiritualismo teológico, en el mentalismo humanista o derivados de estas tesis (por lo demás muy corrientes en Derecho), a saber, desde todas aquellas que entienden el proceso, por ejemplo, como «satisfacción de pretensiones». Así, la confusión entre relaciones y conexiones es completamente general. Por ejemplo, Bülow diferencia el plano de las relaciones jurídicas que se discuten «dentro» del proceso, de las relaciones jurídicas del mismo Derecho procesal, que entiende como «continente» en el que se coloca «aquella». En el primer caso, está hablando con propiedad, pues el proceso tiene un dentro espacial (la sala o la administración de justicia) y temporal (el día, la hora, el plazo de resolución, &c.), pero en el segundo caso no, pues el Derecho procesal no es «continente» de nada, sino la forma reglada por la que pasan el resto de normas al proceso.

A nuestro modo de ver, toda la estructura y funcionalidad del Derecho es exterior, si consideramos «interior» a lo que siente, entiende y quiere un sujeto (M_2). Pues las normas son «exteriores» ya que tienen que estar escritas, a la vista de todos, del mismo modo que su significado conceptual no está en la mente de nadie, sino que son técnicas operatorias «físicas» (encausar, declarar, recurrir, &c.), y los sujetos implicados tienen que estar presentes corporalmente en el juicio, pues los espíritus no entran en el proceso de prueba de ningún procedimiento. Aún más, no sólo los sujetos de derecho son «exteriores» a la inmanencia del campo jurídico, son médicos o albañiles, sino que las propias leyes vienen del contorno político que rodea el dintorno jurídico. La diferencia ontológica que está actuando aquí va de entender las relaciones de modo mental o interior a un sujeto (M_2), a entender las relaciones desde un estatuto ontológico propio (M_3), tan material como las conexiones (M_1) que constituyen el proceso, el único lugar donde se puede operar. La metafísica espiritualista y racionalista (cartesiana) que ve el espíritu o la conciencia como la esencia del hombre que se exterioriza en el cuerpo como su instrumental (metafísica a la que nos oponemos frontalmente), es la que impide ver la realidad del proceso como núcleo de la esencia del Derecho.

PROPOSICIÓN XXXI

El Derecho no adquiere su inmanencia institucional de las normas, sino del proceso, que es donde se concreta en cada caso de un modo particular, por qué, a quién y cómo se enjuicia.

Explicación: Cuando se distingue en el Derecho procesal la relación jurídica procesal, de la materia que trata (civil, penal, laboral, administrativa) se cambia de plano jurídico. En efecto, cada rama del Derecho formaliza normativamente una serie de materiales, así, el Derecho administrativo establece una serie de reglas o formalidades que tiene que seguir el sujeto «temático» en algún tipo de procedimiento, por ejemplo, en materia fiscal, asociativa, empresarial, &c. (E.J. III), sin embargo, el Derecho procesal tomará esas formas codificadas, como materia que a su vez formaliza dentro del proceso, de modo que prescribe el procedimiento que debe seguir el sujeto «gnoseológico» (Prop. XIV), es decir, el abogado, el procurador, la policía judicial, la sala, &c. Es decir, aquellos que tratan al sujeto «temático» en cada caso: al «asesino» en el Derecho penal, al «infractor» en el Derecho administrativo, al «defraudador» en el Derecho fiscal, &c. Esto hace que se suela decir que la relación jurídica procesal se independizó del Derecho civil y adquirió autonomía cuando se diferenció de la materia que trata, es decir, de otras normas jurídicas (E.J. V), bien sea por los sujetos (actor, demandado, Estado-juez), por su objeto (la prestación jurisdiccional) o por sus presupuestos procesales (algo que ha llevado a sostener que el proceso no forma parte del Derecho). Ahora bien, aunque sea necesario el proceso de filtración por el cual una forma pasa a ser materia de otra, no hemos pasado a ningún plano teórico superior, sino que por así decir, hemos tocado la base de los conceptos técnicos mismos alrededor de los cuales se «anudan» (enlazan) el resto de conceptos jurídicos.

Escolio: Quien siga entendiendo que el Derecho obliga por la norma teórica (inteligible), por ejemplo, porque atribuya su coactividad a la norma procesal, sigue moviéndose en el cuerpo esencial del campo del Derecho, pero no ha identificado aún su núcleo generatriz físico y operativo (donde se audita -se oye- y se produce la vista -se ve-).

PROPOSICIÓN XXXII

El proceso supone la destrucción, análisis y composición, de la «realidad de los hechos» como criterio de verdad judicial.

Explicación: Cuando se afirman principios del Derecho tales como «*nulla poena sine lege*» o los mismos principios jurisdiccionales, se está filtrando aquello que entra en el campo jurídico de lo que se queda fuera, y lo mismo pasa con los «hechos». Ahora bien, el juez no juzga los hechos mismos, directamente, sino «únicamente» aquello que entra en el auto (el sumatorio). De modo que la fase de instrucción que se lleva a cabo (por el juez instructor en países como España) será determinante, pues aporta los elementos del juicio que crea suficientes en cada Causa (Prop. VII). El cierre del auto convierte a los elementos de juicio allí presentes en los «hechos reales» que se han de juzgar. Es decir, el suceso real es un ente ininteligible en sí mismo que la instrucción toma como «referente» para destruirlo hasta partes formales suyas, y será a partir de esas partes, como datos del auto, desde donde se construya el «veredicto» y se resuelva el caso, pues en lo construido está lo «real», el pasado como tal (ocurrido o inventado), ya no existe (Prop. XXII – P. I). De modo que la verdad no puede estar en la adecuación del veredicto a la realidad, pues esa supuesta realidad y sus partes no existen en parte alguna, por lo que poco podrán recomponerse o reconstruirse. La realidad que se juzga es la que se establece en el auto (Prop. XXVI – P. I). Y la normativa procedimental dirá si se abre o no de nuevo a juicio.

Escolio: Se suele entender que la verdad judicial está en la adecuación o correspondencia entre el veredicto y lo que realmente pasó, una idea muy arraigada en la mente jurídica que hay que redefinir. Ocurre aquí como en Historia, donde el historiador pretende reconstruir lo que realmente pasó (como quería Ranke). Sobre esto, no diremos más que lo que sabe todo el mundo, que el pasado no existe ya que sólo se «reconstruye» algo que existe, como una vasija rota en pedazos, pues sin esos trozos presentes y pertenecientes de la vasija sería imposible devolverle su unidad. Sin embargo, esto es lo que se supone que ocurre con las partes implicadas en un procedimiento general, muchas de las cuales ya no existen (porque se hayan destruido) y otras sólo existieron en el momento del «hecho» (como circunstancias emocionales o coincidencias accidentales), y requieren una sustantivación que les dote de unidad, como si expresaran alguna entidad por sí mismas. Se trata de algo tan infantil como los «experimentos mentales» que gustaba hacer Einstein con gemelos en ascensores. Solo existe el presente en marcha con el que se opera, el presente lógico donde se encuentran los restos físicos (huellas, señales, rastros, es decir, cuerpos todos) que se formalizan desde la normativa procesal, destruyendo el supuesto, absurdo, de que hay una verdad pasada cuya «realidad» vuelve a nuestros ojos (lo que sólo pasa en la imaginación o el cine). Actúa aquí el modo de pensar técnico de quién considera que la realidad histórica es como una novela o como enseñan las artes cinematográficas, unos hechos que han quedado ahí grabados, a los que podemos volver o aproximarnos cuando queramos, pues permanecen eternamente igual, y si acaso, los cambiamos nosotros. Pero este modo de pensar es propio de los mitos, que confunden las técnicas de grabación (registro) con la idea de memoria psicológica, cuando ya se sabe que la memoria es una construcción actualista que consiste en «desechar» más que en «registrar».

PROPOSICIÓN XXXIII

El proceso es el modo de construcción, composición o encaje de múltiples materiales (fenoménicos, subjetuales, operativos, normativos, &c.) que irán adquiriendo una unidad y una identidad jurídica a través de la institucionalización ceremonial hasta su totalización en una «resolución judicial».

Explicación: Según sea el procedimiento que debe seguir cada proceso, pongamos por caso, en los administrativos más sencillos que en los penales, o en las infracciones de faltas más simples que en los fiscales, así serán las fases del mismo (E.J. V). De modo que si un caso de la jurisdicción penal se admite a trámite, es decir, si están tipificados los hechos aducidos, se verá si requieren medidas cautelares, los plazos, su asignación, &c., para pasar a la fase «destructiva» o analítica de instrucción. Históricamente el concepto del «proceso» empieza a ser usado desde la Edad Media, aunque su origen etimológico es de raíz latina (*cedere* de marchar, andar). En el Derecho romano equivalía al concepto de *iudicium*, que hoy día y de forma anacrónica se reduce a la actividad del juez que lo resuelve. Entendemos que el discurrir de la vida política imperial fue marcadamente conflictivo, por lo que su ajuste estaba sujeto a la intensidad de los problemas y la urgencia de su solución (Prop. VI). Es decir, el actualismo de las necesidades obliga a generar un procedimiento institucional, por el cual, las partes de la demanda (o querella) sean racionalizadas desde el conjunto de factores que están implicados. En el proceso judicial encontramos un trámite a través del cual se da solución a la infinidad de enfrentamientos de intereses concretos que surgen en el día a día. El proceso lleva «hacia adelante» una causa (cosa, caso) al modo de un «concierto», cuya raíz, *certare*, alude a los pleitos, debates, disputas, combates o modos de llegar a una conclusión, que a su vez sería un intensivo de *cernere* de la raíz *krei, tan querida por la filosofía, como crítica, que obliga a separar, distinguir y clasificar para decidir qué se hace (Prop. VII).

Escolio: Que la definición de Derecho como «conjunto o sistema de normas» es lisológica y genérica a otras categorías, ya lo hemos dicho, como también que el proceso no es para el juez un mero instrumento, o medio circunstancial, superfluo o accesorio al Derecho con el cual interpretar o «hacer cumplir» la ley (pues además la coacción, física o no, lo hacen otros poderes de intervención del Estado). Cuando entramos en la «carpintería» del Derecho, nos encontramos en su cuerpo esencial, multitud de instituciones: víctimas, plazos, declaraciones, instancias, bufetes, togas, martillos, esposas, ajusticiados, &c.; es decir, la realidad de la categoría en marcha, y cuando vamos a su núcleo esencial nos encontramos un ceremonial donde el juez es una parte importante, pero no el todo. Y es que muchas veces, la distancia entre el momento nematológico y el momento técnico de la institución es tan grande que se hace ininteligible la conexión entre la definición nematológica y la praxis real, sometiendo a la institución a desajustes que rayan la esquizofrenia.

En efecto, el proceso se ha entendido como una interpretación que hace alusión a la representación mental o a la explicación subjetiva de la norma como instrumento del juez (como el instrumental quirúrgico o musical), o también como un medio para la aplicación de la norma, donde aplicación -por ejemplo, como relación biunívoca- evacúa el carácter operativo de la relación considerando sólo el conjunto teórico de salida y el conjunto de términos de llegada, por lo que aplicación como operaciones de «conexión secuencial» atributiva no aparece (que el juez dirige, pero no realiza, pues operan muchos otros sujetos). El proceso es el contenido, pero ya no como relación -que como tal sólo se ve en el deber ser de la norma teórica- sino como «conjunto de operaciones» de intervención que se llevan a cabo. «Interpretar», al modo en que la exégesis hermenéutica busca «comprender» las intenciones de la palabra de Dios o del legislador (la Constitución), es un recurso puramente mental, como lo que hace un *medium* interpuesto entre los sujetos. La idea de instrumento se desecha por entenderse ajeno a la esencia de algo, así como desechamos el término «aplicación» como mero medio ajeno o vacío. La institución procesual (Ceremonial) tiene las seis características de toda institución. Con la materia y la forma de la institución nos referimos a la materia socioeconómica filtrada y juzgada desde las formas normativas en cuya conjugación actúa el proceso y donde la materia está desbordando continuamente las formas, que se están actualizando constantemente en la jurisprudencia que sale de los procesos. Las instituciones simples al modo de partes sistáticas (tipos de prueba, jerarquía judicial, órganos jurisdiccionales, &c.) de otras más complejas se combinan para dar forma a los sistemas jurídicos que se han dado en el tiempo y en los diferentes Estados de distinto modo. La coexistencia con otras instituciones es obligada desde el momento en que el núcleo del proceso se alimenta de categorías que aportan sus materiales y dan fuerza a sus resoluciones, ya sean las instituciones complejas como el propio proceso o complejos institucionales como el conjunto de poderes del Estado en que se inserta. El tipo de racionalidad procesal o jurídica es compleja dada la multitud de líneas que se cruzan, y abierta, pues requiere complejos operativos de carácter actual. Es decir, estamos ante una racionalidad ordinaria (ni abstracta, ni formal, ni total). En cuanto a la cuarta característica institucional, el arco de racionalidad del proceso, nos ocuparemos más adelante. Por lo que respecta al carácter normativo de la repetición del ceremonial procesal es evidente que varía según los tipos en función de la composición de los materiales que trata, pues está dirigida a dar fin a las controversias que envuelven la vida de las sociedades políticas. Por último, cabe referirse al componente axiológico o valorativo de la institución procesal precisamente porque sus resoluciones son juicios o puestas en valor de carácter positivo o negativo en orden a las conexiones entre otras muchas instituciones cuya jerarquía está en entredicho

PROPOSICIÓN XXXIV

El proceso es una institución que formaliza una materia plural, de partes enfrentadas, cuya racionalidad propia tiene como fin la construcción de una totalidad que dé unidad e identidad al conjunto de elementos implicados. Tal proceso ceremonial se concluye con una resolución judicial donde tal totalización se explicita.

Explicación: Que no cabe reducir el «juicio» a términos de un «proceso mental que enlaza premisas y consecuencias» al modo lógico de las estructuras silogísticas entre proposiciones, se hace evidente cuando insertamos esa «conclusión» en el conjunto de actos que se enlazan en un proceso que pueden durar años, sobre todo cuando un mismo proceso judicial conlleva una multitud de «razonamientos» o «juicios» enlazados, cuando no, una cadena de recursos que se rectifican mutuamente (Prop. XIII). Los actos que intervienen en un proceso son muchos y no tienen por qué ser «juicios lógicos», por ejemplo, la decisión de la admisión del caso, su clasificación jurisdiccional, las medidas cautelares, y así, una serie de decisiones operativas del juez instructor, la policía judicial, fiscales, abogados, &c., sobre los que el juez deberá decidir su verosimilitud, importancia, validez, &c. (Prop. VII). Nos estamos refiriendo al conjunto de conceptos que el Derecho procesal hace intervenir hasta su «composición» (Prop. XXXIII) como totalidad que establece la conceptualización judicial (o situación jurídica definitiva), cuando dejan de ser «presuntos», una palabra que con la corrupción de la vida política y la ideología del Estado de Derecho nos hemos cansado de oír.

Escolio: Nos oponemos así a la interpretación del Derecho que pone en la acción acusatoria (la pretensión de la parte) o en las resoluciones judiciales el núcleo del Derecho, de modo que sólo caben análisis técnicos del escrito resolutorio, por ejemplo, sobre su estructura formal lógica, sus fundamentos, los valores que se aducen, &c. Pues esto significa, de nuevo, reducir el Derecho a textos, como leyes, instancias de demandas, informes jurídicos, edictos judiciales, &c. (que se pueden leer en las clases universitarias o que se puedan llevar de aquí para allá como los «bártulos» de Bártolo de Sassoferrato). Pero lo que no se puede llevar a ninguna aula facultativa es el lugar y la trabazón que los agrupa y ordena en un tiempo y lugar ceremonial concreto, como es el proceso en toda su extensión. El carácter textual de las leyes y demás acciones, adquieren su importancia como diferencia que especifica lo que será el Derecho, pero no lo anega, pues las acciones institucionalizadas de las que ya habla Gayo, no se limitan a escritos, como si los juristas fueran literatos, ya que cada escrito judicial tiene un lugar, un fin y una ubicación dentro del conjunto de actos que hay que coordinar: archivando expedientes, investigando el suceso, encarcelando, oyendo al fiscal, citando a testigos, reuniéndose y una infinidad de actos operatorios que dan origen a los escritos (aunque sean meramente administrativos), es decir, sin el proceso no cabría edicto.

Sin duda, el carácter silogístico que se pretendió dar desde un principio a la argumentación, y luego Becaria y otros repiten, responde a una idea de ciencia del Derecho aristotélico-tomista de tipo proposicional que viene del adecuacionismo. Igual pasa al definir el Derecho por las «leyes», donde se busca dar un rango científico superior al que tiene cuando en realidad estamos ante un saber-hacer prudencial. Más atinado nos parece entender las técnicas jurídicas como formas de clasificación y coordinación de instituciones concretas en géneros y especies, que en su composición nos ofrecerá una solución concreta que a su vez hay que reinsertar en otro conjunto de clases y especies con las que se concatena. Por lo que el actualismo judicial, está muy lejos de las ciencias de los universales y los particulares aristotélicos que definían los hábitos de la mente con los que sacar conclusiones. Antes bien, la técnica judicial debe destruir, analizar, clasificar, operatoriamente (físicamente) una multitud de elementos que se polarizan entorno a una parte u otra del proceso (donde la retórica, antes y ahora, sigue siendo un mero recurso). La inconmensurabilidad (cuando no hablamos de un procedimiento «mecánico» de tipo administrativo) de los elementos que entran en juego nos obliga a hablar de técnicas de ensamblaje o construcción de esas partes (muy distinta a la idea de puzle de la que ya hemos hablado) en una totalidad de las que se definen y se jerarquizan en orden a un fin al que hay que ajustarse.

PROPOSICIÓN XXXV

Entendemos que la esencia del Derecho se forma a partir de un núcleo procesal en torno al cual se genera un cuerpo de términos que conceptualizan los fenómenos jurídicos según un curso histórico.

Explicación: Si hay que delimitar la inmanencia del Derecho con una unidad propia, no podemos confundirla con otras partes de su entorno social o cultural, ni con su contorno político, la estructura estatal desde la que se hacen las leyes y se aplican (Prop. XIV – P. III), sino que se identificará con su dintorno procesual, donde se ejercitan y salen las disposiciones y veredictos judiciales, y como consecuencia, nuevas leyes y procedimientos que se enseñarán en las escuelas y universidades respecto de cada tipo de Derecho (laboral, internacional, público, &c.) (Prop. XXVI). Este dintorno o cuerpo de la esencia del Derecho que delimita todos aquellos fenómenos que caen bajo su campo es muy variable, y está sujeto a una serie de transformaciones históricas que determinan el curso de este cuerpo jurídico (Prop. IX).

Escolio 1: Como hemos dicho en el Escolio de la Proposición XXXII, la pregunta por la esencia del Derecho como institución compleja puede responderse desde su momento nematológico utilizando ideas de carácter lisológico como «realización de la justicia», «sistema normativo», «garantía de los derechos subjetivos», &c.; o puede responderse desde su momento técnico, operativo, con conceptos de carácter morfológico como imputado, tipo penal, acusación, comparecencia, absolución, condena, &c. Que las definiciones del Derecho al uso sean del primer tipo es consecuencia de que los procesos operativos del segundo tipo no cierran en su campo de inmanencia (Prop. VII), lo que implica la presencia de ideas comunes a otras categorías (económicas, políticas, sociológicas, psicológicas, &c.) con las que por así decir, se produce la dialéctica con el campo jurídico. De modo que el criterio con el que se puede juzgar el grado de comprensión de la esencia del Derecho dependerá del modo de conjugación entre los dos momentos. Tal es lo que pretendemos con la idea de esencia del Derecho. Es decir, las definiciones nematológicas del Derecho, empezando por Ulpiano, «dar a cada uno lo suyo», o la etimológica, «lo que es conforme a la regla», y continuando por la moderna, «conjunto de reglas jurídicas» (que están pidiendo el principio, pues la cuestión es saber qué reglas son jurídicas), son definiciones de tipo distributivo, es decir, requieren un «corte» o segregación de la categoría respecto de otras clases o categorías, cuando venimos diciendo que no es posible tal «abstracción lógico-gramatical», sino que su definición deberá ser de carácter atributivo, debido a su carácter técnico y procesual, obligando a incorporar su dialéctica con el medio del que se nutre para entender su configuración propia y su evolución sin confundirla con otras categorías con las que está conectada (políticas, morales, religiosas, sociales, económicas, &c.). Si las definiciones distributivas tienen algún sentido nematológico para determinar su posición respecto del medio en que se mueve, tal sentido se nutre de su practicidad técnica, concreta, activa, es decir, de los mismos juicios o procesos donde las partes que constituyen el Derecho están concatenadas unas con otras en una definición atributiva del total que forman. Este núcleo o momento técnico es el que nutre de sentido cualquier definición que se atribuya al Derecho.

Escolio 2: Que el proceso haya estado oculto a los ojos del Derecho se debe al eclipse que han sufrido las técnicas en su conexión con las ciencias. Más aún si se quiere resaltar una cientificidad estricta (alfa-operatoria) de la que carece el Derecho. Nosotros afirmamos que las técnicas, en cuanto normativas operatorias con materiales determinados, son la base de lo que luego serán las ciencias (E.G. III). Cuando estas ciencias son práctico-prudenciales, las operaciones técnicas con el campo son contiguas a las operaciones del sujeto que trabaja sobre ese campo, y en el Derecho esto se demuestra de muchas maneras, por ejemplo, porque el sujeto temático debe conocer las leyes que aplicará el jurista. Cuando se advirtió que hay toda una gama de presupuestos necesarios para el buen funcionamiento de los enjuiciamientos, se comienza a configurar una rama del Derecho centrada en el mismo proceso. Sin embargo, serán muy pocos los teóricos del Derecho que den al proceso el lugar central que tiene en el Derecho. Tragado por el «subjetivismo» de la acción, carecerá de todo peso ontológico, convertido en un instrumento o medio sin entidad propia. Tal vez la teoría del Derecho como proceso de Fritz Sander, al que llega después de pasar una etapa neo-kantiana y a quien hemos llegado por su agria polémica con Kelsen (por quien llegó Kelsen a España, según sostiene Recasens-Siches), acierta a ver en el proceso la generación de todo el Derecho, pues antes del proceso, los derechos son meras expectativas o facultades, por lo que el Derecho procesal se construye como teoría de la experiencia jurídica, por donde también irá Cossio desde unos presupuestos ontológicos opuestos a los nuestros. Otros teóricos del Derecho como Neuner o Cornelutti, van en esta línea, defendiendo la idea, según la cual, sin proceso no hay Derecho. Capograssi verá en la sucesión de momentos procesales la transformación operativa que se totaliza en la sentencia. Por qué y cómo es esto así cabe formularlo con mayor claridad.

PROPOSICIÓN XXXVI

El actualismo de todo proceso consiste en su desaparición con el caso que juzga.

Explicación: Muchos de los denominados principios generales del Derecho tienen como referencia el proceso. Vienen a ser presupuestos o máximas que aparecen tras la reiteración del ejercicio jurisdiccional, pues al tratarse de una institución procesual de carácter ceremonial, joreomática, su unidad transcurre de acuerdo a una normativa muy estricta, desde un inicio hasta un final o cierre del mismo, que sólo debe repetirse, si se incumplen los requisitos procesales que lo rigen en cuanto juicio debido (Prop. VIII). Su naturaleza «actualista», indica los aspectos agudos, individualizados, idiotéticos o irrepetibles que le dan una naturaleza ontológica «operatoria» del que carecen las normas por completo (Prop. VI). El temor y la angustia propia de los juicios derivan de este actualismo, cuando, una vez puesto en marcha, va determinando un radio de fenómenos en torno al caso concreto según la necesidad que conduce a la resolución y ejecución de la sentencia (Prop. XXXIII). Es decir, la vinculación interna entre el caso y el proceso se determinan como la materia (fenoménica) y la forma (conceptual) cuya unidad de partes o fases del proceso hacen que la existencia de uno implique al otro y viceversa. Este actualismo hace que el «hecho» (ya inexistente) se juzgue a través de las reliquias y los relatos del presente inmediato judicial. La institución procesal no es «deber ser» ideal normativo, sino una institución del hacer (ni tampoco del «deber hacer» teórico que recogerá el Derecho procesal) en cuyo seno se produce un efecto real, sin el cual la sentencia es literatura y el proceso puro teatro (Prop. XXXI).

Escolio: Contra las tesis de un Derecho posible (Prop. XIII – P. III), futuro, ideal, contra una idea de Derecho divino o eterno (Prop. II - P. III) el proceso nos pone ante la composibilidad estricta de las partes formales implicadas en una dirección única de resolución, y cuyos márgenes están marcados de antemano. Ahora, la idealidad de la norma se demuestra en los grados de su cumplimiento o su incumplimiento, la realidad de la norma elimina su carácter futurible, pues el «debe» de la norma, queda con su incumplimiento en un «debería haber sido», para pasar con la sentencia en un «será» concreto y efectivo (ya no futurible). En el actualismo del Derecho vemos «actuar» la escala del principio de hiperrealidad de los fenómenos implicados.

PROPOSICIÓN XXXVII

El arco de racionalidad del Derecho, tomado en general, sobre el radio de instituciones que abarca, supone un marco legal o posición de inicio y su ruptura o cuestionamiento, lo que en su caso dispara el litigio o proceso de contraposición entre las partes, y finaliza con la recomposición coactiva en la realidad de inicio.

Explicación: El Derecho es una institución compleja donde se agrupan un conjunto de categorías jurídicas de muy diverso tipo (E.J. I). La unidad del campo de fenómenos que trata y se recortan frente a otras categorías no se puede agotar, lo que conduce a conflictos abiertos sobre su modo de funcionamiento, que denominamos teorías o concepciones del Derecho. Es decir, la unidad del campo del Derecho adquiere diferentes identidades en función de cómo se entiende su relación, o posición respecto del resto de categorías (Prop. XVII – P. I). Esta dialéctica respecto de su entorno y su contorno es la que aparece en lo que denominamos arco de racionalidad de la institución (Prop. XXV E. - P. II). En general se puede sostener que la función del Derecho supone un ordenamiento legal, establecido o dado (posición de inicio) que se rompe, o por lo menos, que se pone en cuestión. Es decir, se requiere un orden legal establecido como posición inicial que recoge la normativa de la realidad socio-económica y vemos configurarse en lo que hemos denominado «contorno político» del Derecho (Prop. XV – P. III). Este orden se bastaría por sí solo para resolver los desajustes que puedan aparecer, como ocurre en cualquier orden moral o religioso de sociedades pre-estatales. Pero no ocurre así en los órdenes políticos, donde se cruzan múltiples normativas éticas y morales que requieren una técnica compleja (de carácter gnoseológico) donde se reordenen sus desajustes a otro nivel (E.N. V). La ontología del Derecho supone, no órdenes perfectos o normativas absolutas, sino al contrario, posiciones conflictivas, nuevas e insospechadas de las que hay que estar pendientes. Ahora, cuando el conflicto entre factores institucionales de lo que hemos llamado «entorno» del Derecho pongan en marcha el mecanismo donde se contrapongan en la forma de una causa tipificada en el sistema legal, nos encontramos en el segundo momento o contraposición al momento inicial que está siendo analizado (por lo que queda en suspenso) (Prop. XVI – P. III). El arco se completa con una sentencia desde la que se recomponga la posición inicial de equilibrio, a saber, se tomaran las medidas coactivas prudenciales en la dirección que sea, para ajustar de nuevo la situación de orden perdida, un proceso que puede ser recurrido, pues se desarrolla según reajustes múltiples que muchas veces depende de la pericia del juez (tercer momento o de resolución de la institución) (Prop. XXXI). Con la aplicación coactiva de la resolución judicial concluye el arco de racionalidad del Derecho (en general, no de la institución del proceso particular que veremos más adelante), lo que siempre es temporal, generando a su vez consecuencias, aun cuando se extienda o abarque una serie de recursos o procesos en línea hasta las jerarquías supremas del Estado, o bien, múltiples procesos arracimados en torno a un complejo de problemas que se van derivando de uno inicial. Gustavo Bueno refiere la racionalidad humana a las instituciones (I.A. III), señalando expresamente en las instituciones jurídicas un arco de racionalidad «muy próximo» –dice- al que señala en general, y nosotros, por hipótesis, aplicamos específicamente al Derecho (Prop. XXXVII). Sin embargo, aquí no acaba el problema, pues hay que especificar el arco de racionalidad propio del proceso judicial como institución gnoseológica.

Corolario: una formulación del circuito dialéctico de este arco de racionalidad se puede expresar del siguiente modo: dada un complejo de instituciones en marcha (lisis) vinculadas a una Armadura causal que llamamos posición de inicio, se produce una desviación (y) por una determinada causa (x) que compromete la norma H [$y = f(H, x)$] y cuyos efectos son contraproducentes para la existencia de los propias normas que coordinan a diferentes sujetos (x'), de modo que ahora serán estos sujetos (x'), afectados o no, los que movilicen el sistema de instituciones jurídicas (H'), lo que llamamos contraposición, de tal forma que la sentencia (y′) será efecto de la demanda de (x') en el esquema procesual jurídico (H') [$y' = f(H', x')$], una sentencia que debe aplicarse en orden a la efectiva rectificación y re-ordenación de fenómenos de partida.

Con independencia de si es a favor o en contra, la aplicación o recomposición de la resolución judicial da fin al ciclo de transformaciones idénticas estableciendo la proporcionalidad o ajuste entre las instituciones implicadas: $y/y' = K$, cuando el «desajuste» de inicio (y) sea proporcional a la sentencia (y') que deberá aplicarse coactivamente, y sin la cual todo el conjunto de categorías del Derecho se anularía, y con él su racionalidad con el medio en el que está inserto (Prop. XXIX y XXXI – P. I).

En Derecho, tal recomposición o resolución ontológica supone operaciones judiciales para proporcionar el equilibrio roto, lo que se «demuestra» en el propio proceso gnoseológico, y el mandamiento judicial para llevarlo a cabo (coacción), y si no, no cumple su fin (Prop. VIII – P. II). La coacción o ejecución no lo lleva a cabo el juez, lo que significa que es externa al funcionamiento del Derecho, pues si no lo ordena el ejecutivo (obligado por ley a ejecutar las sentencias) y lo lleva a cabo la policía, constituirá materia de otro delito (Prop. XXIII – P. III). Lo que significa que las instituciones jurídicas no son independientes del Estado (como complejo institucional), pues contenidos como una resolución o las pruebas aportadas, o las leyes, dependen de otras instituciones, pero de las que si son independientes es función de cierta autonomía gremial y procesal. El incumplimiento de la sentencia hace al proceso «irracional», convirtiendo su racionalidad en una institución ceremonial educativa o lúdica.

PROPOSICIÓN XXXVIII

La esencia del Derecho que se genera a partir de su núcleo se desarrolla en un cuerpo y un curso esencial, cuyas especies van ligadas a los imperios.

Explicación: Entendemos por cuerpo del Derecho el sistema de instituciones que a partir de su núcleo componen el campo jurídico, a saber, cargos, jurisdicción territorial, títulos facultativos, peritos, salas de tribunal, códigos y un largo etcétera. Ahora bien, el carácter actualista que atribuimos a la esencia del Derecho hace que tal cuerpo sufra la continua transformación de sus elementos, precisamente por la necesidad de actualizarse constantemente (Prop. XV – P. I). Llamaremos curso de la esencia jurídica a las especies o fases en que se pueden dividir tales transformaciones. Pues bien, las especies en que se divide el curso del Derecho derivan del modo de organización de la propiedad en el Estado (Prop. XXXII – P. II), es decir, de las reorganizaciones del Estado que implican las correspondientes reorganizaciones jurídicas. La primera fase o fase agraria del Derecho comprende unos mil años, que van de su origen en la Roma del principado hasta el fin del imperio romano de Oriente, la segunda especie del Derecho aparece en Occidente con los inicios de la revolución comercial y los Estados Pontificios de la Roma del S. XI, extendiéndose con el Imperio español al continente americano, y la tercera especie de Derecho se produce con la expansión de la producción industrial y las empresas de capital, lo que supondrá la reordenación jurídica contractual de los Estados modernos a escala geopolítica, que culmina extendiendo las «naciones jurídicas» del S. XIX al resto del mundo (lo que trataremos en el apéndice a esta parte).

Corolario: Nos oponemos así a las esencias porfirianas, distributivas del Derecho, especificado en una serie de predicados fijos. Antes bien, vemos aquí una esencia plotiniana de carácter atributivo que en función de los materiales del medio va transformándose, desde su origen a su final consumativo (Prop. XIV).

PROPOSICIÓN XXXIX

Las normas que vienen de la parte convexa (el contorno político) del cuerpo del Derecho, en su parte cóncava forman los códigos normativos de cada rama del Derecho.

Explicación: La ósmosis o absorción que alimenta el cuerpo jurídico se produce a partir del entorno que aporta la materia (conflicto social o institucional) y el contorno que la filtra según las leyes de cada Estado (jurisdicción, tipo legal, &c.), lo que va a «tratarse» por el dintorno específicamente jurídico (Prop. XXXIII) y se va a reinsertar de nuevo por el contorno político que lo ejercita (E.J. I), poniéndolo en marcha, causando los efectos pertinentes en el entorno institucional de donde surgió (sean económicas, normativas, administrativas, penales, &c.) (E.J. II).

PROPOSICIÓN XL

Desde el núcleo procesal del Derecho entendemos como presupuestos jurídicos necesarios para su buen desarrollo gran cantidad de conceptos que se otorgan a los sujetos artificial o convencionalmente para que formen parte de la vida política, nos referimos a presupuestos como la responsabilidad, el conocimiento de la norma, la personalidad, la libertad, &c. Tal atribución de facultades genera desajustes constantes con la materia que trata, lo que obliga a rectificaciones sobre el terreno procesal en marcha.

Explicación: Según parece, la rama del Derecho procesal surge cuando von Bülow identifica muchos de estos presupuestos actuando de un modo u otro en el ejercicio de la jurisdicción civil. Se trata de ideas históricas de carácter análogo cuya funcionalidad obedece a factores nematológicos necesarios para la organización socio-política, por lo que la atribución de facultades a los sujetos vinculadas a su conocimiento o a su voluntad derivan de las estructuras institucionales donde han sido formados (I.A. III), es decir, se toman como un hecho derivado del largo proceso de sociabilización y educación del individuo (E.N. IV). Desde luego no podemos admitir de ningún modo libertades naturales, personalidades metafísicas o conciencias de la responsabilidad, o cosas semejantes, provenientes o inherentes al mismo sujeto, como quiere el subjetivismo jurídico (Prop. V E. - P. I), pues hablar de persona natural es lo mismo que hablar de «fiscalía natural» o «cotización natural». Y así se demuestra en el origen histórico de los términos a los que nos referimos, cuya evolución es conceptual (E.N. III). Persona viene del teatro griego, de la máscara para hablar en público (*prosopón*), lo que se aplica a las «personas divinas» en el Concilio de Nicea del 325, y posteriormente a los hombres (en cuyo cuerpo se encarnó la segunda persona de la Trinidad). Cosa más artificial imposible. «Responsabilidad» viene de «*spondere*» como el que es capaz de asumir sus compromisos. Libertad viene de la raíz «*leuch*» vinculada a la noción de pueblo (no de individuo). Y así podríamos seguir.

Escolio: No podemos discutir aquí con los que afirman lo contrario, pues su número y las razones que aducen se extienden por los siglos de los siglos. Tan sólo aduciremos en contra de las supuestas capacidades *a priori* o atributos inherentes al sujeto, el caso de los niños lobo (a los que hemos hecho alusión en la Proposición XVII de la Parte II). Aquellos niños encontrados en los bosques o en habitaciones de las que no han salido en su corta vida, pues después de muchos años al margen de cualquier institución son incapaces de llegar a hablar siquiera, haciendo imposible ya atribuirles una personalidad jurídica, o de asumir responsabilidades, más allá de las que se les da a un perro o a un caballo, pues, si no pueden siquiera valerse por sí mismos, ¿qué libertad tienen?, ¿la de volver al monte a retozar?, ¿cómo van a razonar legalmente si no pueden hablar ni pensar lingüísticamente? Es evidente que no existen los sujetos de derechos al margen de la sociedad donde se forman. Lo que demuestra que tales derechos les vienen dados desde fuera, pues es imposible que salgan de un dentro espiritual o mental, corporal o biológico, dado que las características «homínidas» de los niños lobo están muy desarrolladas, pero no tienen nada que ver con las «humanas». Así, al margen de las relaciones trascendentales por las cuales se constituyen históricamente las categorías de la realidad, como las del propio Derecho, no se podría comprender cómo, derechos y deberes distintos, se aprenden, se atribuyen y se suponen actuando en los individuos de modo distinto en cada cultura y sistema jurídico.

PROPOSICIÓN XLI

En el proceso no cabe la «*epoge*» o suspensión del juicio, salvo por causas justificadas por la ley (como indefensión o defectos de forma). Por lo que la obligación de dictar sentencia en casos de «difícil resolución» requiere un «uso alternativo del Derecho».

Explicación: Cuando el caso sea de tal naturaleza que se discutan tanto las cuestiones de hecho como las cuestiones de derecho (Prop. VIII) (dificultando las razones o las causas a justificar en la resolución), el carácter técnico del proceso, como construcción de los elementos de acuerdo a un fin (Prop. XXXI), permite un margen de artificiosidad o maestría del juez según la cual dé con una vía alternativa a las dadas con anterioridad (Prop. XI).

Escolio: Cuando se habla de la importancia de valores materiales o universales como vías de solución de la problemática de difícil resolución no se sabe lo que se dice, pues no se ve en qué consisten esos valores materiales (formales o del tipo que sean), contra qué contravalores van o qué orden jerárquico guardan. A nuestro modo de ver, la axiología o ciencia de los valores es un conjunto de doctrinas de marcado carácter metafísico cuando no se reducen a las valoraciones subjetivas por las que se cuela la moral y la tradición cultural y moral que rodea al juez. Nosotros suponemos que hablar de valores es hablar del modo de jerarquizar las instituciones de una sociedad en la medida en que su recursividad se opone a otras. El valor es la característica resultante de las operaciones de los sujetos en la marcha de la institución, por lo que no dependen del sujeto, no son subjetivas, ni dependen enteramente de la institución, pues no son independientes de las operaciones de los sujetos (Prop. XX – P. II). De modo que cuando se habla de valores en el Derecho, se habla de la misma institución judicial y sus funciones políticas y sociales, es decir, de la recurrencia de los complejos institucionales en los que se inserta el propio Derecho (E.J. II). Desde esta concepción no hay valores universales, pues igual que no se puede hablar de crisis universal de los valores, dado que no hay una crisis universal de las instituciones, no puede haber una institución de radio universal, exceptuando algunos valores de verdad en ciencias α-operatorias, pero no es el caso del Derecho, y la razón ya la hemos dado en la explicación: es el valor de la recurrencia (el futuro) de la institución lo que guía, tanto la valoración del juez como el «arte» (*tekné*) con que solucione el problema al que está obligado responder. El carácter «artístico» por el cual se tiene que «deformar», redirigir y «remodelar» parte del Derecho, desde un uso alternativo (una idea difundida por marxistas y luego por social-demócratas) ya lo vimos defenderse desde las teorías probabilistas del S. XVII español, cuando en ocasiones se defendía la necesidad de seguir el juicio menos probable en materia moral (una corriente defendida por dominicos y jesuitas con gran repercusión en toda Europa)

PROPOSICIÓN XLII

Las conexiones del proceso son el fundamento de las relaciones del Derecho procesal, y no al contrario.

Explicación: Se entiende el Derecho procesal como el conjunto de normas jurídicas que regulan la organización y funcionamiento de los tribunales, su jurisdicción, sus competencias y los órganos jurisdiccionales (o la ciencia que lo estudia). Ahora bien, como suponemos que las conexiones son el fundamento de las relaciones (E.O. VII), e igual que la gramática o la fonología ya supone el habla en ejercicio, o la Constitución escrita ya supone la *systasis* o *constitutio* política de un territorio, así ocurre en este caso entre el proceso en ejercicio y el Derecho procesal, antes denominado práctica judicial, práctica civil o *practis iudicium*, y no fue hasta el S. XIX cuando se sustituyó práctica por procedimiento, Chiovenda la llamó Derecho procesal.

Escolio: Es interesante observar cómo el concepto de «procedimiento» desactiva parte de los componentes objetivos del proceso como entidad real, confundiendo la institución con la tipificación de su proceder, que ya es normativo. De hecho, hemos encontrado acepciones que intercambian los significados entre proceso y procedimiento. Se trata de un caso más donde se intenta dar un aspecto científico, seguro, riguroso, y racional a las codificaciones, poniendo la realidad del Derecho en las relaciones normativas o en las acciones subjetivas, algo que se ve claramente en la propia fundamentación del Derecho procesal, y así se han defendido tesis sobre el fundamento del Derecho procesal que se mueve entre la «acción de parte» que lo pone en marcha, la relación jurídica entre las partes, la variación de la situación judicial de las partes o la idea de satisfacción de la pretensión. Así, nos hemos encontrado con analogías que entienden el proceso como la locomotora que conduce el Derecho a su fin a través de las vías procedimentales que lo dirigen normativamente. Como se ve, en la analogía desaparece la objetividad procesal como entidad propia diluida entre la energía de la locomotora como instancia de parte (la pretensión) y su resolución en la sentencia a través de los carriles normativos. El proceso desaparece como los laboratorios y los instrumentos desaparecen en los teoremas científicos (lo que, como hemos apuntado ya, ha llevado incluso a negar que el proceso sea parte del Derecho). Aquí desaparecen los «contextos determinantes» sin los cuales no hay verdad científica, allí desaparecen los «contextos determinados» sin los cuales no hay realidad jurídica.

PROPOSICIÓN XLIII

Las presunciones y las «ficciones» jurídicas se entienden a partir de las armaduras que limitan los procesos causales, es decir, las estructuras, esquemas materiales de identidad u órdenes sociales donde se inserta el «caso», lo que sólo tiene efecto o realidad en cuanto tal, en los procesos técnicos de composición o construcción del proceso decisorio.

Explicación: Se suele citar a von Bülow y su teoría de las excepciones y los presupuestos procesales como un hito en la ciencia procesal moderna. Así, en el código civil se presume el naufragio de un buque si no llega a su destino, o, si han pasado tres años contados desde las últimas noticias recibidas, o se presume como hijo legítimo el nacido ciento ochenta días después de celebrado el matrimonio, se presume la inocencia hasta que no se demuestre lo contrario, o se presume que el beneficio causa el delito, se presume en algunos casos del derecho administrativos la aprobación o denegación de lo solicitado si no hay respuesta en el tiempo establecido legalmente, &c. Como se ve, se trata de requerimientos técnicos (pues ninguna de estas presunciones está probada) que como los «principios generales del Derecho» o muchos conceptos jurídicos (Prop. II. C.) sirven para llevar adelante el arco racional del proceso, estableciendo unos límites o armaduras causales que evitan que la investigación judicial se vaya al infinito (E.O. VI), lo que imposibilitaría la totalización de causas y efectos que de fin al proceso.

Escolio: Desde el mentalismo o el psicologismo jurídico, por ejemplo, en Bentham, todo el Derecho no es más que una suma de presupuestos o ficciones mentales (típicos en la tradición inglesa) que coordinan los beneficios que esperan los sujetos o los perjuicios que no se desean. Del mismo modo el proceso se entiende como una suma de inferencias mentales donde dado algo, «p», se presume «q», lo que lleva a investigaciones concretas o evita otras imposibles. Vaihinger también entendía al Derecho como ficción, y otros, sin ir tan lejos, ven ficciones jurídicas a las personas jurídicas, la igualdad ante la ley, o la norma suprema de Kelsen. Lo que no ven, porque carecen de una ontología capaz de identificarlo, es que las relaciones jurídicas tienen un estatuto ontológico propio (M_3) que deriva de la realidad procesual (M_1) a través de las operaciones técnicas de los sujetos (M_2) sin agotarse en alguna de las dos, de modo que muchas relaciones jurídicas, lo son, en el caso de las ciencias beta-operatorias, en cuanto conceptualizaciones de las propias operaciones técnicas de los sujetos, es decir, existentes en el ejercicio práctico, en este caso la praxis procesal, sin el cual desaparecerán. Pues, por así decir, su esencia implica su existencia.

PROPOSICIÓN XLIV

El arco de racionalidad del complejo de instituciones jurídicas tiene un carácter ontológico, pero el arco de racionalidad de la institución del proceso en cuanto saber-hacer, o esencia técnica jurídica, ofrece un carácter gnoseológico cuya dialéctica es inversa al primero.

Explicación: En el orden del ser primero está el hecho delictivo o la infracción, con los perjuicios o consecuencias a terceros (deseadas o no), que da lugar al proceso judicial y la rectificación pertinente (Prop. XXXVII). En el orden del conocer la secuencia es la inversa, es decir, se abre con el conocimiento del «hecho» a partir de la demanda (de oficio o de parte), continuando en cada caso con las pruebas, pesquisas, investigaciones, peritaciones, testimonios y demás trámites que permitan hacerse una idea sobre la totalidad de las partes implicadas (una idea cuya construcción puede ser semejante a la que ofrece una de las partes), y finaliza con la sentencia que determina dialécticamente la naturaleza de lo juzgado (Prop. XXXII y XXXIII). Es decir, lo que «es» y hay que acatar al finalizar el proceso de conocimiento será aquello que en el orden del ser «era» lo «primero». Como dijimos en la Proposición XXXVII, la función que puede recoger las operaciones causales básicas tendría como determinante causal (x), precisamente la «causa», el esquema material que se rompe o desajusta es la norma (H) e (y) sería la desviación o «infracción» [$y = f(H, x)$]. Sin embargo, la función del proceso sería inversa, pues supuesta la conculcación o el «delito» (y), ahora (x') es la demanda como causa que pone en marcha el esquema de identidad procesual (H') que dará como resultado (y'), la sentencia que ajusta la «causa» (x) desde la verdad judicial [$y' = f(H', x')$]

Escolio: Quien suponga que el orden del conocimiento reconstruye el orden del ser, quita toda realidad al Derecho, convertido en un mero espejo, o una «aproximación» al «hecho», un modo del «destejer», como si pudiésemos volver en el tiempo hacia atrás, hacia el «hecho puro», cosa absurda donde las haya, pues el tiempo siempre es presente. ¿Dónde está el «hecho» para aproximarse a él? Como hemos visto (Prop. XXXII E.), el Derecho construye consecuencias mirando al futuro, pues las situaciones del hacer son muchas veces trágicas y no se pueden reconstruir (¿cómo devolver la vida a un asesinado?), sólo se pueden reconstruir las obras del *facere* (por ejemplo, al reconstruir objetos como una vasija a partir de partes suyas «presentes» que suponen la forma del todo), pero el *agere* (de hacer cosas como acciones) es puro proceso unidireccional, desapareciendo según pasa (Prop. XXXVI). Como ya hemos dicho, la idea de reconstrucción de un hecho viene del «teatro», donde se «reconstruye» la escena del «crimen» ante nuestros ojos de modo puramente artificial. Si a veces se pide en sala judicial es porque tiene alguna finalidad, ya sea como forma de prueba, como modo de apreciar la coherencia de las declaraciones, la disposición de los elementos implicados, &c. Lo que negamos es que la verdad elaborada o construida sea una adecuación a un pasado que no existe.

Corolario: La dialéctica del Derecho puede dejar a alguien permanentemente frustrado ante sus expectativas de justicia, pues como mucho consigue órdenes o ajustes con los que hay que conformarse, y que tienden a desajustarse de nuevo. A estos les diremos que si no pueden soportar semejante frustración, le cabe «tomarse la justicia por su mano», siempre que esté dispuesto a aceptar las consecuencias. Todo lo cual hace notar que el Derecho real poco tiene que ver con la

Justicia ideal o con las pretensiones psicológicas del sujeto.

PROPOSICIÓN XLV

El arco de racionalidad de la institución procesal es gnoseológico.

Explicación: Definimos el proceso como núcleo dialéctico recurrente de la esencia del Derecho (Prop. XV – P. I), en el cual se desarrolla un arco de racionalidad o transformación idéntica en tres fases:

I- Una posición normativa procesal y una apertura de la Causa que plantea la demanda de parte o del ministerio fiscal. Lo que comprende las fases de demanda y contestación, su tipificación judicial y la incoación del caso con la fase de instrucción del auto. Posición que podemos formular con una implicación: «p implica q».

II- La contraposición (entre las partes) con el medio entorno institucional o partes del contorno legal, que comprende la exposición de los referentes probatorios de las partes enfrentadas entre sí respecto de un mismo hecho (esquema material de identidad) o distintos derechos, y el análisis de sus ajustes, contradicciones o incompatibilidades (sociales, económicas, administrativas, laborales, &c.). Aquí el medio externo de las instituciones en pugna es la clave para el éxito del proceso, lo que no se puede perder nunca de vista (como la diana para el tirador). Lo que comprende la fase de prueba o fase oral (en términos lógicos: «no q implica no p»)

III- La recomposición o ajustes entre las de partes I y II como resolución judicial o *progressus* del todo a la posición inicial de los autos. Una dialéctica que redefine todos los elementos (antes supuestos) desde una relación constitutiva: la verdad judicial.

Corolario: Como se puede observar, el Derecho como conjunto de instituciones en general, cuyo arco de racionalidad supone unas normas dadas (desde el contorno positivo), su ruptura por el medio externo, la contraposición entre las partes y el ajuste final coactivo sobre el entorno donde se ha generado el caso y su núcleo procesal, influye en la fase dos del arco específico del Derecho donde se da el arco de racionalidad del proceso, como su núcleo, es decir, la institución del proceso judicial (Prop. XXXVII), que ya se produce por entero en la inmanencia del Derecho (su dintorno) (Prop. XIV – P. III). En la formalización del arco de racionalidad del proceso se puede ver cómo la inmanencia del Derecho invierte los elementos que aparecían en el conjunto de instituciones donde se inserta la racionalidad del Derecho (en general) (Prop. XLIV).

I- La posición de inicio supone toda la normativa del Derecho procesal: arranca el proceso con la demanda, la aceptación a trámite, tipificación, investigación, en su caso, medidas cautelares y concluye con el cierre del auto. Supuesta la función causal del proceso [$y' = f(H', x')$], tomamos a (x') como demanda que pone en marcha, compromete la institución procesal (H) cuya desviación o resolución es la sentencia (y').

II- La contraposición (segunda fase) requiere probar en sede judicial, de modo interno, lo que en el Derecho general era la materia o conflicto social, incorporada ya a la normativa con que se tipifica (penal, civil, laboral, &c.) y la normativa procesal. La fase de prueba o fase oral está ordenada a la demostración de lo que se juzga (a través de pesquisas, diligencias, documentos, peritaje, &c.). Es decir, si la demanda (x') pondrá en marcha un esquema material (H'), la Causa, en una dirección concreta, lo cual ya no ocurre fuera del Derecho (como le pasa al Derecho visto desde su medio), sino que sólo influye en lo contenido en el auto, de modo analítico, confrontadas las partes pero no totalizadas todavía.

III- La resolución será la encargada de encajar o totalizar el conjunto de partes ofrecidas en la fase II, y emitir la sentencia, o resultado de la función (y') que puede concordar o no con las pretensiones de la posición de inicio, dejando fuera del proceso su ejecución, que ya no es propia del proceso, sino de la coacción como fase tres del Derecho respecto de su entorno. Lo que se demuestra porque en caso de no aplicarse daría paso a un recurso y a un nuevo proceso. El proceso, para Goldschmidt, se definía como un conjunto de situaciones transitorias, que van transcurriendo hasta llegar a una situación definitiva, cuál es la sentencia.

Como hemos visto en la Proposición anterior, la dialéctica entre la función del Derecho en general y el circuito o arco de racionalidad procesal, aparece independientemente de que la «causa» sea real (x) pues no se sabrá hasta el veredicto (y'), o que la demanda (x') obedezca a un delito (y´) pues puede haber demandas hechas a partir de falsear los daños, y también es independiente de que la sentencia sea favorable o no, pues el procesamiento (H') determina si el efecto (y) es un perjuicio para al sujeto (x') que inicia la demanda, por lo que entonces, y sólo entonces se determina que el efecto (y) es realmente una infracción (lo que antes era «presunto»), y al contrario, si (x) es inocente porque no ha causado el perjuicio (y'), por lo que (y) no es una infracción, ni un perjuicio para quien inicia el procedimiento (*x*´).

El carácter dialéctico de la fase tercera no sólo afecta al hecho, sino que puede afectar al Derecho, ya sea porque afecta a la propia legalidad (*H*) de la primera fase (lo que se llama fuente normativa) como en la segunda fase, al reformular las causas tipificadas como posibles infracciones (*H*´) (la jurisprudencia del Derecho que hacen los jueces al sentar doctrina).

Escolio: La discusión sobre dónde empieza el proceso dependerá de si se hace coincidir o no con la sala donde se juzga, o si recoge las fases anteriores a la imputación y demás. A nuestro modo de ver, es evidente que la modificación o puesta en marcha del proceso comienza con la demanda y la etapa preliminar (averiguación previa). Otra cosa muy distinta es cuando se concluya, pero esto no está asegurado nunca, si quiera en la espera de sentencia.

PROPOSICIÓN XLVI

Hay un ajuste dialéctico entre la ontología del Derecho y la gnoseología del proceso judicial.

Explicación: Volvemos sobre lo dicho en la Proposición XLIV, es decir, sobre la dialéctica entre los arcos de racionalidad del Derecho (como complejo de instituciones, en general) y el proceso (como institución particular), pues una cosa es la estructura funcional y otra su arco de racionalidad.

I- La posición inicial del Derecho supone un marco normativo establecido desde el contorno político del cuerpo ontológico del Derecho (*H*). No así, la posición inicial del núcleo jurídico, cuyo esquema material de identidad (*H*´), el proceso judicial, se produce en su inmanencia, como institución ceremonial, operatoria, gnoseológica.

II- La contraposición en el Derecho supone una materia o causa (*x*) proveniente de la ruptura o del conflicto del orden socio-económico (o del político tomado como orden material) como entorno del cuerpo ontológico del Derecho que compromete el orden general de partida. Sin embargo, en el orden inmanente del proceso, la segunda fase aparece con la puesta en marcha del proceso (*H*´), obligando a la contraposición gnoseológica entre las partes en el litigio (documentando, discutiendo, engañando, &c.), es decir, en la misma sala judicial o dintorno procesal que analiza el caso (el «hecho»).

III- La resolución del arco de racionalidad del Derecho (*y*) consiste en reajustar el orden legal y ontológico puesto en cuestión, con la restitución, o no, de aquello que la sentencia determine, en el entorno inicial que da origen a la causa. Lo que no ocurre en la resolución del arco de racionalidad procesal, donde la totalización gnoseológica o resolución de la sentencia (*y'*) se limita a dictaminar la «verdad judicial» sobre la posición inicial, ordenando sus consecuencias.

Corolario: El ajuste dialéctico entre las fases ontológicas (donde se encuentra la propia realidad del proceso) y las gnoseológicas (que determinan la «realidad o verdad» de lo que ha pasado, modificándolo o aceptándolo) es prudencial, pues las consecuencias de su aplicación no se conocen. Y es que las funciones ontológicas del Derecho en la sociedad política tienen que contar con las normas, los conflictos y su coordinación jurídica, lo que dispara el proceso gnoseológico, técnico que se abre con la demanda ante un juzgado, se discuten las posiciones en el juicio y se totaliza en un dictamen (juicio o proposición de razones), que se tiene que ejecutar. Si antes del juicio toda la «realidad» era supuesta, ahora la verdad judicial, como fin de toda la praxis jurídica, dirá lo que ha pasado y pasará, sin embargo, la realidad ontológica donde se inserta puede generar nuevos desajustes, insospechados, que obligarán a un nuevo reajuste para saber de nuevo qué ha pasado y cómo solucionarlo.

PROPOSICIÓN XLVII

El análisis gnoseológico de los elementos del campo jurídico se distribuye en tres ejes, que podemos indicar de un modo muy sucinto:

1 – El eje sintáctico incluye los términos: acusado, recurso, prueba de descargo, sala de lo civil, procurador, &c.; las operaciones: acusar, declarar, defender, citar, ejecutar, &c.; y las relaciones: propiedad, contrato, arrendamiento, jurisdicción, &c.

2 – El eje semántico comprende un sector fisicalista: salas de visitas, togas, banquillos, libros de códigos, &c.; un sector fenoménico: hurtos, violaciones, impagos, encarcelamientos, engaños, &c.; y un sector esencial o núcleo jurídico en la institución ceremonial procesual, su cuerpo normativo, y su curso histórico ampliativo.

3 - El eje pragmático comprende los autologismos: recuerdos, autojustificaciones, fines, prolepsis, deliberaciones, &c.; los dialogismos: interrogatorios, argumentaciones, testimonios, congresos, clases magistrales, &c.; y las normas: procesales, obligaciones, prescripciones, tipos de recursos, &c.

Corolario: Del mismo modo los ejes gnoseológicos nos sirven para clasificar los elementos de la constitución del ceremonial procesal como cruce entre la normativa del eje pragmático, los fenómenos del eje semántico (que forman parte de su campo), y las operaciones del eje sintáctico que hay que llevar a cabo en cada desarrollo procesal.

PROPOSICIÓN XLVIII

La esencia que presentamos, basada en el núcleo institucional ceremonial del Derecho, con su cuerpo y su curso procesual, está presupuesta de algún modo por toda ontología del Derecho.

Explicación: Tal y como entendemos, la ontología del Derecho que se levanta desde el sistema del materialismo filosófico no es una más de las posibles ontologías que se pueden hacer, sino que es la filosofía del Derecho verdadera, de modo que cualquier verdadera filosofía del Derecho tiene que presuponerla de algún modo funcionando. Lo que como es natural, otros negarán.

PROPOSICIÓN XLIX

La verdad en el Derecho está en el proceso de construcción o ensamblaje de los materiales que en cada caso resuelva su totalización, lo que exige la desconexión de las partes en litigio y su reordenación según la normativa procesal, donde un defecto de forma invalida el proceso entero. Pero como esta construcción no es completamente cerrada, sólo se puede medir en la involucración con sus fundamentos.

Explicación: En cuanto hemos puesto el núcleo generador del Derecho en el proceso (Prop. XLV), y este núcleo consiste en una conjugación o ajuste de la materia que tipifica y la forma que la totaliza (Prop. XIII), no podrá medirse su alcance respecto de otra forma, ¿cuál sería ésta? La realidad material no, pues es lo que se discute, alguna forma legal no, pues es lo que se aplica. Pero tampoco es ajena a tal realidad, pues no cierra su campo categorial.

De modo que la verdad del Derecho está en su práctica prudencial, es decir, en la previsión de consecuencias negativas que hacen a la verdad del Derecho dependiente de sus resultados operatorios. Es decir, si en el proceso hay verdades de resolución concreta o de construcción, en el Derecho en general la verdad se mide por el ajuste o proporción entre el daño (y) y el veredicto (y'), por lo que [$y/y' = K$], lo que se vio desde un principio en Roma, cuando se llamó a la disciplina *iurisprudencia.*

Escolio: No se puede poner la verdad del Derecho fuera del

mismo Derecho, en un supuesto teórico del Derecho ajeno al jurista, en cuanto se limitase a describir su funcionamiento, como pretende Kelsen, aunque esta idea de ciencias jurídicas se reciba con agrado en las facultades de Derecho, pues se dedican al análisis y no a la práctica judicial. Tal «cientificidad» sería la misma que la que alcanzasen los estudiosos en teología con los dogmas revelados, pues pese a las corrientes positivista, el descripcionismo no es más que hacer patente lo que se da, independientemente de su estructura gnoseológica.

PROPOSICIÓN L

Los recursos como apertura de nuevos cursos procesales se toman conforme a la materia (aparición de documentos sustanciales, aparición de pruebas falsas, &c.), o de acuerdo con la forma (contradicciones en la sentencia, o incongruencias en su justificación, defecto de forma, &c.).

PROPOSICIÓN LI

El ensamblaje procesal de los materiales en litigio según criterios jurídicos para darle una forma siempre es en acto, el dominio técnico que tenga el jurista va a determinar el proceso mismo y los resultados que alcance. Es decir, no todos los juristas dominan esta técnica por igual. Lo que no es un defecto del sistema jurídico, sino parte de su esencia.

Escolio: Suponer como tantas doctrinas del Derecho, situaciones ideales, mundos justos, o principios firmes de los que partir, deriva de la comparación entre sistemas jurídicos, pero no pueden pretender ser guías para la perfección del Derecho realmente existente con un ámbito universal, como el que pretendiera una legislación universal, salvando los «déficits» del Derecho real. Las antinomias y las lagunas del Derecho son parte constitutiva del mismo, pues una ceremonia procesal tiene que ponerse en marcha en cada caso en función de unas circunstancias que varían permanentemente, y que hacen obsoletas las leyes, lo que en palabras de Villey significaba que «el Derecho nunca acaba». Lo que nos lleva a preguntar: ¿acaso esta «evolución del Derecho» tiene una dirección?, ¿podemos decir que el Derecho romano es más imperfecto que el Derecho español actual?, ¿respecto de qué podríamos medirlo? Como hemos dicho, sólo se puede medir según su capacidad para resolver conflictos de modo efectivo y recurrente, *in media res*, en orden a la eutaxia del Estado en que está inserto. En todo caso la esencia del Derecho, como toda esencia técnica procesual tiene un curso dialéctico propio que habrá que determinar.

Corolario: El principio según el cual «todo lo que no está prohibido está permitido» toma su fuerza de la máxima según la cual la racionalidad humana está institucionalizada, como ya hemos dicho, y toda institución supone unas normas. La cuestión empieza a complicarse cuando unas normativas son incompatibles con otras, y a tal ordenación jerárquica se dirigen las instituciones del Derecho.

PROPOSICIÓN LII

La esencia del Derecho se forma a parir de un Género generador moral o religioso, cuya diferencia específica (la escritura de las normas estatales en los imperios-absolutos) dará lugar a un núcleo (el arco de racionalidad de instituciones procesuales jurídicas en la Roma imperial del Principado) en torno al cual se forma el cuerpo esencial (conjunto de instituciones jurídicas: legisladores, leyes, jueces, tribunales, propiedades, procedimientos, jurisdicción, &c.), que da lugar a un curso según la ampliación de su ámbito jurisdiccional (romano, católico y universal).

Explicación: Resumimos así nuestra tesis principal sobre la esencia del Derecho. Entendemos que toda sociedad humana es institucional, es decir, está ordenada en torno a normativas morales o religiosas en las que se determina el deber ser, a partir de rutinas victoriosas estructuradas en torno a leyes eternas o sagradas, que en los Imperios absolutos del Neolítico se expresa en la idea de justicia como orden perfecto. Un género generador que el Derecho va a destruir allí por donde pasa re-ordenándolo a nivel político. Pero para llegar a constituirse como un proceso actualista y recurrente como práctica judicial, requiere una diferencia que lo especifique a nivel estatal o proto-estatal, lo que aparece con las leyes escritas de los imperios mesopotámicos, asirios, hititas, babilonios, egipcios, griegos y los mismos textos romanos. Que la norma esté escrita permite su fijación y el análisis comparativo de su campo de aplicación, como único modo de percibir las inconmensurabilidades e incompatibilidades entre unas normas y otras. Será en la Roma del Principado, una vez que el Imperio tiene que coordinar múltiples normativas morales, religiosas, éticas y económicas (muchas ideas de «justicia» distintas), cuando aparece el núcleo del Derecho en torno a los procesos judiciales y los especialistas en su funcionamiento, las escuelas de jurisconsultos.

Será en torno a este núcleo procesal a partir del cual se generan una serie de términos, operaciones y conceptos relacionales que forman un cuerpo que delimita el conjunto de fenómenos jurídicos. El carácter actualista que damos a tal núcleo hace que se sucedan los cambios que van re-adaptando el Derecho a su contexto socio-político en diferentes especies que desarrollan el cuerpo de la esencia del Derecho según se amplía.

PROPOSICIÓN LIII

Las especies del Derecho no afectan a su núcleo procesal, sino a las funciones del Derecho en general, es decir, a su cuerpo esencial en relación al entorno y el contorno en la medida en que amplía su campo de fenómenos.

Explicación: El arco de racionalidad del núcleo del Derecho como proceso judicial, mantiene su estructura como centro generador del cuerpo esencial del Derecho, esto no quiere decir que no evolucionen o cambien sus procedimientos y su normativa, pero como institución ceremonial ofrece una continuidad operativa muy marcada que sólo se diversifica en función de las características propias de cada rama o jurisdicción (civil, penal, administrativo, laboral). No ocurre así con la esencia del Derecho en general, pues sus contenidos no paran de cambiar y modificarse a lo largo de su historia. Es decir, las especies de la esencia del Derecho no permanecen idénticas desde Roma hasta la actualidad. Y ello es debido a los cambios del contorno político normativo del Derecho y su entorno socio-económico, a cuya coordinación vinculamos la necesidad del Derecho, sin la cual no tendría sentido el dintorno conceptual de la categoría.

PROPOSICIÓN LIV

Las especies del Derecho se ordenan en función del modelo imperial por el que se extienden. Sus especies se corresponden respectivamente con el Derecho romano, el Derecho canónico y los derechos subjetivos de las declaraciones universales de derechos.

Explicación: Hemos escogido acepciones «ideológicas» o «doctrinales» para las especies del Derecho con motivo de enfatizar su carácter histórico. En realidad, nos referimos al Derecho que en torno al Imperio romano y sus sucesores orientales se forma en un contexto eminentemente agrícola; la segunda época significará una resurrección del Derecho según aparece con la revolución comercial en torno a la Iglesia católica, cuyo imperio meta-político se extiende por toda Europa a lo largo del Medievo, continuándose con la Monarquía católica hispánica que genera los procesos que afectan al resto del mundo. Y suponemos que su fin específico cabe verlo formándose en las Estados protestantes que heredan la supremacía de las rutas de comercio españolas, a través de una revolución industrial inglesa, cuya reformulación jurídica se lleva a cabo por la Revolución francesa y el auge del individualismo metodológico de la racionalidad holizadora protestante, tercera especie del Derecho que las generaciones de izquierda extienden y hegemonizan con las naciones unidas. Por supuesto las especies de que hablamos se superponen unas a otras en diferentes tiempos y lugares, por ejemplo, la primera y la segunda durante el alto Medievo, o la segunda y la tercera en el contexto de las guerras europeas que inician la modernidad con España. Del mismo modo, la tercera especie tiene una extensión o implantación muy discutida dependiendo el régimen de propiedad. Es precisamente la propiedad y sus modos de establecerse, la que nos permitirá desarrollar las especies del Derecho a las que nos referimos a través de una historia de guerras y conflictos permanentes. Este es el objeto del Apéndice a esta parte.

APÉNDICE

La tesis general que defendemos aquí supone que el conflicto permanente entre los poderes del Estado (y unos Estados con otros) tienen un reflejo en los derechos ligados a ellos. La solución jerárquica del Derecho obedece a este problema, el intento positivista de Kelsen no lo soluciona, pues tiene de fondo los cambios institucionales económicos y políticos donde Jehring ve *La lucha por el Derecho*. En el Apéndice a la parte III nos fijamos en los cambios políticos para ver su necesidad imperial, ahora nos fijaremos en los procesos socio-económicos para apreciar su dialéctica interna.

Los tipos de derechos tal y como pueden aparecer en sus textos correspondientes no son armónicos, al contrario, las pujas por competencias y las controversias por hacerse con los casos es la norma, la prueba es que la tipificación de un caso se juzga de modo distinto desde una jurisdicción que desde otra, por ello solicitar una cosa no es lo mismo que solicitar otra, pues se sabe que en la acusación va implícita la condena. Que exista un Tribunal de conflictos jurisdiccionales cuya referencia última a la Constitución y al Consejo de Estado cierre el sistema no garantiza nada. Ahora bien, los procesos de incompatibilidad entre ramas o clases de derechos derivan de nuevo de su contorno formativo político y de su entorno socio-económico. La base de tal conflicto está en el carácter estático y sistemático que supone una normativa jurídica específica frente a conflictos socio-políticos en permanente cambio, y cuya coordinación debe asumir. Esto se traduce en modificaciones legales que obligan a la reordenación continua e ininterrumpida de unas ramas de derechos cuando se introducen cambios en otras. Y es que cada rama del Derecho tiene un origen y unas causas determinadas e históricamente muy distintas. En general, entendemos que esto se produce en función del incremento o disminución de cada poder del Estado y la modificación del sistema de normas que lleva asociado. García-Gallo entendía que las instituciones históricas del Derecho «eran una ordenación de la vida social con fuerza vinculante», por lo que había que fijarse en las colisiones entre las ramas del Derecho.

Para señalar algunas normativas jurídicas donde se aprecia cómo los poderes y los derechos asociados chocan dentro del propio funcionamiento del Estado se puede seguir la distinción de Bülow entre el Derecho entendido en sentido material (Derecho penal, Derecho civil, laboral, &c.) y el Derecho entendido en sentido procesal, como el «continente» donde se determina el tratamiento de cada uno de esos materiales jurídicos, a saber, un Derecho procesal que a su vez se diversifica en función de los primeros. También se suele indicar como conflicto de derechos el que se nutre de las incompatibilidades entre la soberanía nacional de un Estado y la organización internacional de la que depende, es decir, del Derecho internacional público. Y así ocurrirá en los problemas de jurisdicción en relación a las pretensiones de jueces de un Estado para juzgar hechos que le concierne ocurridos en otros, &c. Si nos fijamos en las modificaciones en los derechos de empresa que ha supuesto la introducción de la financiación de las bolsas de valores o futuros producida con la aparición de las redes internacionales de comunicación en línea, nos encontramos con la necesidad de reelaborar normas de Derecho fiscal que afectan a la implantación de empresas internacionales en territorio nacional (Google, Amazon, Facebook, &c.) u otras que se camuflan para defraudar a la Hacienda pública (por ejemplo, a través de paraísos fiscales) .

También se ha puesto de manifiesto el conflicto entre el Derecho administrativo, en la medida en que responde a las exigencias de las estructuras institucionales del Estado que lleva cabo el funcionariado, y el Derecho político, debido a los cambios que se suceden cada cuatro años (como media) y cuya operatividad ejecutiva muchas veces requiere modificaciones (por Decretos leyes) que afectan a tramos administrativos, obligando a una recomposición constante. Se trata de un modo de conflicto jurídico producido por la implantación ideológica que llevan a cabo los partidos políticos en las estructuras del Estado, más profunda en los cambios de régimen y más laxa en formas de poder moderadas, pero con modificaciones contantes. Por ejemplo, el caso de la modificación de estructuras administrativas territoriales en educación, o en sanidad, si no se corresponden con la jurisdicción judicial, las dificultades de aplicación de las sentencias si los órganos policiales no son afines, y un sin fin de vicisitudes que todo el mundo ha sufrido en la España de las autonomías.

Normalmente se suele poner el centro de los problemas de la incompatibilidad de derechos como consecuencia de la dialéctica de los poderes del Estado respecto de la independencia del poder judicial, es decir, en el cruce entre los intereses del ejecutivo y el ejercicio del Estado de Derecho. De hecho, por la cantidad de bibliografía al caso parecería que éste fuese el único problema del Derecho, el de su independencia de la política, como si eso fuera posible, ya que con él, muchas veces se trata de impugnar la misma existencia del Estado. Es decir, encubre problemas de fundamentación del Derecho de corte moral, anarquista, liberal o comunista, a nuestro modo de ver, completamente desenfocados, pues por así decir impugnan la base estatal de la que se nutren, sin darse cuenta que tales presupuestos nos ponen ante otro tipo de Derecho, aquel que vienen a imaginar.

Los conflictos fundamentales en que nos vamos a fijar se producen por el choque entre la estructura básica del Estado (los poderes ascendentes que se suelen identificar con la sociedad civil) y la estructura reticular (o poderes descendentes del Estado) en forma de procesos de legalización y derogación normativa. Así, suele ser habitual poner la aparición del Estado en el S. XVI y su incompatibilidad con la Iglesia, en cuanto representante de la sociedad civil, como luego ocurrirá con las empresas. Se trata de procesos similares, por sus causas y sus consecuencias, a los problemas jurídicos que se producen entre el Derecho que tiene su raíz en la capa básica del Estado, con su administración, sus «fuerzas productivas» y su hacienda, frente aquellos que se introducen por la capa cortical, ya sea a través de la guerra, los tratados de comercio o la fuerza de la inmigración (un ejemplo de esto es la propia historia del Derecho inglés, mediando entre el Derecho consuetudinario propio, como *Common law,* y los derechos del comercio exterior, con la *Equality* de la *Court of Chacery*). Se trata de conflictos de incompatibilidad de derechos entre los que entran por la capa cortical (dada la influencia de otros Estados más potentes) frente a los propios de la capa básica.

De un modo muy general podemos decir que cada nueve poderes ascendentes del Estado tienen otros nueve poderes descendentes, lo que no es una contraposición directa en la medida en que muchos de estos poderes tienen fases de oposición, cuando no, son contrarios a la ley vigente dentro de cada tipo de poder (huelgas salvajes, sabotajes, desobediencia civil, deserciones, fraudes fiscales, &c.), aunque afecten a otros poderes. En líneas generales, cada poder se vincula a un tipo de derechos correspondientes, así, vemos aparecer causas que corresponden a la jurisprudencia laboral y el Derecho a la huelga en el poder productivo, o las exenciones tributarias de activos financieros como las *Sicav* frente a las necesidades recaudatorias en el Derecho fiscal, &c. Sin embargo, la «lucha» por el Derecho obliga a modificaciones si las protestas de los poderes ascendentes responden a cambios profundos y son generalizadas, lo que según la gravedad suele ser habitual. La clave aquí es, que modificaciones en alguno de estos códigos de derechos suelen obligar a modificar el resto del ordenamiento, o si no es posible, a volver a la norma anterior. El número de combinaciones del conflicto entre derechos de la tipología jurídica es mayor que la retícula de poderes del Estado que utilizamos en la Proposición XVII para su ordenación, a saber, 36 combinaciones, por lo que nos referiremos a las que creemos más significativas.

Es fundamental señalar choques de estructura entre poderes administrativos relacionados con el Derecho y el mismo Derecho constitucional, pues la administración del Derecho no corresponde sólo al poder judicial. Nos referimos a problemas de competencias que el Estado de las autonomías de la constitución de 1978 genera al desguazar la administración nacional, hinchando y enfrentando diecisiete administraciones autonómicas diferentes con voluntad estatal, como pasa en sanidad y en otros tipos de «derechos sociales». Hay que entender que el equilibrio de poderes varía en función de las circunstancias, así ocurre con el incremento del poder militar en casos graves, lo que se hará notar inmediatamente en todo el resto de poderes cuando en caso de guerra se modifiquen derechos constitucionales, laborales, financieros, fiscales, &c. Lo mismo hay que decir del incremento de poderes ejecutivos frente a los legislativos, o cuando los derechos laborales y sociales ligados al poder productivo se enfrentan al poder financiero, o los conflictos entre éste y el Derecho retributivo.

Este apéndice quiere llamar la atención sobre esta dialéctica como generatriz de la propia historia del Derecho, es decir, respecto de cambios que no son circunstanciales o pasajeros, aleatorios, sino que marcan una dirección en la propia estructura jurídica, de modo que cuando la aplicamos sistemáticamente entramos de lleno en la fenomenología judicial de un Estado, sobre todo cuando a través de su capa cortical están afectando poderes de otros Estados que chocan con derechos fundamentales del afectado. Por ejemplo, en el caso de España como en el de otros muchos «países satélites», cuando en casos de crisis como la de 2008 o la del Covid-19, los problemas de financiación del Estado de bienestar van acompañados de la derogación de derechos laborales, fiscales y sociales básicos. Su tratamiento ideológico se plantea como un problema del «capitalismo» internacional, cuando se trata de un problema recurrente, por así decir originario de los mismos derechos, pues se trata del contexto que envuelve tanto al entorno socio-económico y al contorno legal práctico a cuyo encaje se dirige el dintorno jurídico. Un modo de ver esta constante es el conflicto entre el Derecho civil y el Derecho comercial.

En este apéndice queremos fijarnos en la dialéctica entre el Derecho Civil y el Derecho Mercantil como uno de los motores que nos permiten seguir la evolución de la esencia del Derecho en sus tres especies. Si en el primer apéndice hemos visto los procesos de transformación ontológica de los fundamentos del Derecho, y en la Parte III tratamos del vínculo que hace necesario el Derecho en un imperio como el romano frente a otro tipo de sociedad y de normativa, ahora se trata de ilustrar la evolución del Derecho desde su inmanencia, en este caso fijándonos en la dialéctica que los poderes conjuntivos y basales sufren a través de la influencia del contexto cortical.

Es evidente que la dialéctica de imperios tiene en la guerra su principal motor histórico, un hecho que se verá como contrario al Derecho, cuando no lo es, ya que si la guerra afecta al Derecho, no es en general, pues ya hemos dicho que el Derecho en general no existe, existe el Derecho romano o el Derecho indiano, el Derecho penal o el Derecho procesal. De modo que la guerra afecta al Derecho del ganador de forma positiva, ampliando su campo territorial de influencia y asegurando sus instituciones de control, al contrario quc en el perdedor, suponiendo que sea un Estado y suponiendo que no signifique su aniquilación (el ejemplo, de las guerras púnicas o las guerras napoleónicas son significativos de lo que ocurre en uno y otro sentido). Lo mismo pasa cuando esta dialéctica se genera a través del poder diplomático en forma de tratados, donde la referencia a la *Carta de los derechos Humanos* es obligada en lo que supone el Derecho de la inmigración y su choque con la capa basal y los derechos laborales y políticos de la sociedad de llegada, ya sea en sentido positivo o negativo.

Aquí queremos incidir en la influencia que el desarrollo del Derecho comercial tiene sobre el Derecho civil. Se trata de ver en las capas corticales de los Estados el foco principal de transformación jurídica. Un Derecho que por sí mismo tiende a la sistematicidad y al equilibrio, tiene que cambiar y asumir la influencia del contexto internacional.

De modo que nos referiremos a las especies del curso de la esencia jurídica, a saber, los vínculos entre el comercio en el Imperio romano y la aparición del Derecho, la revolución comercial del Medievo que pone en marcha la sistematización del Derecho comercial en una segunda especie de Derecho pluri-reinal, que desemboca en los mercados mundiales que abre el Imperio Español, y la tercera especie que aparece con la revolución productiva y política del S. XIX que se intensifica con los cambios de la era digital y el comercio electrónico actual.

Ya hemos visto que el antiguo Derecho civil romano, dominado por el formalista arte interpretativo de los pontífices, era rígido, áspero y acomodable únicamente a las necesidades cambiantes de los tiempos a través de complicados formularios negociales. El Derecho romano concedía sólo efectos jurídicos al discurso oral vertido en fórmulas totalmente determinadas. La cuestión empieza a cambiar hacia la mitad del siglo III a.n.e., cuando crecieron las relaciones comerciales de Roma tan de prisa que hubo que crear un magistrado especial para procesos entre extranjeros y entre extranjeros y ciudadanos romanos: el *pretor peregrino*, *praetor inter peregrinos* o *peregrinus*. Como solían decir los juristas tardíos, su fuerza obligatoria no dimanaba del *ius civile*, del Derecho propio de los ciudadanos romanos, sino del *Ius gentium*. De su jurisdicción no sabemos mucho. Sin embargo, es lícito suponer que desempeñó un papel decisivo, tanto en la liberación del procedimiento formalista de las *XII Tablas* como en el reconocimiento de ciertos contratos obligatorios, concluidos sin forma (compraventa, arrendamiento de cosas, obras y servicios, sociedad, mandato).

Una gran parte de la ley que constituye la ordenación (corriente hoy día), de las primeras III Tablas se refiere al proceso, el cual presenta, al lado de un procedimiento con ceremonias arcaicas y rígidamente formalistas (*legis actio sacramento*), otro tipo de procedimiento más reciente y sencillo, que sólo era adecuado para ciertas pretensiones (*legis actio per iudicis postulationem*).

La dialéctica empieza a funcionar cuando las nuevas normas que habían surgido al aplicar los magistrados el Derecho, se contraponían al *ius civile* como Derecho honorario (*ius honorarium*). La mayor parte del Derecho honorario tenía también vigencia en el tráfico jurídico con extranjeros y era, por tanto, al propio tiempo, Derecho de gentes. Los dos binomios conceptuales *ius civile - ius gentium* e *ius civile - ius honorarium* se entrecruzan constantemente, pues se basan en un planteamiento completamente diverso: aquél se refiere al campo de vigencia personal de las normas jurídicas, éste, a su fuente. La jurisprudencia llegó a grandes creaciones hacia fines de la república y bajo el principado, a lo largo de dos siglos, constituyó el elemento más productivo de la vida jurídica romana.

Cuando las escuelas jurídicas clásicas comienzan su actividad encuentran ya, junto al *ius civile*, al *ius honorarium* en vigorosa formación, severa y rígida en sus fundamentos, aunque modernizada por las leyes más recientes, por lo que tomó el *ius honorarium* una fuerza en continua evolución. Ambos se encontraban frente a frente, de modo análogo a como se encuentran en Derecho inglés el *Common Law* y la *Equity*, surgida en la práctica de la cancillería. La «ciencia» jurídica clásica tomó la contraposición entre *ius civile* e *ius gentium* como algo dado. Hay que insistir en que la *iurisdictio*, la actividad del magistrado jurisdiccional, no consistía en dar la sentencia, sino que tenía únicamente la función de dirigir el proceso; más aún, sólo la de introducirlo. En la época republicana y en el procedimiento ordinario de la época del principado daban siempre la sentencia jueces privados. Al magistrado jurisdiccional lo único que le incumbía era tramitar un proceso introductorio en el que, entre otras cosas, tenía que decidir la admisibilidad de la acción y determinar el juez o jueces ante los que se iba a desarrollar el litigio.

Al surgir junto a las *legis actiones* otra forma de procedimiento *in iure*, la tramitación se liberó de los formalismos, el magistrado vino a ocupar una función clave en el curso de todo el proceso, aunque él, lo mismo que antes, sólo ejerciera la función de introducir y configurar el proceso. En otras palabras, esto quiere decir que el proceso formulario surgió enlazado con la extensión de la protección procesal más allá del círculo de las relaciones jurídicas reconocidas por el antiguo *ius civile.* Esta extensión tuvo lugar, por primera vez, respecto a las pretensiones procedentes de compraventas, de arrendamientos de cosas, obras y servicios, de sociedad y mandato y otros contratos. Era el propio magistrado quien, al conceder el *iudicium* y configurar la fórmula del proceso, decidía la cuestión jurídica, es decir, la cuestión de si el demandante merecía ser protegido y en qué circunstancias. Con ello hacía de legislador, siquiera fuera en el caso concreto que había que decidir sobre la base de la fórmula. La reforma judicial de Augusto significó el triunfo definitivo del proceso formulario. Desde la *lex iulia iudiciorum privatorum* (17 a.n.e.) la parte procesal que se sentía tratada injustamente, acostumbrara a «llamar» *(appellare*, de donde se deriva apelación) inmediatamente a un tribuno (o a todo el colegio de los tribunos). Lo que queremos señalar es que la acomodación socio-política de la nueva economía fue únicamente a través de la práctica judicial.

Los magistrados jurisdiccionales y jueces dependían de la ayuda de los juristas, aunque no fuera más porque sus propios conocimientos jurídicos eran escasos, reclutados del linaje noble. Sin que haya formalmente escuelas, las brillantes creaciones del Derecho honorario son probablemente, en su mayor parte, obra de juristas cuyos dictámenes guiaron la mano creadora del Pretor.

La jurisprudencia romana debe ser destacada al redactar nuevos formularios negociales y procesales, por lo que se llamó jurisprudencia cautelar (*cautio,* de documento del contrato, «cautela», como cláusula del contrato) al más antiguo estadio de la jurisprudencia romana. Se publicaron entonces libros enteros con formularios, tales como las cláusulas negociables para la venta de bienes muebles, &c. En cuanto el Derecho aparece como una técnica prudencial, un saber-hacer a partir de conceptos prácticos, la actividad dictaminatoria de los juristas romanos se encontrará vinculada esencialmente a la enseñanza del Derecho, que en la época primitiva a que nos estamos refiriendo, era un aprendizaje práctico donde los discípulos rodeaban al jurista que dictaminaba, oían sus respuestas y se les permitía explicar con él razones en pro y en contra, e incluso, aún más tarde, en la época imperial, era la *disputatio fori* la esencia de la enseñanza del Derecho.

En la época clásica alta, que comienza hacia fines del siglo I d. C., se vinculaba la jurisprudencia y la administración imperial del principado. El género literario más importante será la colección de dictámenes prácticos de todos los campos del Derecho privado: *responsa* (dictámenes), *epistulae* (cartas, esto es, orientación jurídica epistolar), *quaestiones* (cuestiones jurídicas), *digesta* (de *digerere*, colocar sistemáticamente, ordenar; por tanto, gestión de «decisiones ordenadas»). Estas obras contenían, al lado de algunas acotaciones fundamentales, una inmensa cantidad de problemas concretos, cuya resolución acredita el arte logrado y maduro de la jurisprudencia romana, extrayendo su fuerza de la práctica de dar dictámenes y que conducirán al Derecho a su más alta perfección a través de una configuración artística y original del caso concreto. Hacia la mitad del siglo II d. C. se hace notar ya una corriente adyacente, cuya meta fue más bien la ordenación y estratificación de la materia jurídica acumulada por los antiguos juristas y la exposición elemental de conjunto, clara y fácil de comprender. La época post-clásica transformó, incluso formalmente, la ley senatorial en un decreto imperial. Los juristas fueron perdiendo progresivamente terreno como consecuencia de la competencia del poder estatal supremo, y así se llegó, probablemente ya en la primera mitad del siglo III, a que los juristas participarán como funcionarios en la elaboración del Derecho. Pero sobre la base de la creación jurídica imperial surgió un grupo totalmente independiente de normas jurídicas, el Derecho de los fideicomisos, el cual fue perfeccionado de nuevo por la jurisprudencia.

Con la degradación y caída del Imperio romano de Occidente cae el desarrollo y las funciones del Derecho, al contrario que en el Imperio de Constantino.

Uno de los protagonistas de esta evolución fue la escuela de Derecho en la ciudad fenicia de *Berito* (Beirut). Esta ciudad, en la que Augusto asentó a los veteranos de dos legiones, fue desde ese momento una colonia de ciudadanos romanos, viviendo como tal según el Derecho romano. El Estado fundó una segunda escuela de Derecho del mismo estilo el año 425 en la capital oriental del Imperio: Constantinopla. La manera de trabajar, propia de las escuelas orientales, era similar a las universidades italianas de la Alta Edad Media que siete siglos más tarde logran un segundo renacimiento del Derecho romano, con una repercusión mucho más amplia. La enseñanza se apoyaba directamente en los textos de los clásicos y en las colecciones de constituciones, cuyo contenido se exponía y explicaba paso a paso.

No sorprende el vigoroso auge que toma el Derecho romano en Italia a fines del siglo XI, si lo ponemos en relación con el auge del comercio de las repúblicas italianas y la dirección de la Iglesia de Roma. Este auge se encuentra, indudablemente, en conexión con el descubrimiento del Digesto. Esta obra supuso para Occidente el don del vigor y grandeza de la jurisprudencia romana. Así, el auge intelectual acompaña al precoz florecimiento económico de las ciudades italianas en vísperas de las cruzadas, la preparación lógica debida a la teología escolástica y la existencia de una notable escuela lombarda de Derecho en la Italia septentrional.

Las escuelas de los glosadores crearon los fundamentos del Derecho internacional «privado», del Derecho mercantil y de la doctrina jurídica sobre la moneda. En las universidades que fueron surgiendo en el curso de la Baja Edad Media por toda la Europa occidental y central, revestidas en principio de un carácter marcadamente teológico se dedican con preferencia al Derecho canónico.

Gierke explica que la idea medieval del poder como algo posterior y subordinado al Derecho positivo de carácter divino va cediendo paso a la idea del Derecho como creación del Estado. Un Derecho positivo que a medida en que se va desarrollando la economía se va identificando más con la ley escrita que con la costumbre, y, por tanto, con el tráfico jurídico, es decir, con el conjunto creciente de actos y negocios de circulación de bienes que tiene que ir incorporando el Derecho. La recepción del Derecho romano, a partir del siglo XII, alentada por los reyes para unificar jurídicamente sus reinos y reforzar así su poder frente al Papa, el Emperador y los señores feudales, facilita enormemente esta concepción «antiguo-moderna». Según Chiovenda «en la Edad Media es cuando el Derecho comercial aparece y se afirma como un Derecho autónomo». Neumeyer cita a Aldricus (finales del S. XII), Bártolo, Baldo, Salicet (muerto en 1400), Curtius (muerto en 1495), &c., como los primeros sistematizadores de una doctrina con vocación de un Derecho inter-consuetudinario universal. El mar fue el punto de partida del Derecho Internacional de las comunicaciones y del comercio entre Estados.

La dialéctica entre el Derecho comercial y el civil se intensifica, pues fue en la época de los municipios cuando el Derecho civil resultó insuficiente y surgieron instituciones como los «Consulados de mar», con decisiones basadas en los dictámenes de los cónsules para dirimir sus discordias. Se suele decir que el Derecho comercial tuvo un origen procesal y que era aplicado en Roma solamente a quienes estaban sometidos a la jurisdicción de los cónsules por cuanto la intervención de estos funcionarios era algo convencional y los socios al inscribirse en la corporación así lo aceptaban. En todo caso será una rama del Derecho positivo como parte de la jurisprudencia que se establece en la Edad Media, pues al margen de las instituciones civiles se fue formando un *ius mercatorum*, como hemos dicho, al florecer el comercio debido a los estatutos de las ciudades, las cruzadas y las continuas comunicaciones con el Oriente. Véase claramente que el Derecho comercial era consuetudinario, profesional, corporativo por cuanto se basaba en los dichos de los cónsules al dirimir discordias tan sólo entre los miembros de aquellas corporaciones y en principio sólo para esas corporaciones.

La organización del comercio en ciudades de Italia como Pizza, Génova, Venecia, Florencia, Ferrara, obliga a su coordinación con la llamada institución de los jueces consulares, quienes resolvían los asuntos del comercio, estableciendo conceptos jurídicos nuevos como la quiebra y grandes tribunales como el de la Rotta en Génova.

No se puede entender esta segunda especie de la esencia del Derecho, sin tener en cuenta la revolución comercial que conecta la *Hansa* a través de las ferias de *Champagne* con las repúblicas italianas que dominaban el comercio europeo y la fiscalidad en torno a la Iglesia de Roma. Más significativo aún para esta tesis es que se vea la reaparición del Derecho Romano en Bolonia, centrado en el proceso judicial, y así lo entienden autoridades en la materia. La Italia del Norte, donde el feudalismo era menos acusado y cuyas Repúblicas eran particularmente prósperas y mercantiles, presentaba objetivos (económicos, políticos, jurídicos), idóneos a este desarrollo. La república oligárquica de Venecia, que pasó a convertirse en la gran potencia marítima y comercial del Mediterráneo, fue la que más se aprovechó de las principales concepciones *ius-maritimistas* de Roma. Habiendo conseguido sobrevivir a las invasiones germánicas (siglo V) y a las ocupaciones eslavas (siglos VI y VII), alcanzó su independencia antes de terminar el milenio. Coincide esta época (siglo XI), con la decadencia marítima árabe en el Mediterráneo, como consecuencia de la Reconquista peninsular.

Es evidente la necesidad del Derecho en la denostada época medieval como modo de vehicular la organización del comercio, principalmente marítimo y los Estados repúblicas que se forman en torno a la iglesia de Roma, cuyos principios serán tratados sistemáticamente por los grandes jurisconsultos del siglo siguiente, como Bártolo y Baldo principalmente, donde la concepción romanística descansa principalmente en la idea del *dominium maris*. Hay que recordar que en la Alta Edad Media los Emperadores se consideraban herederos de los Césares romanos que se habían adjudicado el título «teórico» de «Rey del Océano». Comentaristas como Bártolo introdujeron nuevos métodos, como la aplicación al Derecho de los procedimientos lógicos de la escolástica. En España su doctrina tuvo fuerza de ley, por ejemplo, en la Pragmática del rey Juan II de Castilla (1427), confirmada por Isabel I en 1499. En general, se trataba de hallar principios y teorías nuevas, ajustadas a las necesidades prácticas de la época, pues el tratamiento del Derecho romano fue eminentemente práctico, de aquí que los comentaristas reactualizasen nuevas reglas partiendo de las existentes. Se ha solido enfatizar cómo en España, a diferencia del resto de Europa (sobre todo de la Europa central), vivió bastante al margen de dos fuerzas típicas del Medioevo, como el feudalismo y el Papado-Imperio. Lo que se debía en gran parte a la práctica judicial de sus primeros años. García-Gallo enfatiza la conexión entre las *Partidas* y el *Fecho del Imperio* en Alfonso X, donde se toma al Derecho como modo de unificar el imperio. Las Partidas, redactadas por una comisión de juristas (o por la cancillería real) tratan las «fuentes» del Derecho, es decir, las fuentes de poder espiritual y temporal (Dios y el Emperador), así, en las dos primeras, se trata el Derecho procesal y el dominio en la tercera, los actos y contratos en la quinta, para terminar con el procedimiento penal.

A muchos historiadores (algunos bajo influjo marxista, caso de Rocco) les parece extraño y significativo que en torno al año 1100 se produzca un verdadero florecimiento de los estudios romanísticos y que se construya sobre el *Corpus iuris* los fundamentos de la ciencia jurídica moderna, por lo que el Derecho Romano se extiende por gran parte de Europa arrinconando a los sistemas locales, incluso en territorios germánicos que no formaron parte del Imperio Romano, ni fueron herederos de su lengua. Aquí nos enfrentamos a uno de los mitos más corrosivos y nefastos de la historia del Derecho, la idea de un Derecho germánico que acompañaba al imperio como base del Derecho medieval moderno (precisamente fue la demostración de la falsificación de la donación de Constantino que descubre Lorenzo Valla, lo que cuando se sabe dispara un protestantismo que alimenta la mitología imperial de los nuevos Estados), que enlazan con otro mito, el de un Renacimiento auspiciado por «Alemania» (J. Burckhardt). Cuando la verdad es que no existe tal Imperio, sino como mito de un *reich* construido desde el pequeño impero alemán de Bismarck que reaparece en el «tercer» *reich* nacional-socialista. Alemania no existe hasta finales del S. XIX junto a las corrientes pandectistas, aquellas que forman el mito del germanismo. El imperio real, cuyo Derecho acompaña el poder, es el español, único territorio en la historia donde retrocede el Islam. Frente al fantasma de un primer *reich* medieval y el Derecho de extirpe germánica (que hemos criticado en el apéndice a la parte III) se levanta la realidad del imperio castellano en esta tercera época, donde se marca la importancia del Derecho español que tiene como antecedentes las leyes de las Siete Partidas, vigente a partir de 1348, la Nueva Recopilación expedida en 1567, hasta la llamada Recopilación de Indias, destinada a la España americana de ultramar, que data de 1680. El Derecho indiano no se puede entender como una «vulgarización» o degradación del Derecho castellano, sino que obedece a la esencia del Derecho, pues deriva de la adaptación del Derecho español en un contexto completamente nuevo e inesperado, que requería de la praxis judicial una «aplicación» de la norma más o menos «alternativa», como modo de incorporar grandes masas de población y parte de sus instituciones.

Desde los tiempos bajo medievales se fue imponiendo una idea de justicia surgida de las pruebas aportadas en el proceso judicial, decidido conforme al saber de los juristas, los letrados. Son estos los que hicieron del Imperio español en América una monarquía «de gentes de leyes», destacando el papel que los hombres de toga desempeñaron en América. Su presencia se advierte en cada paso adelante de la conquista y asentamiento, en la fundación de las ciudades, en los pareceres dados a los gobernantes, en la redacción de los documentos y normas, en la administración de justicia, &c. En suma, en la articulación de la burocracia que sustentaba el «aparato estatal» de la Monarquía, en ausencia de ningún ejército de ocupación.

Si hablamos de una primera especie del curso de la esencia del Derecho con el inicio del Derecho romano, nos parece que la segunda especie que comienza con la expansión del Derecho comercial en la Edad Media se cumple a escala mundial con los Imperios atlánticos entre los que España es máximo exponente durante trescientos años. De modo que la tercera especie del Derecho aparecerá con su desmoronamiento y las transformaciones de la Edad Contemporánea que inicia la Revolución francesa, cuyos vínculos con el Derecho mercantil nos parece fundamental ya en las Ordenanzas de Colbert de 1673.

Los nuevos Códigos se caracterizan por su pretensión de universalidad, esto es, por incluir en ellos todas las normas de un sector determinado del ordenamiento jurídico, y para aplicárselas a todos los ciudadanos sin distinción de clases. El Derecho mercantil dejó de ser Derecho de los comerciantes para convertirse en Derecho de los actos de comercio, sin importarle ya su sujeto, pues tenía la pretensión de someter a un único sistema debidamente ordenado todas las normas del sector del ordenamiento jurídico que se regula. Al Código Civil francés del año 1803 le sigue el Código de Comercio de 1807 donde se manifiesta ya un proceso conocido como «generalización del Derecho mercantil», pues todos los ciudadanos podían ejercer el comercio, lo que se solucionó mediante el concepto de «actos de comercio». En efecto, dice el Artículo 631 del código francés de 1807: «Los Tribunales de comercio conocerán. De los litigios relativos a las obligaciones y transacciones entre negociantes, comerciantes y banqueros, de los relativos a los actos de comercio entre cualesquiera persona». De todo ello resulta que a través del estudio de los distintos elementos que utiliza el Código de Comercio para calificar como mercantil los distintos contratos que regula, no es posible deducir un criterio claro para determinar cuáles puedan ser los actos de comercio por analogía. Se trataba de mantener la jurisdicción especial mercantil y posteriormente una regulación sustantiva especial, que se consideraban necesarias para el tráfico mercantil; pero era necesario evitar que esa regulación especial se aplicara por criterios particulares y «gremiales». Tales criterios aparecían como estamentales y contrarios a los principios de igualdad consagrados por la Revolución francesa, y por ello surge el acto «objetivo» de comercio, con la pretensión de delimitar una serie de actos característicos de la actividad mercantil, pero de tal manera que la intervención de un comerciante no fuera el único factor determinante. Así, se consideró que un criterio objetivo podía ser el de los actos realizados en masa, como carácter de los actos de comercio. Nos permitimos llamar la atención sobre el término «subjetivo» (y que vimos en la Proposición I de la Parte II cómo invierte su significado tradicional), pues connotando lo «particular, gremial», pasa con Kant a designar lo universal o común a toda la humanidad, identificándose con lo que aquí denominan «objetivo», y de ahí la acepción actual de los derechos subjetivos como universales en cuanto fundamento contractual del Derecho.

En todo caso, ese planteamiento fue abandonado, por cuanto existen actos de comercio muy importantes, por ejemplo, la venta o el arrendamiento de una empresa, que sin embargo, no son realizados en masa. Por ello, se llegó a la idea de que siendo necesaria una organización de medios materiales y humanos para la realización de actos en masa, habría que considerar que la materia mercantil se refiere a la organización y actuación de las empresas. La doctrina del Derecho mercantil como Derecho de la empresa viene en definitiva a establecer nuevamente una base particular de delimitación de la materia mercantil, bien es cierto que con planteamientos absolutamente alejados del criterio particular anterior a la Revolución francesa. Ahora tal vinculación no hace referencia a personas determinadas, sino a personas que son titulares de una organización para actuar en el mercado. Así, el artículo uno del Código de Comercio de 1902 trata sobre quiénes son tipificados como «comerciantes», señalando «las compañías mercantiles o industriales que se constituyeren con arreglo a este Código»; el artículo segundo dirá que «serán reputados actos de comercio, los comprendidos en este Código y cualesquiera otros de naturaleza análoga». Como se advertirá, se trata de una indefinición que nos nuestra cómo el legislador de aquel entonces se verá incapaz de delimitar los conceptos mercantiles, anticipando el formidable desarrollo que iba a adquirir el comercio como un fenómeno económico cuyas proyecciones ya no se limitarían al simple intercambio de bienes y servicios con propósito de lucro, sino que ya en aquel entonces abarcaba a «las industrias», o sea, las empresas encargadas de la transformación de la riqueza, y a muchas otras formas de actividades productivas que tienen relación con los diversos procesos del fenómeno económico, de la producción, circulación, distribución y consumo de los bienes y servicios.

A nuestro modo de ver la idea fundamental es que el contrato comercial absorbe todo tipo de relaciones económico-jurídicas, pues todo se fundamenta en el contrato, por ejemplo, en el contrato de trabajo, en la constitución del Estado como contrato, en el matrimonio como relación contractual, &c. Agréguense a ello las corrientes de unificación del Derecho Mercantil al Derecho Civil (o a la inversa), que permiten tomar como eje conceptual el «acto de comercio», lo que acababa derivando en los tribunales donde se decidía en cada caso concreto lo que debía entenderse por acto de comercio.

Entre el Derecho civil y el Derecho mercantil se produce la misma contradicción que hay entre el ciudadano y el hombre de la *Declaración de los derechos del hombre y del ciudadano* de 1789, pues el Derecho comercial aparecerá como «universal» (del hombre) y el Derecho civil como propio del ciudadano, nacional. Como hemos dicho, la consecuencia será el concepto de «acto de comercio», por lo que será un problema irresoluble. De modo que serán actos de comercio, todos aquellos que menciona el Código y cualesquiera otros de naturaleza análoga, igual que para Eddington eran contenidos de la física, «todo lo que contiene el libro de Física».

El Derecho Mercantil enfocado desde el punto de vista de la empresa desemboca en la actualidad ante una realidad típicamente empresarial que sigue dos grandes modalidades, el empresario individual y el empresario social. El «único factor de la producción es el empresario», mientras que el capital y el trabajo son simples medios de la producción. Con los fundamentos del Código de comercio español de 1885, el Código de Comercio peruano de 1902 considera a los trabajadores como comisionistas u otras formas del «mandato mercantil», bajo las denominaciones de «factores, dependientes y mancebos». Joaquín Garrigues ya afirmaba que los investigadores buscan en vano un concepto jurídico de la empresa que refleje su unidad económica como organismo vivo, y para obtenerlo pretenden reconducir a unidad jurídica los distintos elementos de la empresa, definida como unidad de producción que tendrá personalidad jurídica.

Muchos son los matices, según los autores, con los que se ha manifestado la doctrina del Derecho mercantil como Derecho de empresa, pero cabría establecer dos fases fundamentales de esa misma doctrina. En una primera fase se equiparaba de una manera completa el Derecho mercantil al Derecho de empresa. Esto implicaba entre otras cosas que dentro de ese Derecho había que incluir la regulación de las relaciones laborales, una regulación, para otros, totalmente ajena a los principios y finalidades del Derecho mercantil. En una segunda fase, se considera que el Derecho mercantil es el Derecho que regula el *status* y la actividad externa de los empresarios.

De nuevo hay que hacer notar un problema conceptual que se mantiene en los historiadores de la Economía cuando tratan estos problemas. Y es la discusión sobre la subjetividad del acto (entendida como gremial) o la objetividad (cuando es una acción), pues son víctimas de la misma pretensión científico jurídica, «objetiva», que arrastra de las categorías económicas, viéndose envueltos en la inversión sujeto-objeto que había realizado Kant y que acabará triunfando. Pues Kant entendía lo subjetivo como lo universal y común, lo que afecta a toda la humanidad, pero como en el Derecho mercantil esto es «externo», entonces se llamará «objetivo», confundiendo los conceptos. ¿Por qué? Pues porque cuando se llama al Derecho comercial «objetivo» se está considerando en su universalidad, y cuando se habla de subjetivo se ve como un interés gremial, un problema que arrastra la inversión que propuso Marx al identificar lo particular con lo «burgués» y lo universal con el «proletariado» como clase universal, lo que no es más que trasladar el problema de lugar. Ahora bien, en el Derecho lo universal no existe más que en las declaraciones metafísicas de derechos humanos, por lo que cuando se aplica al Derecho a través del comercio, fracasa estrepitosamente, cuanto que oculta los intereses dialécticos de empresas y Estados en conflicto permanente. Por ello, la unidad de mercado internacional va contra los derechos civiles, como se ve con el problema del Derecho comercial europeo común, pues tiene derechos fiscales, laborales y civiles distintos e incompatibles, además el Derecho mercantil trata sobre el derecho a la libre competencia, lo que va contra el proteccionismo y las subvenciones de toda política Estatal que tiene que proteger a sus trabajadores y a sus empresas para asegurar el empleo, la política del bienestar, la seguridad, &c.

El sistema objetivo de los actos de comercio no tardó en entrar en crisis durante el siglo XX, pues la regulación de los actos ocasionales le fue siempre disputada por el Derecho Civil, al igual que los actos mixtos (unilateralmente comerciales); ya que en buena cuenta ello significaba someter a los consumidores a las reglas de los comerciantes (normas que con el fin de proteger el crédito reforzaban la posición del acreedor). Por otro lado, se produjo una generalización de los principios e instituciones mercantiles en toda la sociedad, difundiéndose su uso y cuestionando la duplicidad legislativa en obligaciones y ciertos contratos (compraventa, mutuo, prenda, depósito, fianza, &c.), e impulsando la unificación legislativa. Es más, los sistemas o teorías de los actos de comercio no podían explicar coherentemente la actividad económica de las empresas públicas (un hierro de madera). Tampoco podían explicar el caso de las cooperativas, que sin hacer intermediación (y por lo tanto carecer de lucro), hacían actividades económicas.

En su *Introducción a la filosofía del Derecho,* Radbruch resume las últimas transformaciones del Derecho en la forma de ideologías de los derechos subjetivos a través de las fases de esta dialéctica. «El desarrollo de la economía a base del crédito -dice Radbruch- y del capitalismo hace que el Derecho personal se convierta de simple medio en fin de la economía; el estado de la economía, la inversión de capital, no adopta ya, ahora, la forma de derechos reales, sino la de derechos personales, en acciones, obligaciones títulos, cuentas bancarias, etc. La cadena de derechos personales, que se tiende entre los distintos derechos reales, se alarga cada vez más». Se trata de un proceso que transforma los referentes y las relaciones «reales» del Derecho en subjetivas, lo que afecta al propio Estado, y lo que le lleva a dudar de si el concepto de personalidad jurídica no es una ficción, «los derechos políticos -sigue Radbruch- permiten al individuo intervenir en la gobernación y la marcha del Estado; el más importante de ellos es el Derecho de sufragio activo y pasivo. Para poder ser destinatario o portador de estos derechos y deberes subjetivos, el propio Estado necesita revestir, a su vez, el carácter de un sujeto de Derecho, es decir, descender al mismo plano que los súbditos o ciudadanos del Estado, tomar parte en el comercio jurídico, enfrentase como una parte más a los particulares en los procesos penales y administrativos, etc.». Sin embargo, lo cierto es que esta ideología imperante oculta el proceso contrario, lo que a su modo explica el propio Radbruch, cuando advierte que el Derecho privado está cada vez más restringido por el Derecho público. De la dialéctica entre lo «particular» como universal (lo que arrastrando la confusión kantiana que hemos señalado, se llamará «sociedad civil» y nosotros situamos en la armadura básica del Estado) y lo común como estatal (la capa reticular de poderes del Estado sin los cuales no hay derechos) obligará a que entre ambos surja el Derecho del trabajo, la legislación laboral y el Derecho económico de las políticas públicas.

Cabe concluir esta tercera especie de la esencia procesual del Derecho señalando cómo la pujanza internacional de las empresas de producción y comercio hacen de la economía liberal de algunos

Estados la norma del Derecho. Tanto es así que la Revolución francesa que deriva del mercantilismo obligó a realizar cambios en la formación del Derecho constitucional en la forma parlamentaria y con ello en la formación del resto de la legalidad, generando toda una ideología sobre el Derecho en la dirección y el modo que interesaba a la empresa capitalista liberal, el de la «independencia» del «poder judicial» cuyo alcance «real» no afecta más allá de lo que llamamos el núcleo procesal. Parece como si el Derecho comercial o de empresa hubiera invadido el Derecho civil, haciendo a todo sujeto productor, es decir, empresa, o sujeto de contrato, de modo que la propiedad (real) hubiera pasado a identificarse con el título de compra-venta (papel donde está inscrita), sobre todo cuando aparezca la actual economía financiera, donde lo que se compra y se vende son «títulos» y «acciones», es decir, dependen de la «facultad» de un sujeto identificado con el titular del «valor» en el mercado financiero, o del trabajador en el contrato del mercado de trabajo y centro de la vida política. De modo que el Estado dejará de entenderse como el referente del sujeto, que desenclasado quedará flotando en el mercado donde la igualdad (la justicia distributiva) será la clave de su individuación, el lugar donde habita la falsa conciencia en una justicia universal. Es decir, la ideología de unos derechos humanos por la cual la política imperial impone sus multinacionales y su moneda al resto.

Concluimos denunciando los sofismas de una ontología humanista que subyace en las ciencias sociales, y por la cual el Derecho ha perdido su fundamento territorial estatal (basal) fagocitado por los términos subjetivos en que se anclan las relaciones mercantiles, financieras y jurídicas. O dicho de otro modo, las pretensiones de cientificidad de categorías humanas o sociales, como la economía, la política o el Derecho, dada su imposibilidad para cerrar categorialmente sus campos respectivos, generan nematologías que confunden sus «formalismos» (caso del positivismo kelseniano) con las configuraciones reales en que se sostienen los sistemas jurídicos, las esferas estatales que tienen fuerza para garantizar los derechos de sus conciudadanos, una potencia que hay que demostrar cíclicamente en las guerras mundiales donde se reajusta el frágil equilibrio internacional de la lucha por los bienes, los derechos reales.

PARTE V
Progressus normativo

PREFACIO

La sistemática jurídica, que como hemos visto sufre una transformación permanente, está obligada a modificar y coordinar sus normas permanentemente si no quiere incapacitarse para solucionar los conflictos que tiene que tramitar y solucionar. La idea de un sistema apodíctico de principios generales o universales que esperan alcanzar la unidad normativa, pasa por eliminar las inconmensurabilidades de sus fuentes y las incompatibilidades entre sus instituciones, convertido en un proyecto en que se fundamenta la metafísica actual del Derecho, significa la destrucción de su esencia. El cometido de esta parte, si pensar es pensar contra alguien, consiste en la trituración de la idea de sistema jurídico cerrado de normas universales subjetivas, para situarse en la dialéctica permanente que exige el actualismo jurídico, de modo que las normas vuelvan a quedar vinculadas a las funciones estatales del Derecho.

Es sabido que la mayor parte de los sistemas jurídicos actuales han bebido de doctrinas alemanas y francesas, unas doctrinas cargadas de metafísica idealista, incorporándonos a una inercia que no tenemos por qué aceptar, antes al contrario, el cometido «destructivo» y crítico de la filosofía, tiene como tarea el «desbloqueo» del juicio, eliminando muchos contenidos oscuros y confusos que pasan por «principios», «deberes» o «valores» superiores, universales o finales que están operando a nivel ideológico, aquel del que se nutre la política. La imposibilidad de un cierre del campo jurídico requiere una coordinación constante con otras categorías y por tanto requiere el *regressus* a ideas filosóficas como las ofrecidas en las tres primeras partes de este ensayo.

El papel de filtrado moral e ideológico que ejerce la política sufre en el Derecho su «prueba de fuego». Las normas que mantienen la eutaxia de una sociedad política quedan obsoletas cuando son incapaces de abarcar la complejidad de cambios históricos, volviéndose inviables para juzgar y solucionar las controversias de la sociedad. Entonces llega el revolucionario iluminado con la solución final tratando de imponer normativas al modo de «experimentos sociales» que al no engranar con la realidad institucional la transformen. Como los desajustes que producen requieren un trámite que juzgue y «certifique» por la vía de la coacción los ajustes necesarios, será el jurista quién se encargue de dar con el engranaje judicial entre fenómenos sociales y normas políticas según se van implantando. Asume, así, el Derecho, la justificación última del ejercicio de la violencia dentro del Estado, y si a alguien le sorprende lo que significa «impartir justicia», le remitimos a la última instancia que queda para la «resolución de conflictos», el lugar que no alcanzará el jurista, la guerra.

Sin los cambios socio-económicos y políticos, es decir, sin historia de la civilización, volvemos a las normas tribales o pre-estatales sobre la justicia divina, perdiendo de vista el campo del Derecho. Semejante hipótesis puede darse, por ejemplo, tras una hecatombe nuclear, lo que no puede es elegirse, pues ¿quién controla la dinámica histórica para dirigirla a un fin que supone su propia desaparición?, a nuestro modo de ver, estamos inmersos en una dialéctica imperial que si no se asume por la filosofía del Derecho, imposibilita el entendimiento de los fenómenos jurídicos. Dicho de otro modo, en filosofía del Derecho no cabe la imparcialidad ontológica, como tampoco cabe la imparcialidad judicial como equidistancia de toda normativa. Y no hay imparcialidad porque no hay cierre de las categorías jurídicas respecto del contexto en que se mueven. La idea de un Derecho perfecto basado en un sistema normativo universal va contra su esencia: la actualización jurisprudencial permanente de una sociedad política. De este modo, o se es tomista o se es positivista, o se es realista o contra-actualista, o se es idealista o materialista. Las diferencias entre unos y otros afectan directamente al contenido normativo del cuerpo esencial del Derecho, e igual que las normas morales o éticas varían según el fundamento en que se sostengan (Dios, la ley del más fuerte, la raza, la tradición, &c.), ocurre en el Derecho. La necesidad de tratar las ideas en torno a los cuales se fundamentan los sistemas jurídicos nos lleva a posicionarnos, una vez hecho el *regressus* a las ideas fundamentales desde las que entender el Derecho, en un *progressus* sobre las propias normas y los fines o fundamentos ideológicos que las dirigen en su aplicación práctica, efectiva, concreta.

De modo que, en función del *regressus* de las cuatro primeras partes hacia las ideas con las que entender la esencia del Derecho, esta última parte se plantea como ejemplo del *progressus* hacia la normativa legal y los ideologemas que la rodean (los principios meta-jurídicos de los que hablaba Kelsen). Preguntamos, ¿una doctrina sobre el Derecho y sus fundamentos nos obliga a reajustar las leyes y su aplicación? Creemos que sí ¿por qué es necesario regresar sobre las normas que tiene que aplicar el juez? La respuesta es obvia, porque la aplicación del Derecho es un momento imprescindible de esta «crítica», pues el Derecho (el campo del jurista en general) tiene una realidad institucional propia, que no depende enteramente de la normativa política que la ordena en unos Estados de un modo y en otros de otro modo. Luego, el juez cada vez que aplica, o no, una norma en un proceso la está criticando, cribando, especificando, realizando o negando. Y no lo puede evitar, pues esta dialéctica solo se cumple volviendo sobre las propias normas, y está siempre actuando. Desde la filosofía materialista del Derecho esto significa que el fundamento que se atribuya al Derecho está coordinado con el fundamento que se atribuya a la norma, pues no nos movemos en lo abstracto, sino en la vida práctica. El *progressus* sobre la ideología (en cuya necesidad ahora no entramos) que establece los fines a los que una normativa u otra debe contribuir, es el cometido de cualquier sistema filosófico. Al análisis de esta normativa (actualista) dedicamos el final de este ensayo.

Nuestra perspectiva no parte de una razón especulativa o teórica previa a la práctica, pues suponemos que tales ideas (intelectivas) surgen de los mismos conflictos prácticos en marcha (operativos). Si desde la Teoría del Cierre Categorial postulamos un origen técnico de todas las ciencias, parece evidente que toda razón especulativa es una resultante de la razón práctica, operatoria, quirúrgica y sólo aparece según el grado de neutralización de las operaciones de sus campos respectivos, pero el Derecho precisamente trata operaciones impredecibles *a priori* por la normativa.

En todo caso, tomaremos en consideración los intentos de formulación de una lógica deóntica de enunciados prescriptivos (del «deber ser»), cuanto que desbordan la lógica descriptiva (del ser), que permitiesen axiomatizar con una sistematicidad rígida sus aplicaciones al Derecho. La lógica deóntica tal como la actualiza Boole y desarrollan lógicos como Luckasiewicz, aparece en forma de lógicas probabilísticas en Reichenbach, o intuicionistas como Brouwer. Al objeto de analizar la lógica de las «acciones», de la praxis, se elaboran teorías como las de Von Wright en su «Deontic Logic» de 1953, o Alf Ross con la lógica normativa desde conceptos opuestos (reglado/no-reglado; lícito/ilícito; permitido/prohibido), un cálculo deóntico como «cálculo de normas» que desarrolla la idea de Leibniz de «*Jurisprudentia more arithmetica demostrata*», o Kalinowski con su álgebra de términos. Ray ofrece una serie de equivalencias internas al campo deóntico por la negación (facultativo como no-obligatorio, permitido como no-prohibido, obligatorio como no-prohibido, &c.) y así pasan a autores como García-Maynez, Legaz y Lacambra, García-Bacca y otros.

Vamos a referirnos aquí al proyecto de una informática jurídica que ensaya Sánchez-Mazas para ilustrar la delimitación del campo de la lógica deóntica y su capacidad de aplicación en el Derecho, por ejemplo, utilizando rasgos característicos de los «universales prescriptivos» y sus modalidades (obligatorio, permitido, indiferente, prohibido) de modo muy distintos a sus homólogos *aléticos* (necesario, posible, contingente, imposible). El *Cálculo deóntico* de Sánchez-Mazas diferencia una esfera normativa de modelos abstractos para medir el uso de las normas (validez/invalidez como valores y sus relaciones de dependencia/independencia, compatibilidad/incompatibilidad); una segunda esfera fáctica de las acciones y los agentes (valores de ejecución u omisión); y una tercera esfera normativo-práctica como cálculo deóntico general de los casos particulares y sus consecuencias (operadores deónticos como obligación, prohibición, permisión, dispensa, &c.).

No vamos a negar tal formulación sistemática, pues ahí está, lo que negamos es que tenga algo que ver con la praxis judicial, de hecho, ni hay ni puede haber ningún programa expendedor informático de sentencias. Bastaría volver sobre las pocas proposiciones gnoseológicas que hemos expuesto para explicar su absurdo.

BASES NORMATIVAS

I- Entendemos por norma (regla) la institucionalización de una rutina victoriosa.

II- Todo principio jurídico se fundamenta en una materia determinada.

III- Solo cabe justificar una norma en función de sus consecuencias.

IV- Unos fundamentos o principios del Derecho están enfrentados a otros.

V- Un ideal no es más que un límite que aparece en la crítica mutua de las doctrinas.

IDEOLOGEMAS LEGISLATIVOS

I- La idea crítica de justicia aparece en la confrontación de órdenes normativos.

II- La igualdad se establece a partir de las diferencias y al contrario.

III- La libertad consiste en seguir la necesidad.

IV- La solidaridad siempre se da frente a terceros.

V- La paz es el orden impuesto por el vencedor.

PROPOSICIÓN I

Las ideas de derecho y deber son dos caras de un estroma normativo.

Explicación: Como el campo del Derecho no se limita a sujetos individuales, pues no se puede juzgar uno a sí mismo, ante sí mismo y condenarse a sí mismo (Prop. V E. - P. I), y si lo hiciera, no sería un problema jurídico, sino psicológico, entendemos que afecta a unos sujetos en relación a otros, por lo que la conjugación entre derechos y deberes se puede entender desde la clasificación de las normas. Así, el Derecho de un sujeto «a» de hacer u omitir una acción, remite al deber de un sujeto «b» de hacer u omitir otra, por lo que si se quita el deber del sujeto «b» desaparece el derecho del sujeto «a». Así, el derecho a la inviolabilidad del domicilio exige que otro no entre sin permiso, el derecho a la educación obliga a construir y financiar centros educativos, &c.; en el mismo sentido podemos aducir contra-ejemplos: permitir que en algunos casos la policía entre en una casa, limita el derecho a la intimidad, que el Estado no construya un instituto en mi localidad o recorte la oferta educativa, limita mi derecho a la educación, &c. Es decir, lo que en el Derecho sustantivo liga las sentencias a lo concreto bajo la máxima «toda determinación es una negación» (Prop. XXIII – P. III).

Escolio: Si alguien entiende que el derecho a la intimidad o a la educación no depende del deber de otro, sino que es una facultad mía, lo que hace es hablar de derechos y obligaciones sobre normas (ya no sobre cosas). Así, si el derecho está en decidir quién o cómo puede entrar en una casa, o dónde y cómo se va a construir un instituto, hemos trasladado el derecho a la norma que regula la competencia, es decir, a las normas sobre la modificación de otras normas (E.A. V). Ahora, el derecho cae sobre el deber (por ejemplo, de construir un instituto o de negar el paso a mi finca), y hablamos desde normas de segundo grado. En efecto, a primera vista la idea de derechos subjetivos (o personales) consiste en eliminar el deber o la obligación atribuida a otro, pero no es más que una ilusión consecuencia de una conjugación más intensa aún, pues el derecho como poder para hacer un instituto elimina mi derecho o poder de hacer otra cosa, ya no digamos cuando el derecho a hacer una ley para que no se entren en una casa es sencillamente un privilegio que no se otorga a otros. Como todo derecho se basa en un poder, y estos últimos dependen del Estado (F.D. I), hablar de derechos y deberes es hablar de exigir, obligar, permitir, limitar, facultar, privilegiar, en distintos grados, es decir, de tipos de normas también trabadas en oposiciones deónticas (como hemos visto en el prólogo).

Corolario: hablar de derechos y deberes es otro modo de hablar de privilegios y obligaciones. ¿O alguien cree ingenuamente que los privilegios han desaparecido con la Revolución francesa? Basta cambiar los parámetros para que aparezcan de nuevo en diferentes formas, igual que cambia la miseria de la explotación esclavista por la miseria de los proletarios libres en paro. La desaparición del privilegio nobiliario no puede ocultar el incremento de las diferencias entre quienes se pueden pagar un buen abogado y quien recurre a uno de oficio, es decir, las diferencias medievales vuelven solapadas en formas contractuales, mercantiles. Ya lo hemos dicho, la igualdad distributiva ante las leyes de la nación deriva de la igualdad distributiva de los contratantes que el mercado pletórico transforma en distancias abismales de renta.

En todo caso, se tratan los derechos como si fuesen armónicos, compatibles unos con otros y todos juntos avanzasen por la extensión de derechos hacia el cumplimiento de ley del progreso, como pensaban Kant y otros muchos. Cuando la realidad es que unos derechos se oponen a otros, lo que sabe cualquiera que vota democráticamente a unos partidos sabiendo que la ley y los derechos que promulguen irán en un sentido y no en otro. Pues no sólo los derechos suponen deberes y en definitiva poderes que los hagan cumplir, sino que unos derechos se oponen a otros. Así se demuestra que el derecho a la huelga cuando se protesta cortando carreteras o montando piquetes se opone al derecho al desplazamiento y al trabajo de los demás, que el derecho del toro bravo tal y como lo entiende un animalista, es decir, a no ser «torturado», se opone al derecho del toro bravo tal y como lo entiende el ganadero o el torero, que son quienes los mantienen en la existencia. Y en fin, que el derecho de un niño a nacer se opone al derecho a abortar de la madre, y tantos otros casos similares que se evidencian en las protestas que se suceden sin cesar en «pro» de unos derechos y en «contra» de otros.

PROPOSICIÓN II

Las normas se pueden clasificar del modo más sencillo posible, diferenciando su calidad y su grado.

TIPOS DE NORMAS

Cualidad / Nivel	Positivas	Negativas
Primer grado	Obligan, prescriben, permiten.	Prohíben, restringen, impiden, deniegan.
Segundo grado	Facultan, otorgan, capacitan.	Excluyen, inhabilitan, vetan, inmunizan.

Explicación: Como la norma es de naturaleza institucional se opone al individuo subjetivo (por ello desechamos como criterio la voluntad del mismo), a no ser que se tome el individuo de modo objetivo, como una institución (como el Papa de Roma o la Institución Real), por lo que afectará, según su rango, a todo individuo que cae bajo la clase, lo que incluye al que hace la norma, salvo que caiga bajo otra norma de segundo grado que la inhabilite. Toda norma supone un Derecho y un deber (Prop. I), según sea la situación, así, será positiva o negativa (un semáforo es una norma positiva o negativa según se vaya a pie o en coche, una obligación fiscal va ligada a derechos de desgravación, la propiedad es un Derecho respecto del propietario que a su vez tiene la obligación de respetar las restantes, y así se podría continuar). La diferencia entre normas de primer grado y de segundo grado deriva del tipo de acción que prescriben, en el primer grado se trata de normas sobre acciones cuya materia no es normativa, es decir, no afectan al propio campo jurídico (sino a campos económicos, familiares, deportivos, &c.), cuando la propia acción es normativa estamos en un segundo grado donde se señala quién, cómo y de qué modo podrá o no podrá hacer normas sobre acciones de primer grado. Las acciones normativas pertenecen a cada categoría, en materia económica a través de los reguladores económicos, las instituciones fiscales, &c., en deportes los órganos encargados de su regulación, como consejos superiores, &c., por ese motivo, las normas sobre las funciones normativas son de segundo orden, y suelen corresponder al legislador, según su prevalencia, en orden de jerarquía normativa (F.D. III). El criterio cualitativo se puede entender como negación de la «libertad de» (impidiendo la acción) y como graduación de la «libertad para», que va del permiso a la obligación.

Escolio: Las discusiones sobre el origen de la norma, o sobre el principio en que se sostiene no afectan a la clasificación como tal. Si se llama norma fundamental, regla de reconocimiento o si deriva de la moral o es por convenio, son cuestiones de fundamentación de la norma jurídica, pues una cosa son las diferencias entre categorías o campos de normas (religiosas, morales, económicas, &c.), y otra es la validez de una acción o la validez del establecimiento de la norma sobre la acción (entre las que incluimos otras sobre prevalencia, &c.), que remiten al mismo poder de hacerlas cumplir, lo que en el caso del Derecho deriva del equilibrio o eutaxia entre los poderes políticos (I.P. II).

Corolario: No hay Derecho sin obligación (deber), pues si los derechos fueran cualidades naturales del sujeto podrían existir exentas. Pero como se adquieren en función del poder de una sociedad política (E.D. III), no pueden considerarse al margen de lo que está obligado para la supervivencia de la sociedad que se los otorga, de modo que no los pierda. Y si un sujeto no puede cumplir esas obligaciones por estar impedido, lo tendrá que hacer otro (por ejemplo, el Derecho a las prestaciones sanitarias requiere el deber de retener parte del sueldo, si alguien las recibe sin haber contribuido, la aportación contributiva vendrá de otro).

PROPOSICIÓN III

Apelar a derechos naturales no es más que la forma de justificar un Derecho positivo frente a otro incompatible con el primero.

Explicación: Que los conceptos básicos del Derecho sean «trascendentales» no significa que sean universales, armónicos o deriven de una identidad metafísica, sino que al institucionalizarse como relaciones jurídicas constituyen a los términos que conceptualizan, lo que dijimos en la proposición sobre la persona (Prop. IV – P. IV), la responsabilidad, la libertad, &c. (Prop. XXI C. - P. I). La ilusión de su «reconocimiento», en tanto que dados con antelación a la norma, es fruto de un realismo ingenuo o un idealismo espiritualista que oculta la expansión de ideologías o intereses de grupos particulares. Esto se ve perfectamente con el neo-constitucionalismo, los derechos indígenas, de minorías, del medio ambiente o de animales no humanos. Precisamente aquí se ve lo fantasmagórico del Derecho cuando busca reconocer una dignidad, un sentimiento o una identidad individual al margen de tendencias o corrientes «sociales» que se imponen frente a otras, es decir, las únicas identidades políticas que pueden existir (I.P. I). Y así ocurre siempre que se instaura una norma, pues si está a favor de unos, no lo está de otros, porque toda generalización tiene un límite, por ejemplo, con el *ius civile* y la negación de derechos a los esclavos, &c. Y esto ocurre incluso cuando la norma se hace en «pro» de la igualdad, así se justifica en «pro» de una igualdad futura la diferencia ante la ley de hombres y mujeres en las leyes de «género» de la legislación española (una palabra, «género», que buscando el carácter libre de la identidad, ajena a la biología o al lenguaje, sin embargo, se elimina al reintroducir el sexo biológico en las leyes de «violencia», olvidando que la raíz violenta está en la pareja fruto de su elección).

PROPOSICIÓN IV

Hablar de derechos o poderes al margen de la propiedad de los bienes es una abstracción jurídica.

Explicación: Pasa aquí como en política, cuando el formalismo conjuntivo habla de los tres poderes del Estado está abstrayendo su fundamento basal-territorial (I.P. I), del mismo modo, cuando se habla de derechos sociales o derechos constitucionales se está abstrayendo la base productiva y operativa en que se fundamentan (E. J. III y V). Es un fenómeno semejante al que ocurre con la hipóstasis del Derecho al margen de su «objeto», lo que ocurre con los derechos subjetivos al margen de su materia (que puede ser otra norma). Hay que saber qué derechos, deberes, o poderes y obligaciones son sincategoremáticos, y refieren a algo, al margen de lo cual pierden su sentido (E.O. IX). Se trata de una hipóstasis que denunciaba Platón siempre que preguntaba por el contenido del saber, de la justicia, de la piedad, &c., es decir, por aquello específico que lo define. Al margen de su contenido, de su materia, la forma pierde su sentido. Así, conceptos jurídicos como es el «derecho a...», pierden su sentido al margen de los referentes materiales, ya sean conceptos operativos (sobre acciones) como el derecho a votar, a contratar, a reclamar, &c., o como derechos sobre cosas, como el concepto de herencia, usufructo, &c.

Escolio: La discusión sobre el carácter subjetivo o real de los derechos, donde se disputa la primacía de las relaciones humanas sobre las relaciones con las cosas (*res*) o al contrario, oculta un dualismo epistemológico que sigue la hipóstasis de uno de los dos términos, bien porque al modo estoico o tomista, supongamos el derecho sobre la cosa como base de las relaciones jurídicas entre los hombres, o bien porque entendemos las relaciones jurídicas de modo inmanente a lo social o lo económico, introduciendo los bienes como meros referentes de las intenciones, deseos o expectativas de los «sujetos». ¿Qué les diremos a éstos? Suponiendo sus fulcros de verdad, ¿dónde situarlos? Desde luego, en las instituciones jurídicas donde ponemos el núcleo práctico del Derecho se juzgan hombres por otros hombres, apareciendo unos u otros en una disposición determinada, pues ni se juzgan cosas, ni animales. Sin embargo, como decía Gayo, en cuanto vemos de que tratan las acciones que ponen en relación a esas personas, nos encontramos con los bienes, sean materiales o no (donde la persona se define jurídicamente por su relación con el bien), de modo que si quitas la referencia real a la «cosa» (la motivación), te quedas con «causas» meramente psicológicas (unas intenciones difíciles de probar cuando no imposibles, que sustantivadas en informes psiquiátricos se suelen utilizar para atenuar la responsabilidad y disminuir la condena). Ya vimos cómo la necesidad del Derecho en Roma deriva de la «racionalización en marcha» que la administración del imperio requiere para su funcionamiento, dada la gama de problemas derivados de la multiplicidad de normas que coordinar. La comunicación de bienes que se establece en el Imperio por el comercio es el motor de las disputas, y cuando esta multiplicidad de bienes en disputa desaparece, como en la caída del Imperio o los reinos bárbaros, desaparece el Derecho. Así vemos aparecer al sujeto psicológico con la holización francesa, donde el comercio a escala mundial toma a los individuos del mercado pletórico como base contractual de toda institución, incluyendo al Derecho.

PROPOSICIÓN V

La necesidad de toda norma jurídica es histórica. Lo que significa quc cl Derecho no es contingente.

Explicación: Concebimos las normas, lo que hace menos de dos siglos se llamaban «reglas», como resultados fruto de la confrontación milenaria de rutinas puestas en práctica, y medidas en función de sus rendimientos (B.N. I). Aquellas rutinas o procesos operativos que tienen más éxito, frente a terceras en pugna, son las que conforman la moral de los grupos humanos, una funcionalidad de la que adquiere su fuerza de obligar. Y lo mismo podemos decir de las normas jurídicas surgidas para coordinar múltiples sistemas morales diferentes (B.N. V). En el Derecho se complementan el riguroso formalismo normativo con la especificidad propia del caso, lo que explica su capacidad para triturar la ingente multiplicidad de conflictos que puedan aparecer. Se trata de una necesidad pluri-causal fruto del peso relativo de unas cosas y otras según una reiteración que hace que la institución funcione o no. La contingencia aparece cuando separan unos elementos de otros respecto de la Armadura o contexto en que se da. Ocurre aquí como cuando alguien tira un dado y cree que es contingente el tres que cae boca arriba, cuando es completamente necesario según las fuerzas que actúan en los distintos choques que hacen que se pare en una posición u otra.

Escolio: Que nadie defienda un sistema del Derecho perfecto, como que nadie puede inventarse un proceso y una normativa a su voluntad, significa que el Derecho de cada Estado y de cada Imperio ha ido por donde le ha conducido el contexto histórico-político en que se desarrolla. Quien suponga un orden trascendente por encima de la expansión que a través de la dialéctica de imperios ha extendido las instituciones del Derecho por todo el globo terráqueo (I.P. VII), finge algo inexistente, ya lo presente como «deber ser» o como valor.

PROPOSICIÓN VI

La sentencia exige una justificación, y la justificación un fundamento, pero de estos hay muchos. Que no haya uno sólo, es lo que obliga a movilizar la filosofía del Derecho.

Explicación: Todo fenómeno está conceptualizado de algún modo. El adjetivo jurídico nos lleva a una determinación de los «hechos» en tanto se presentan como partes del campo del Derecho, es decir, sujetos a unas normas (F.D. III). De modo que las operaciones sobre esos hechos y su transformación tienen en las normas su justificación, como cada normativa estatal es distinta en muchos aspectos de otras (F.D. IV), las justificaciones son distintas (recordemos que en la moral o en la normativa mítica o religiosa pre-estatal, y por tanto, pre-jurídica, no se tenía que justificar ni motivar el castigo o la pena, todo el mundo era consciente de ello, pues el orden justo se imponía por sí solo) (B.N. IV). Se puede pensar que cuando tratamos de justificar la normativa política trascendemos el plano político y tocamos una raíz social o humana común, pero no es verdad (B.N. II). La raíz que tocamos también supone, religiones, mitos y morales distintas. El problema del fundamento del Derecho se agrava cuando vemos que su positividad aparece en el desarrollo histórico que se produce con su expansión política. Es decir, siempre frente a terceros. No tener en cuenta que es aquí donde hay que buscar su esencia ontológica, es decir, su fundamentación, es quitar todo peso ontológico a la misma pluralidad de fundamentos que se han sucedido a su través. Que haya una sola justificación posible es la pretensión común de todos ellos (I.L. I). Si por el contrario negamos tal fundamento, hacemos del Derecho un apéndice de la política, la psicología o la economía, reduciendo a otras categorías dos mil años de historia jurídica. El Derecho será un mero teatro de títeres cuyos hilos tratan de ocultar una institución insustituible, lo que el jurista no aceptará, pues al vaciarla de contenido desaparece la especificidad de la categoría.

PROPOSICIÓN VII

La idea de re-inserción como fin u objetivo del Derecho es absurda.

Explicación: La coactividad de las resoluciones judiciales es la medida del cumplimiento general de las normas. Es decir, mide aquello que una sociedad política puede aguantar sin perder su eutaxia (I.P. II). De modo que la dureza o laxitud de las normas está en función del equilibrio que requiera la sociedad para seguir existiendo. Como con el cumplimiento de las penas el reo vuelve a recuperar los derechos de los que se le ha privado, la re-inserción se cumple siempre, salvo que se contemple la cadena perpetua o la ejecución capital. Luego la idea de re-inserción no es un objetivo del Derecho, sino su realidad (en caso de que la pena lo permita). De modo que aplicarla para anular o bajar penas es pedir el principio. Además, supone que se recupera la responsabilidad que se le atribuía al sujeto para poder imponerle la pena, como si esta responsabilidad fuese una propiedad del sujeto (una convicción mental o un sentimiento que le obliga), a la que accede el psicólogo o el psiquiatra, y no un principio formal que supone el Derecho funcionando entre las acciones que realiza el sujeto y sus consecuencias (Prop. XIX – P. II).

PROPOSICIÓN VIII

La normativa no descansa en principios jerárquicos, sino en su cumplimiento. La función principal de tal axiomática es dar un aspecto de cierre sistemático, cuando no es más que una representación nematológica *ad hoc*.

Explicación: Con esto no decimos otra cosa que si una norma no se cumple no es norma (F.D. I). De modo que sus fundamentos axiomáticos no son más que recubrimientos ideológicos (otra cosa es la coherencia obligada entre unas normas y otras) (Prop. XXVI – P. II). Y es que cuanto más general es un principio más posibilidad tiene de aplicación, pues más capacidad tiene de asimilación de hechos, que cada uno entenderá a su modo. Se trata de lo mismo que ocurre con las normas religiosas, si nadie fuese a comulgar en misa, los evangelios se reducirían a su valor estético; si los musulmanes comiesen jamón o bebiesen vino, el Corán se leería por su valor filológico. O dicho de otra manera, normas como las jurídicas se mantienen en la existencia por la operatividad por la coactividad vinculada al proceso (Prop. XXXI – P. IV).

Escolio: Si las normas tuviesen una sustantividad propia, como quieren los idealistas que postulan un deber ser (*sollen*) autónomo, actuando a través de su implantación en la conciencia, de modo que su mero reconocimiento determinase la aplicación, no habríamos avanzado un paso en la realización del Derecho, sino que habríamos retrocedido a la moral de la tribu, donde la norma va ligada constitutivamente a la moral del grupo en cuanto forma parte de un orden justo inquebrantable. Y la razón es que aunque yo crea que una norma es «justísima» como «deber ser» (M_3) (como ocurre con las fundamentaciones del Derecho de corte idealista), hay que entender que entre mi creencia subjetiva (M_2) y mis actos (M_1) no hay causalidad ninguna (Prop. IV – P. II)), pues a veces hago lo que no había pensado y otras veces pienso hacer algo y luego hago lo contrario. De modo que el que cree que una conciencia «fenoménica», dirige su acción, ya no la realidad, es un pobre incapaz para hacer nada (no podemos menos que acordarnos aquí de los pecados del Derecho alemán a los que aludía Marx en la *Introducción a la Filosofía del Derecho de*

Hegel, pues el imperio alemán fue un fantasma histórico que hacía del Derecho germano la sombra de un fantasma y a constituciones como las de Weimar su consecuencia. Si vemos algo en Prusia es su ejército, su técnica y su ciencia).

PROPOSICIÓN IX

Ni hay un sistema jurídico único, ni puede haberlo.

Explicación: Los sistemas jurídicos son muchos, y no depende del Derecho eliminar esta pluralidad precisamente porque tal pluralidad se ha producido a partir de un mismo origen romano, ya que dependen de los problemas específicos que han tenido que resolver en su formación, lo que supone la tradición consuetudinaria, religiosa, moral e ideológica resultante de la estructura estatal en que se basa (E.J. V). En la medida en que su sistematicidad se ha desarrollado frente a terceros en disputa, es decir, en defensa o en ataques frente a otros Estados, la sistematicidad de sus contenidos va implicada en el mantenimiento de las diferencias con el resto (I.P. VII) ¿qué rasgos sistemáticos son comunes entre ellos? Los puramente formales, es decir, rasgos homologables en su coordinación frente a terceros. Ya no digamos frente a sistemáticas de otras categorías, donde la analogía ofrece sus diferencias más significativas, pues en cuanto construcciones mantienen una apariencia meramente pragmática.

Escolio: Pretender acogerse a conceptos esenciales del Derecho como si fuesen rasgos comunes o genéricos con los que borrar sus especies estatales, requiere regresar a aspectos tan básicos como su funcionamiento procesal (desde la violación de la norma hasta el acto coactivo). La alusión a normas dispositivas comunes, la axiomática constitucional, definiciones comunes básicas, o principios explícitos de una lógica jurídica, no son más que pretensiones de dotar una apariencia de cientificidad que no tiene (algo de lo que hemos visto en el Prólogo). Cuando Montesquieu o Beccaria reducen la función jurisdiccional a una deducción que toma la ley general como premisa mayor, la acción como premisa menor y la conclusión como base de la resolución penal o absolutoria, vacían el Derecho de toda «sustantividad». Al contrario que Hegel cuando subtitula su *Filosofía del Derecho* como «ciencia del Estado», aunque convierta de este modo a los antiguos teólogos que administraban la justicia divina, en los juristas que administran ahora la justicia que sopla por el espíritu absoluto.

PROPOSICIÓN X

Las codificaciones modernas no son un fruto del uso de la razón humana libre, sino de la racionalidad institucional cuando se cambia el fundamento jurídico del Estado, es decir, la soberanía del Rey por la de la Nación.

Explicación: Como hemos indicado, la razón no es una facultad humana, cuanto el funcionamiento de las instituciones donde se desarrolla la vida de los hombres (I.A. III). De modo que las compilaciones del *Code Civil* obedecen al mismo fundamento que la codificación del código napoleónico, cambiando la soberanía real por la nacional, o dicho de otro modo, la trinidad divina por la razón humana.

Escolio: Quien vea en semejante cambio un avance, al dejar la teología atrás en pos de un humanismo racional, no percibe el monismo que arrastra la negación de los momentos pluralistas de la realidad. Nuestro pluralismo radical hace de cualquier tipo de monismo el error ontológico por excelencia (E.O. I).

PROPOSICIÓN XI

La idea de nación política es un concepto jurídico.

Explicación: La idea de nación política como racionalización por holización tiene su origen en la Francia revolucionaria, pero sólo afecta al fundamento de la soberanía (Prop. X), que del Rey pasa a los ciudadanos que votan a Cortes. Luego no traspasa la capa conjuntiva que es precisamente el modo en que se fundamentan la teoría de los tres poderes (I.P. IV). Como nosotros ponemos el fundamento del Estado (que preexiste a la nación) en la capa basal (Prop. XVII – P. III), el cambio de soberanía afecta al fundamento de la axiomática jurídica y a sus procedimientos de gobierno (F.D. IV). Y la prueba es que no es la nación la que hace de Francia un Imperio, sino la capa cortical descendente (el ejército) a órdenes de Napoleón, aunque su hegemonía europea fue por lo demás muy efímera. De modo que la idea de nación no afecta a la estructura del Estado, pues ya existía en su estructura territorial con anterioridad (F.D. II). Sin embargo, la idea de nación tendrá efectos trascendentales en la dialéctica de imperios, pues como hemos sostenido en otros ensayos, su principal función consistió en vehicular políticamente los cambios comerciales que se desarrollan durante el dominio de un Imperio español que va a ser resquebrajado por una pluriarquía irresuelta de modelos sobre la identidad de su unidad (I.P. V), de lo que se alimentarán los nuevos imperios inglés y norte-americano.

Escolio: No cabrá buscar en alguna de las generaciones de izquierdas el fundamento de la verdadera democracia, como se ha buscado en los dos últimos siglos, sino como modos de una racionalidad atómica cuyo fundamento individual negamos, pues basa su igualdad real en las relaciones conmutativas del comercio cuya competitividad ahonda las diferencias.

PROPOSICIÓN XII

La idea de pueblo (o sociedad civil) como fundamento del Estado democrático es la secularización del pueblo de Dios cristiana como fundamento de la ciudad divina.

Explicación: La idea de pueblo como unidad o voluntad general es una idea tan metafísica como la idea de Dios, pues tal «pueblo» se divide en un sin fin de enfrentamientos entre grupos, etnias, religiones, sindicatos, partidos políticos, &c. De hecho, tal pueblo «unido» no aparece ni frente a terceros, donde las discrepancias en torno a la guerra con otros Estados se tratan de ocultar con el aislamiento, la cárcel o el pelotón de fusilamiento (I.P. I).

PROPOSICIÓN XIII

Los principios del Derecho no son axiomas sino consecuencias o generalizaciones con funciones procesales, en muchos casos de uso corriente en la praxis moral.

Explicación: Los llamados principios del Derecho, sean ellos cuales fueren, tienen orígenes muy diversos, lo que se evidencia cuando atendemos a los orígenes concretos de cada uno de ellos (B.N. II). Cuando se habla de *regula iuris* en el Derecho romano, se está hablando de conclusiones de grandes juristas que trascienden el caso y permiten su aplicación a otras del mismo tipo. En general, suelen tratarse de definiciones o paráfrasis de la categoría, como cuando Ulpiano define lo justo por la honestidad, como no dañar a otro o dar a cada uno lo suyo, o bien a Principios que derivan de la estructura de los hechos: por ejemplo, del hecho de que una acción es concreta, su unicidad también afecta al juicio sobre su legalidad, impidiendo que se juzgue dos veces la misma acción. O en función de los fundamentos atribuibles a la voluntad: los pandectistas luteranos suponen actuando la «buena fe» en las acciones, lo que era un supuesto atribuible a los sujetos, que se hipostasia, entendido desde el valor absoluto de la «buena voluntad» kantiana. O porque derivan de la inmanencia del Derecho, como el paso de la ley a la ley, o del conocimiento que implica la publicación de la ley para su entrada en vigor. En todo caso, adquieren relevancia cuando los recopiladores, al ordenar y clasificar la casuística los vayan situando en un lugar privilegiado de acuerdo a la idea de ciencia aristotélica que organiza el saber de una ciencia en torno a unos principios evidentes a partir de los cuales se deducen lógicamente conclusiones (E.J. IV). Una idea intuicionista de los principios de las ciencias enteramente errónea, pero cuyo prestigio sirve para la organización de las codificaciones del S. XIX, por ejemplo, el mismo Código de Cerdeña donde aparece el término.

PROPOSICIÓN XIV

Aquellas normas que tienen mayor trascendencia jurídica sólo cabe justificarlas desde las bases ontológicas y gnoseológicas de un sistema filosófico.

Explicación: Un sistema jurídico ofrece como cierre «técnico» una serie de postulados o principios de carácter general más bien vago, que se utilizan a modo de justificaciones legales útiles en la medida en que cada uno «entiende lo que le parece», único modo de llegar a acuerdos o consensos que los mantenga en vigor, es decir, sostenidas en ideologías políticas en la marcha de su enfrentamiento o simplemente desde una moral a-crítica que envuelve a tal sistemática normativa. ¿Qué ocurrirá cuando la problemática del caso que se juzga desborde los términos o límites formales de la ley? Pues que habrá que recurrir a semejantes principios como soportes de la «retórica» axiológica que da alguna verosimilitud a la sentencia, lo que a modo de «argamasa» pegue las partes del proceso. Sin embargo, la vaguedad e indefinición de semejantes ideologemas tomará un sentido u otro según sean las bases ontológicas o gnoseológicas desde las que se entiendan (E.G. VII). Es decir, la indefinición o vaguedad que requiere su aprobación se traslada a su aplicación. Lo que se traduce en que unos jueces las utilicen en un sentido y otros en el contrario, lo que obliga, continuará el argumento garantista del Derecho, a «recurrir» las sentencias y a depositar en la jerarquía judicial el último criterio de determinación (lo que a nuestro modo de ver consiste en ascender hasta una posición donde aparezcan con más claridad las funciones eutáxicas de las sentencias, si no se quiere caer en el dicho según el cual «en caso de duda, condénese al más feo»).

Escolio: Suelen llamarse «casos de difícil resolución» a la casuística cuya normativa requiere semejantes cierres «retóricos» o «lingüísticos», atribuyendo su problemática a «déficits» del sistema legal, por ejemplo, a casos de vacío normativo, de contradicciones internas, de ambigüedad interpretativa, &c., es decir, se entienden como problemas que una reforma legal podría solucionar. Nada más lejos de la realidad, pues es su mismo contenido factual el que desborda el ámbito del Derecho, al tratarse de ideas que exigen establecer su conexión con otras categorías (biológicas, morales, sociales, &c.) para concretarse y poder ser utilizadas. Nos referimos a ideas como «buena muerte», «objeción de conciencia», «pena capital», «derechos animales», «rebelión», «Derecho de Gracia», y muchos otros de este estilo, algunos de los cuales tratamos en esta parte.

PROPOSICIÓN XV

La igualdad jurídica aumenta las diferencias entre los sujetos.

Explicación: La idea de igualdad ante la ley que acompaña todo ordenamiento jurídico (según sea el grupo al que afecte, pues ni es universal, ni aplicable indiscriminadamente), se acentúa en la holización francesa, por la cual se hace «homogénea» la ciudadanía de derechos. Sin embargo, al separarse de los poderes, hipostasiándose, se quedan en simples «posibles» (Prop. XIII – P. III). Semejante idea no deriva de la «justicia o equidad distributiva» que tendría en cuenta la diferencia de merecimientos (y que provenían de las guerras por las cuales los *equites* o los hidalgos adquieren sus privilegios) sino de la justicia o equidad conmutativa propia de los contratos (por lo que Carlos Marx habla de una revolución burguesa-liberal que permanecería al margen de lo «social»). Se trata de una lógica contractualista que entenderá la constitución como un contrato, pues los contratistas tenían que ser iguales. Sin embargo, como se vio rápidamente en el S. XIX, este tipo de igualdad agrandaba las diferencias entre los ciudadanos contratantes, pues suponía la propiedad y el comercio, que funciona a través de las diferencias de beneficios a quien ofrece productos más baratos y diferencias en las compras al bajar el precio con la cantidad. Así señala Alexy que el mandato al legislador de tratamiento igual, implica, siguiendo la fórmula aristotélica, tratar igual a los iguales y desigual a los desiguales

Escolio: Aquellos que ven un «avance» en las ideas holizadoras revolucionarias solo tienen que atender a las crisis continuas y a las guerras por los mercados que no dejarán de sucederse, junto con la destrucción de las instituciones y las estructuras sociales, dejando a los individuos atómicos en la soledad de una identidad fantasmagórica (en realidad inexistente, espiritual) que sólo alcanza algún grado de existencia en el grupo familiar y social. Si este «avance» existe es como determinación del consumidor satisfecho como sumidero.

Corolario: A nuestro modo de ver, el contractualismo parte de un error de inicio, el individuo libre (B.N. IV). Sin embargo, va a modificar las bases del Derecho, transformando los derechos reales que apuntan a la capa basal del Estado como fundamento, en derechos personales, los que provienen de la metafísica cristiana y como hemos visto en el Apéndice a la parte IV, están en dialéctica con los primeros a través del comercio y las relaciones internacionales de la lucha de Imperios, donde las relaciones económicas y jurídicas se tienden a fundamentar en aquellos que juzgan y deciden libremente, es decir, desde un *desideratum* subjetivo.

PROPOSICIÓN XVI

La libertad sólo aparece a nivel de clases, es decir, retrospectivamente.

Explicación: La libertad entendida como libertad de juicio no existe, en tanto los juicios en matemáticas o en química sólo pueden ser correctos o incorrectos (E.G. V). Si la entendemos como libertad de elección tampoco, pues la elección siempre está determinada por los gustos, la costumbre, el contexto social y un sin fin de influencias que hace del gusto algo determinado por factores que el sujeto no puede elegir ni controlar (Prop. IV – P. II). De modo que la libertad que recoge la idea de indeterminación se da desde la clase que hace sustituibles los elementos, lo que a nivel personal significa que sólo dada una trayectoria de múltiples procesos podemos decir que tal concatenación adquiere una identidad, es «única» en la medida en que se ha podido realizar (Prop. XXI – P. I). Es decir, los fines en cuanto objetivos de las acciones humanas tienen que estar institucionalizados, ser reales, nunca mentales, y sólo cuando se consiguen alcanzar se puede decir que se era «libre» respecto de su cumplimiento. Por lo que tal libertad es siempre retrospectiva y no se opone al determinismo sino a la impotencia.

Escolio: Cuando se sostiene que la libertad se identifica con la existencia individual como proyecto, o que estamos condenados a ser libres, o cosas así, no se dice nada, pues los proyectos y los fines siempre son institucionales, y su existencia como proyecto no es una proyección de la «nada» del ser humano, sino que viene de su recursibidad y de su funcionalidad operativa. De modo que la indefinición y la pérdida de un proyecto vital no vienen de la angustia o del miedo a la libertad, sino de la superabundancia de proyectos normativos que por así decir se neutralizan mutuamente dejando al individuo «flotando» en el magma social.

PROPOSICIÓN XVII

Los Valores no pueden ser universales, salvo intencionalmente.

Explicación: Como hemos dicho en la Proposición XX de la Parte I, los valores aparecen como propiedades institucionales. Por lo que en axiología, afirmar un valor supone siempre negar otro valor, su contravalor, pero no supone negarlo como valor, pues en sí, al margen de los contenidos materiales no tienen entidad ni significado alguno (por lo que es una pura tautología aquello de que los «seres son y los valores valen»), sino como negación de instituciones opuestas a las primeras. Por lo que afirmar la trinidad de Dios, supone negar su unicidad, y al contrario. Algo de lo que se pueden poner infinitos ejemplos. Del mismo modo pasa con la llamada «categoricidad», es decir, su división en «materias» axiológicas (lo que llevaba a Scheler a sustantivar los propios valores). Algo que a nuestro modo de ver responde a su división en clases o conjuntos de instituciones del mismo tipo: religiosas (lo santo y lo profano), lógicas (lo verdadero y lo falso), vitales o biológicas (lo fuerte y lo débil), estéticas (lo bello y lo feo), jurídicas (lo justo y lo injusto), &c., por lo que su jerarquía dependerá de su posición respecto del resto (pero nunca de una disposición moral de la persona). E igual que hablar de la fuerza o la belleza al margen de sus referentes es pura especulación, así hablar de la belleza de un asesinato subordina su aspecto moral o jurídico, acaso porque se mueve en instituciones literarias, teatrales o cinematográficas, con lo que se evidencia que los conflictos de valores son los mismos conflictos entre instituciones.

Escolio: Hablar de un mundo de los valores como mundo del «valer» frente al ser, o de valores eternos o absolutos dados a la conciencia moral, en el mejor de los casos hipostasia unas relaciones institucionales dotadas de una sustantividad independiente de las operaciones evaluadoras. Al contrario de los que entienden que los valores son relativos y puramente dependientes de operaciones sentimentales o estimativas del sujeto o de la sociedad. Desde una teoría funcional de los valores, las operaciones de los sujetos son la causa de la desviación de esquemas materiales de identidad, cuyo efecto es el aumento o disminución marginal de su valor, es decir, de su posición relativa (no relativista). Por lo que el valor funcional de una institución [$v = f(I, s)$] sólo tiene sentido desde los parámetros donde está inserta. Un valor universal requiere una institución universal, es decir, independiente de las operaciones y ajena a cualquier parámetro, lo que no existe, salvo intencionalmente (Prop. XIII C. - P. II). Aquí cabe recordar a Fray Ambrosio de Montesinos cuando nos hablaba a principios del S. XVI de Jesucristo como «valor de los valores».

PROPOSICIÓN XVIII

La dignidad no es una cualidad, sino un término sincategoremático, es decir, no existe hipostasiada en el sujeto, pues siempre se es «digno de» algo, y no de otra cosa, en unas circunstancias, &c.

Explicación: La dignidad es una hipóstasis (-dad) del que se hace digno o merecedor de algo por sus acciones, aplicada a todo sujeto por el hecho de serlo (subjetivi-dad) (Prop. I E. - P. I). Tal hipóstasis deriva de las cualidades sobrenaturales de las personas divinas cuando se trasladan al hombre por encima de los animales y los ángeles. Pero cuando eliminamos las coordenadas religiosas la dignidad de la persona humana se convierte en un presupuesto que se atribuye a todo sujeto en sentido distributivo, cuando en realidad se usa en la medida en que se busca algún tipo de merecimiento o de derecho (aunque sea para hacerse digno de castigo). Suponer que este merecimiento le viene por ser humano, y no animal o demonio, es volver a un plano donde se borran las diferencias entre la acción quirúrgica de un médico o la de un torturador, pues se borran las instituciones sujetas a la normativa de un Estado que explican sus fines respectivos. Como hemos dicho, el origen de las dignidades, como los privilegios, no está muy lejos de las guerras y los repartos de bienes en los territorios de conquista (Prop. XVIII – P. III)

PROPOSICIÓN XIX

La ejecución capital no tiene más justificación que la de medir el alcance y los límites que un sistema jurídico puede tolerar sin desmoronarse.

Demostración: Supuesto que el sintagma «pena de muerte» no

designa nada, pues el reo ya muerto no sufre pena alguna (en todo caso la sufrirían sus «familiares»), entendemos que en tanto todo Derecho es otorgado por un Estado (F.D. I), cuya última *ratio* es la eutaxia, debe ofrecer un criterio por el cual se pierda la condición de individuo si no queremos que sea el mismo individuo abstracto, al margen de sus actos, el criterio desde el que se sustente el sistema (B.N. IV). La prueba de lo que decimos se puede encontrar en la Constitución española, donde se introduce la ejecución capital para caso de Guerra (Art. 15). El resto de criterios a favor o en contra de la ejecución capital son externos a la esencia del Derecho, es decir, son éticos, religiosos, psicológicos, sociales, &c.

Escolio: A quien le parezca que medir el sistema jurídico es algo pueril o estéril, sin importancia práctica, y mucho menos que tenga que ver con la vida humana (E.A. I), tiene que saber que sin unidades de medida no se podrían equiparar unas cosas con otras, es decir, se desmoronan las ciencias y se imposibilitan la equidad o proporcionalidad que «busca» el Derecho en su conjunto. Sin unidades de medida como bases de la sistemática legal no hay unidad de conjunto, reduciéndose a un conglomerado de elementos indefinidos y superpuestos, es decir, ininteligible y a-sistemático como tal. Semejante falta de criterios aparece en forma de desajustes y contradicciones. Por ejemplo, quien pone en la vida individual el criterio último de medida del sistema, tiene que saber que si el criterio de una vida vale como ajuste de las partes de sistema jurídico es tanto en el sentido positivo como negativo, es decir, el sentido del Derecho a la propia vida no se justificaría sin el deber que deriva del Derecho a la vida ajena (Prop. I). Así, si el sistema permite que un individuo mate a miles de personas conservando su vida, se desbarata toda proporción, pero explica por qué se mantiene la ejecución capital en caso de guerra. Pero no es la idea de la vida humana individual criterio de medida, pues no discrimina sus límites, ni de origen (lo que se obvia con la idea de plazos del aborto) ni de fin (con las leyes de eutanasia). El criterio cabe ponerse en la idea de persona, en la medida en que no es individual, pues la persona sólo lo es entre las demás personas, por lo que están co-implicadas, obligando a la reciprocidad (Prop. IV – P. IV). Ahora bien, como hemos visto, el carácter personal no es natural ni propio, sino otorgado por el Estado como presupuesto jurídico (Prop. XIX – P. II). De modo que cuando un sujeto niega por sistema todo Derecho a los demás y conserva los suyos, por ejemplo, su Derecho a la vida, pone su voluntad como criterio de medida del Derecho de todas las demás personas, pues al reconocer el suyo no se reconocen los de todos los demás. Pero esto es lo contrario a lo que pide la idea de Persona. Que esto no se puede asumir es lo que explica la existencia de tribunales y de «penas a muerte», como el que se llevó a cabo por decenas en los juicios de Núremberg.

Que el Derecho a la vida sea inherente al sujeto implica supuestos metafísicos inaceptables. Que la mera individualidad corpórea, al margen de las demás, no es el criterio último del Derecho se defiende por modelos como el de Sócrates, quien acepta la condena que dictan las leyes de Atenas aunque supongan «injusticias» como la de su propia muerte, o lo que reconoce Jesucristo a su modo cuando acepta su sacrificio en pos de una «justicia eterna» que no es de este mundo. Algo que está reconociendo Kant cuando pone la inmortalidad del alma (la persona supra-empírica) como postulado y condición de una moral «universal».

PROPOSICIÓN XX

El Derecho de Gracia no es parte del Derecho sustantivo, pues no implica proceso judicial, es decir, se trata de decisiones políticas, no jurídicas (aunque esté legislado), pues no se puede encausar al ejecutivo por llevar a cabo indultos, limitándose a rectificarlas. Tal «degradación» o supeditación de las instituciones del Derecho se acentúa más si cabe en las leyes de amnistía, donde se deroga la misma ley que se aplicó, anulando todo efecto jurídico de una condena. Por lo que cabría concluir que la «razón» política prima sobre el sistema jurídico entero (F.D. IV).

Explicación: Que el Derecho de Gracia esté dentro del sistema legal y tenga efectos jurídicos no implica su homologación al resto de derechos, es decir, no tiene nada que ver con las peticiones judiciales o con los recursos, de hecho, el indulto no tiene que ser motivado.

PROPOSICIÓN XXI

La ley de plazos del aborto se justifica a través de principios metafísicos.

Explicación: El positivismo según el cual la norma se justifica por su misma aplicación (como hemos visto en el Prefacio a la parte IV), por ejemplo, por seguir el procedimiento legal, niega que pueda haber justificación al respecto, pues sólo cabe su derogación. Sin embargo, se olvida que la justificación actúa a través de la ideología del partido que la pone en marcha (B.N. IV). De este modo, la discusión de sus fundamentos ideológicos no se puede obviar acudiendo el mero consenso o acuerdo procedimental. Ahora bien, las justificaciones pueden ser de muchos tipos (B.N. II). Supuesta la materia individual del cuerpo vivo de un homínido de nuestra especie, una justificación que atienda a causas internas o naturales preguntaría ¿cómo adquiere la forma personal que le convierte en sujeto de derechos? Con la tesis del alma racional aristotélica los musulmanes la ponen en torno a los siete años, donde parece que el niño razona. Desde argumentos parecidos, la tesis tomista sitúa el alma racional en la aparición de una forma «visible» en el feto, en torno a las catorce semanas (dado que en el S. XIII no se disponía de microscopios). La actual ley de plazos de 2010 la sitúa cuando el *nasciturus* «es ya susceptible de vida independiente de la madre» sobre las veintidós semanas. Sin embargo, como pasaba en la antigua ley del aborto con el supuesto de daños psicológicos, se trata aquí de un formalismo para ocultar lo que se introduce con antelación, la libre voluntad de la mujer para abortar. Pues ¿qué se dice con «independencia»? Si se habla de la posibilidad de supervivencia fuera de la placenta varía en cada caso y depende de la tecnología bio-médica al uso, y si se dice independencia de la madre en general, la gestación subrogada lo hace desde el primer momento. Tales inconsistencias se salvan en el Estado de Nueva York y en Francia donde se aprobará el aborto a lo largo de todo el proceso de gestación. De nuevo aquí, como en el caso de la ejecución capital, se utiliza la «libre voluntad del sujeto» como principio que justifica la muerte de otro individuo, en este caso, su propio hijo. Ahora bien, nadie puede dudar que el *nasciturus* (o *moriturus*) es un ser vivo de la especie humana, un ser humano con una estructura genética propia distinta del padre y de la madre, por lo que no forma parte del cuerpo de la madre, como el corazón o el cerebro, sino que está dentro de él, lo que en los ovíparos se desarrolla en el huevo y pasa al vientre materno en los mamíferos.

Según hemos sostenido, los derechos los atribuye el Estado, y así ocurre con el concepto jurídico de persona de derechos, de modo que la razón última para su justificación o no deriva de su eutaxia, donde hemos puesto la legitimidad para hacerlo, y así, el fundamentalismo democrático hace derivar la eutaxia de los Estados de la «libre voluntad» del votante, un presupuesto metafísico. En todo caso, pasa aquí como con la negación de la ejecución capital para asesinos múltiples: se atribuyen privilegios para matar a unos en la medida en que se los quitan al resto.

Escolio: Sin entrar en consideraciones sobre ideas espiritualistas de la persona humana (E.A. II), se suelen plantear otras razones. Por ejemplo, si se dice que es individuo animal (humano) carente de ningún Derecho, pues no es persona, se pide el principio, pues los derechos se los atribuye la ley, y por tanto su carácter personal. Si se atribuye el aborto a causas no queridas, como puede ser una violación, se olvida que la estructura humana resultante es independiente de su génesis, siempre circunstancial, atribuyendo al feto que se va a matar, una responsabilidad que no tiene. Si se dice que la persona aparece cuando puede adquirir la independencia del cuerpo de la madre, dependerá de si puede estar dentro o fuera, cuando lo que se juzga no es el hecho de estar dentro o fuera como cuando puede «independizarse» un hijo de la vivienda familiar, sino del derecho a estar vivo, ya sea tanto dentro como fuera. Y la razón principal es que el feto está inmerso en un proceso teleológico desde la misma fecundación del óvulo, que le conducirá hasta su condición de persona, desde la cual hacerse responsable de sus actos (Prop. XXIII – P. I). Por último, si se justifica su muerte por la voluntad libre de la madre, al entender que el niño es de su propiedad, negando de paso el cincuenta por ciento de la genética paterna, volvemos a una legislación más atroz que la esclavista (pues el esclavo solía tener derecho a la vida y al buen trato), según la cual unos individuos humanos son propiedad de otros. Sólo la corrupción ideológica «subjetivista» impide que se pueda ejecutar a un asesino múltiple o «persona cero» con todas las garantías judiciales, pero da el Derecho para asesinar a cientos de miles de bebes *no natos*, sin juicio alguno.

PROPOSICIÓN XXII

La desobediencia civil es un poder ascendente que ejercido contra el poder ejecutivo puede tender a la eutaxia del Estado o a su distaxia. En este segundo caso hay que atender al papel operativo de la dialéctica de Estados, es decir, al modo en que la capa básica (ascendente) desconfigura la capa reticular de un Estado, al ser dirigida desde los intereses de otros Estados a través de la capa cortical (pues lo humano que haya de común a todo Estado es puramente biológico).

Explicación: Cada Estado genera en el desarrollo y mantenimiento técnico de su eutaxia una nematología desde la que se configura su identidad frente a terceros (Prop. XXVI – P. II). La potencia de esta nematología varía en función de la potencia del Estado desde la que se proyecta. Es habitual que los momentos nematológicos de algunos Estados transciendan sus fronteras y se infiltren en las instituciones y poderes de otros Estados con los que está en competencia (E.J. V), de suerte que, ya sea en orden descendente o en orden ascendente, no busquen legitimar tal poder en virtud del equilibrio del Estado, sino que trabajen en favor de la neutralización de sus instituciones básicas, lo que se muestra en que muchas veces van contra la propia recursividad de sus poderes, al contribuir a la ruptura o degradación del Estado donde se ejerce (igual que el traspaso continuo de competencias del Estado a partes del mismo, tiene como límite su misma desaparición) (I.P. V). De modo que la desobediencia civil, si no está directamente vinculada a la eutaxia, sólo se podrá entender como contribución a la eutaxia de otro Estado o Imperio al que le interesa impedir la ejecución de las leyes del contrario, ya se trate de desacato o desobediencia a los tribunales y sus disposiciones. De hecho, la mayor parte de las guerras actuales son guerras civiles.

PROPOSICIÓN XXIII

El principio de prescripción de infracciones responde al factor actualista del Derecho.

Explicación: Que la norma no es el núcleo que genera el Derecho, sino el proceso (Prop. XIII – P. IV), se demuestra en que la norma puede estar en activo, pero el «hecho» está prescrito como delito, es decir, ya no es objeto de proceso penal (juicio). La función actualista del proceso se fundamenta en las consecuencias del incumplimiento de la ley en el entorno que genera los fenómenos de delito (Prop. VI – P. IV), luego, supuesto que no hay consecuencias pasado un tiempo (B.N. III), el proceso o juicio sobre el hecho no tiene sentido (lo que a su vez constituye su principio normativo) (E.J. II).

PROPOSICIÓN XXIV

Los Derecho forales como el resto de leyes van actualizándose o no en función de la fuerza de los grupos vinculados a las normas del Derecho Común, lo que pasa en general con los derechos consuetudinarios (F.D. IV).

PROPOSICIÓN XXV

Los términos y plazos de las leyes están en función del lugar que ocupan las instituciones en el Estado. Así, los poderes descendentes sueles ser menos estrictos, cuando se juzga a otros poderes del Estado. La razón ya la hemos dado, la verdad del Derecho es la eutaxia del Estado, luego hay que ejercer la ley de manera distinta en función de la previsión de las consecuencias que tenga su incumplimiento sobre el orden político (E.N. III), del que depende la propia recursividad del jurídico.

PROPOSICIÓN XXVI

La individualización o proporcionalidad de la pena se establece en función del fin del Derecho (Prop. XXII – P. II), antes que de la gravedad del delito. La duración real de las sentencias responde a reajustes que muestran el carácter técnico del Derecho (Prop. IX – P. II), arreglando en la práctica desajustes que genera la normativa ¿cómo entender si no, que penas de tres mil años se reducen a veinte o treinta años de cárcel?

PROPOSICIÓN XVII

Las «infracciones» de rebelión, de sedición, contra la Corona, la Constitución, &c., serán infracciones si van contra el Estado, si van a favor de la eutaxia del Estado, méritos. El mismo criterio vale para los golpes de Estado.

Explicación: Dado que el fundamento del Derecho deriva de la apropiación de un territorio que funda el Estado (F.D. II), su *sistasys* o *constitutio* material se formaliza en unos textos que llaman «constituciones», donde aparece la forma de gobierno y demás particularidades. De modo que toda ella tiene como cometido la defensa del Estado frente a otros Estados (I.P. III). Como suponemos que todo Estado funciona a través de las luchas y los conflictos internos entre los grupos que lo integran, el único criterio para juzgarlas es el incremento o la disminución de la fuerza del mismo. Por lo que la secesión puede ser tan eutáxica como un golpe de Estado. Este criterio vale tanto para las formas de gobierno como para cualquier otra institución. Lo que deriva de nuevo en el actualismo jurídico, pues sólo se pueden juzgar *a posteriori*, es decir, en función de su éxito, lo que normalmente pasa por la reforma del sistema jurídico.

Escolio: Si alguien supone que el fundamento del Derecho deriva de los ciudadanos, del pueblo, de la nación, de la forma de gobierno o se sustenta en ideas lisológicas como igualdad, libertad, &c., se mueve en «ideologías» oblicuas a la esencia de la política y con ella del Derecho. Se trata de ideas que sólo recuperan su funcionalidad como formas de la mentira política y la falsa conciencia, pues tiene que hacer en la práctica, lo que niegan en teoría (como el pensamiento Alicia demuestra). Aquí se aplica la máxima según la cual las ideas (y su aplicación jurídica) se hacen frente a terceros (B.N. IV). Negar esto conduce a la esquizofrenia de quien se queja de la corrupción política cuando se utilizan los Derechos Humanos como excusa para generar guerras «civiles» en todo el mundo, lo que no es otra cosa que práctica habitual.

PROPOSICIÓN XVIII

Dar derechos a entes radiales o angulares, es decir, a entes naturales o animales, solo tiene sentido si beneficia la eutaxia del Estado.

Explicación: Tal es nuestro criterio sobre el Derecho, servir de meta-estabilizador del orden político y social de cada Estado (o de sus alianzas), fuera de esto el Derecho pierde sus quicios. Tal es el caso del Derecho visto desde el ecologismo, el animalismo, y sobre todo el humanismo. Si como decimos, el Derecho es una institución del espacio antropológico de corte circular (Prop. XXX – P. II), que regula, principalmente a través de la capa conjuntiva otras instituciones del Estado, de modo que con fundamento en la capa basal, se relaciona con otros Estados a través de la capa cortical, solo será efectivo cuando logre un equilibrio en que ponemos su legitimidad (F.D. IV). Todo criterio que no atienda a estas bases antropológicas y políticas lleva en el límite a la inviabilidad del propio sistema jurídico en que se sitúa. Y la razón es obvia: en la medida en que todo Derecho supone un poder (E.J. III), aquellos derechos que vayan contra el poder que los haga cumplir, se hacen inviables como tales. La razón que podemos aducir implica ajustar el tratamiento de las clases de elementos implicados.

Escolio: Para quien considere este problema desde la oposición entre generosidad y egoísmo, o desde la igualdad frente a los privilegios, o desde lo común frene a lo particular y cosas así, hay que explicarle el carácter de los conceptos con que tratamos. No ya porque sea absurdo dar el derecho de caza a un mono aullador, sino porque la dialéctica del problema es categorial. En el caso del Derecho no estamos ante clases autotéticas, con independencia de otras clases, como pueda ser la taxonomía de Linneo, pero tampoco estamos ante clases universales, es decir, conexas, como sería la ética humana.

Estamos ante clases alotéticas pero no conexas. Dicho de otro modo, no hay continuidad entre un simio (o un perro) y una persona, porque a la condición de persona como sujeto de derechos se llega a partir de la dialéctica «frente» a otros animales, es decir, cuando según leyes etológicas unos tratan de dominar a otros, quitarles su territorio y someterlos. Único modo de explicar el proceso de hominización. El criterio de racionalidad es aquí el control institucionalizado. Pero eso no significa que todas las personas humanas sean iguales, pues los predicados que hacen al hombre una persona también son alotéticos, constitutivos o trascendentales, es decir, no se puede definir al hombre desde clases unívocas (como dijimos en la proposición sobre el sentido biológico de la especie en la Proposición XII de la Parte II) ya que la lengua, la moral, la religión, la cultura y el mismo Derecho, también se hacen frente a terceros, por lo que no pueden establecerse relaciones conexas, es decir, propiedades que siendo universales sean comunicables, lo que hace que el humanismo ético no pueda ser criterio del Derecho real, sino su destrucción. Como la relación de Derecho supone la de dominio (poder), dejaremos de tener derechos de ningún tipo si una especie no linneana (extraterrestre) nos somete, o simplemente nos destruye una catástrofe natural.

PROPOSICIÓN XXIX

El Derecho de guerra es el principal derecho del Estado, pues su existencia depende de su poder para ganarla.

Explicación: Sin la guerra no se puede entender ni la civilización, ni la historia, mucho menos se entenderá la paz (I.P. V). No decimos que con la guerra se funda la extensión de derechos, pues en los imperios depredadores holandeses o ingleses sirven para minar aquellos derechos al eliminar los poderes en que se sustentan, sino en atención a los imperios generadores, por ejemplo, mirando a la libertad de los griegos en Maratón y del resto de sociedades por donde se expanden con las guerras alejandrinas, mirando a la igualdad de los ciudadanos romanos en las guerras a los germanos y los partos con Caracalla, a los derechos indígenas con las guerras de conquista contra aztecas o incas, o según algunos, la misma declaración de Derechos Humanos que sale de la Segunda Guerra Mundial. Esto no significa que el hombre siga lo «justo por naturaleza» cuando los osos o los leones matan y se comen a sus congéneres, cuando las hienas matan a sus hermanas o las Mantis se comen a sus parejas, sino porque lo «justo» en política se institucionaliza y se extienden por las guerras que vencieron los imperios generadores (como hemos visto que evolucionan los sistemas jurídicos en el Apéndice a la parte IV), es decir, a través de la paz de la victoria, ajustando permanentemente el orden social a través del Derecho (I.L. IV).

Escolio: Se puede negar el Derecho de guerra desde criterios éticos, morales, religiosos, estéticos o de cualquier otro tipo, pero no desde la política (I.P. III). De modo que no se puede prescindir del ejército (pues eliminarlos todos pasa por una guerra indefinida), y si se prescinde del propio será porque se depende del ejército ajeno, por ejemplo, al convertir al Estado en una colonia o en un paraíso fiscal, como pasa en Andorra, Liechtenstein, Barbados, Islas Marshall, Haití, Panamá, &c. Pero en este asunto, las excepciones confirman la regla, por ejemplo, si Suiza no tiene ejército es porque está formado por milicias permanentes que la convierten en la población más armada de Europa.

PROPOSICIÓN XXX

Los tribunales internacionales dependen de los pactos entre los Estados miembros, y cualquier sentencia que dañe sustancialmente a alguno de ellos carece de aplicación.

Explicación: Igual que el tribunal de Núremberg estaba formado por juristas del bando ganador (F.D. VI), el cambio en el desenlace de la guerra hubiera invertido la ubicación de los protagonistas del juicio, pasando los jueces nacional-socialistas a los bancos del jurado y las autoridades aliadas a las de los acusados. E igual que pasó en el tribunal que juzgó a las autoridades serbias, o en el tribunal que sentenció a muerte a Sadam Husein, pasa en el Tribunal de la Haya o en el Tribunal del Derecho del mar.

PROPOSICIÓN XXXI

Si las circunstancias hacen obscena y contraproducente la aplicación de una norma, se puede hacer un «uso alternativo del Derecho» a la espera de la vuelta a la «normalidad» que le devuelva su sentido.

Explicación: Cuando el contexto socio-económico hace inviable una norma que en condiciones normales va en beneficio de su equilibrio (B.N. III), pongamos por caso, la ley hipotecaria o la ley de desahucios, que en tiempos de crisis económica pasan a ser leyes claramente inadecuadas, no será necesario suprimirlas, por ejemplo, con la dación en pago de la casa, lo que hundiría el sistema hipotecario y la posibilidad de comprar casa a quien no dispone de efectivo (la clase media), sino que se puede dar un rodeo a la ley mediante la solución temporal del problema. A este «uso alternativo del Derecho» es a lo que llamamos en el Escolio de la Proposición XLII de la Parte III, el «arte» del jurista para componer los elementos del proceso en beneficio del equilibrio social.

APÉNDICE

La *Carta de los derechos Humanos* pasa por ser la nematología desde la que se impone y dirige la normativa de las sociedades políticas del presente, ya sea por la fuerza o ya sea por los pactos, lo que es bastante, sin embargo, su fundamentación en la idea de derechos subjetivos es absolutamente decepcionante.

Por ese motivo, el propósito de discutir la noción de derechos subjetivos (o personales), como cúpula ideológica de los sistemas normativos prácticamente admitida de modo general consiste en desenmascarar la ideología metafísica que lleva implícita. Cuando hablamos de «sujeto de Derecho», estaríamos hablando de un derecho del sujeto en genitivo subjetivo, como el derecho que «tiene» el sujeto, pero no en genitivo objetivo, donde toma el sentido de un derecho «acerca» del sujeto, que suele ser una «cosa», precisamente el sentido correcto en que se entendía la idea de sujeto en la Antigüedad y la Edad Media.

Sin duda, el fundamento subjetivo de los derechos coincide en parte con la acepción del tomismo, donde el «Derecho humano» o «Derecho fundamental de la persona humana», también llamado «Derecho personalísimo», es un derecho natural, es decir, «una cualidad natural que dimana inmediatamente de la naturaleza humana, en virtud de la cual algo le es debido a la persona bajo una estricta y objetiva medida de igualdad, en la medida en que se entiende como título jurídico de acreencia, y por ello, puede reclamarlo, pues forman parte de su despliegue perfectivo o entelequia». Sin embargo, la idea de los derechos subjetivos, no es de raíz teológica, sino humanista. De hecho, llevamos varios siglos de feroz crítica de la última fundamentación sobre la primera, lo que en Derecho se ha traducido en normativas hechas desde las seis generaciones de la holización de izquierdas. Una prueba de ello es la confrontación que tiene por objeto desvincular el Derecho canónico del Derecho común (principalmente a raíz del

Concilio Vaticano II), lo que llevan a cabo teólogos protestantes como Sohm y Klein, cuando interiorizan el hecho religioso en el espíritu cristiano. De este modo, el hecho religioso queda interiorizado y separado de los derechos sociales, políticos y del propio Derecho canónico, que queda anulado. Este es el motivo por el que decimos que el Derecho subjetivo kantiano es continuidad del Derecho canónico divino, tragado por la humanidad santa. La inversión de la mitología onto-teológica a la mitología humanista se ha cumplido en las clases intelectuales occidentales.

Para ver estas conexiones ha sido de gran ayuda las investigaciones sobre el origen del término (en realidad el concepto) que ha llevado a cabo un discípulo de D´Ors, el jurista Alejandro Brito, quien va rastreando en la escolástica del S. XVI española y la filosofía alemana del XVII su aparición y su ascenso. Ya hemos recordado la polémica que lleva a Villey hasta Ockham y la polémica con el papado sobre cómo entender la propiedad (la que entendemos como presupuesto no jurídico fundamental del Derecho), pues bien, el gran sistematizador de toda la filosofía escolástica medieval, Francisco Suárez, recogiendo la tradición nominalista imperante en las universidades europeas servirá de base para sus desarrollos en el ámbito protestante del Derecho. Desde el *De legibus* (1, II, 5) de Suárez a Grocio, las determinaciones del Derecho se van sedimentando en tanto cualidad moral, a saber, en cuanto poder (sobre sí mismo o sobre el prójimo), propiedad (completa o imperfecta) y facultad de exigir lo merecido. De este modo la tradición del racionalismo alemán con Leibniz a la cabeza, va a servir de inversión entre la teología y el humanismo propio de los derechos subjetivos. En efecto, si antes de Leibniz la Gracia nombraba a la persona sin determinarla como sujeto, antes bien aparece *subjectum* en el parágrafo 15 de la segunda parte de su obra *Nova methodus* referida a Dios: «*Subjectun qualitatís moralis est persona et res. Persona est substantia rationalis, eaque vel naturalis vel civilis*», pues «Dios es el sujeto de Derecho supremo sobre todas las cosas», -según recoge Alejandro Brito-, por lo que parece que el término sujeto de derecho, *subjectum juris*, se encuentra explícitamente en Leibniz (como genitivo subjetivo). Pero vayamos más lejos, si Leibniz nombra al sujeto de derecho, al trasladar la cuestión del sujeto desde el plano teológico al plano jurídico, define también los primeros rasgos de una fundamentación intersubjetiva de la teoría del Derecho, y sin embargo, sigue teniendo un fundamento teológico, por lo que no será hasta Kant donde tal *subjectum* se identifique con el sujeto humano en la idea de una subjetividad hipostasiada, trascendental, ya puramente humana (aunque supra-empírica, espiritual). Si se sigue el rastro de la idea, se verá como en la pandectística y en todo el Derecho alemán posterior se impone, se desarrolla y se extiende tal concepción, y así, llega a la España de mediados del S. XIX por la vía krausista a juristas como Emilio Castelar, presidente de la Primera República.

Clásicos como Georg Jellineck lo recogen en orden a su fundamentación del Derecho. De modo que cuando analiza las normas jurídicas les atribuye tres caracteres esenciales: ser normas que se refieren a las relaciones externas y mutuas de los hombres, ser normas que proceden de una autoridad exterior reconocida, y ser normas cuyo carácter obligatorio está garantizado por poderes exteriores. Unas características que como se puede advertir, se construyen desde el criterio metafísico de un alma interior subjetiva. Así, la positividad del Derecho descansa en la convicción de una obligatoriedad asumida desde un elemento puramente subjetivo desde el que se edifica todo el orden jurídico. Según *La Teoría general del Estado* de Jellinek «esta es la consecuencia necesaria del reconocimiento de que el Derecho es interior a nosotros, de que es una función de la comunidad humana y necesita, por tanto, descansar en elementos puramente psicológicos. Para atenuar las violaciones del orden del Estado, se ha ideado la categoría del Derecho de la legítima defensa de aquél, lo que no es sino otra expresión para indicar cómo la fuerza va antes que el Derecho».

Pero esta subjetividad o *subjectum* espiritual kantiano, adornado con la logicidad trascendental, es una pura fantasía, como todo su intento fallido de formar un sistema. A nuestro modo de ver, en toda esta inversión teológica (según la define Gustavo Bueno) está funcionando la idea de posibilidad suareciana en la medida en que tales derechos son una «posibilidad» dada a la libertad del sujeto en cuanto tiene una esencia, un ser (*esse posibile*), desde el cual, tener derechos será «tener posibilidad de», por ejemplo, de tener casa, trabajo, libre opinión, &c., sin necesidad de un poder «realmente existente» como respaldo coactivo real (político), por lo que buscará su garantía en Dios, o en el ideal de progreso humano hacia un mundo posible en que se haga efectivo. Y cuando el Derecho realmente existente comprometa o requiera eliminar esa posibilidad, las sucesivas generaciones de izquierda nos devolverán, una tras otra, la «fe» en la humanidad que la garantice, ya sea con la confianza liberal en los mercados o la revolución universal del proletariado. En todo caso, el Estado coactivo será el objetivo a batir. Una doctrina y unas consecuencias que ya se han advertido: «la aparición de los derechos del hombre –dice Villey-, testimonia la descomposición del concepto de Derecho».

Gustavo Bueno critica la idea, que hemos visto muy extendida, según la cual «lo que hace falta es proteger los derechos humanos, no el fundamentarlos», como si la praxis fuese correcta, pese a los fundamentos erróneos en los que se basa. En efecto, la dicotomía entre proteger y fundamental es superficial, puesto que si (como venimos defendiendo), no cabe pensar en un Derecho humano exento de alguna fundamentación (teológica, jurídica, ideológica, filosófica, &c.), entonces la cuestión no es la disyuntiva «fundamentar o proteger» los derechos, sino «fundamentar de un modo, o de otro», ya que los fundamentos materiales y formales de los derechos humanos son «transcendentales» respecto del propio proceso de constitución del ser humano, es decir, se determinan en este proceso y no antes ni después.

La idea de derechos individuales como fundamentación de los derechos humanos de corte espiritualista no es más que una metáfora jurídica, pues los derechos les son otorgados a los individuos. Así, dice Gustavo Bueno en *El sentido de la vida*: «la libertad, como Derecho, aparece precisamente a la escala de la relación, no del sujeto a sus actos, sino del sujeto a los demás sujetos, en tanto éstos le hacen responsable de sus actos, atribuyéndolos a una «esfera» con su propio radio de acción y «desligándose», según mecanismos más o menos convencionales y abstractos, de la propia responsabilidad (causalidad) que puedan tener en ellos.» Así se vendrán entendiendo las declaraciones de derechos humanos del S. XVIII como ideología burguesa ascendente, lo que significó la entrega de los individuos liberados de los gremios o de otras instituciones del Antiguo Régimen al mercado libre concurrente en el cual sólo podían ejercitar la libertad de vender su fuerza de trabajo. Por eso decimos que el fundamento técnico de la ideología democrática es el mercado. Y al efecto corre el Derecho a unir el entorno político democrático y la base socio-económica de un entorno mercantil pletórico. Sólo se necesitaba poner en marcha toda la mecánica de la metafísica para fundamentar en quien firma los contratos y vota, el fundamento de la realidad. Villey sostenía que la idea proviene de la distinción de Gayo entre cosas corporales e incorporales, que son las creadas por el Derecho, base de su identificación con el sujeto moderno en un mundo donde se inserta el Derecho, lo que prepara Kant cuando subordina los conceptos del Derecho a la subjetividad personal del espíritu definido desde la libertad de la persona, y por tanto como condiciones de posibilidad del Derecho empírico (externo), es decir, identificando derecho con la posibilidad «pura» y «vacía».

Sin duda, semejante idea, hegemónica hoy día, tiene precedentes que facilitan su éxito y aceptación, por ejemplo, la ley (derecho) que Dios habría impreso en el corazón de cada uno de los hombres, según la Epístola a los Romanos (2, 15), entendiendo el Derecho como una rama de la moral a través de la Segunda Escolástica española y derivando en el Derecho natural moderno tal y como lo repite Rousseau y recoge la ley moral en Kant. Aquí la importancia del nominalismo es muy grande, pues lo único existente es el individuo como alma, como «yo», como conciencia racional o como se extendió por el empirismo inglés, como mente. En todo caso será la base del existencialismo «circunstanciado», del nihilismo o del vitalismo que desembocan en la literatura del post-modernismo y el post-marxismo actual.

Citamos a Villey por su oposición a esta idea cuando entiende que el Derecho es atribuir a cada uno su cosa, buscando lo justo como el mejor reparto, sin buscar la igualdad sino la proporción, por lo que trabaja sobre la situación concreta y se lleva a cabo por la lógica jurídica de la controversia, el método dialéctico de la escuela de Bruselas. Nosotros, en cambio, vemos la dialéctica del Derecho desarrollarse según los intereses reales que pujan aquí y allá para coordinar desde grupos de poder enfrentados la dirección de las normas, por lo que el individualismo de los derechos subjetivos es básicamente falsa conciencia.

En efecto, a nuestro modo de ver, el Derecho implícito en los derechos subjetivos no deriva del individuo cuyo poder es insignificante, ni del conjunto de ellos, pues el pueblo está dividido en ideologías, facciones y grupos de intereses contrapuestos, que lo fracturan sin posibilidad ninguna de acuerdo. Antes bien, la cúpula ideológica que identifica la subjetividad como esencia del Derecho obedece al choque de imperios actuales inmersos en la dialéctica política que aparece con el mundo moderno, donde la teología se convierte en psicología. Para Gustavo Bueno, el individuo psicológico hay que verlo «como consecuencia de una acumulación de estos enclasamientos envolventes en tanto pueden tener más probabilidad de neutralizarse mutuamente, dejando al individuo no ya libre (en un sentido positivo, moral), sino indeterminado e irresponsable; no ya tanto disponible para emprender cualquier camino, sino débil y enfermo para escoger ninguno». La filosofía, sobre todo la filosofía universitaria del S. XIX y S. XX (nihilistas, vitalistas, existencialistas, foucaultianos, lacanianos, &c) recaerá en el *gnosticismo* que al modo de las *heterías soteriológicas* buscan dar un sentido a la vida de esos individuos «flotantes», los que paradójicamente son el fundamento del Derecho.

Y es que el individuo flotante, subjetivo, psicológico, aislado, sale de la confluencia de clases o arquetipos opuestos que se darán tanto en épocas de desintegración (política, económica, &c.) como de la integración (continental, &c). Son, dice Gustavo Bueno, «situaciones en las cuales desfallece, en una proporción significativa, la conexión entre los fines de muchos individuos y los planes o programas colectivos (…) sobre todo: al perder su capacidad moldeadora, los planes y estructuras colectivas (familiares, religiosas, políticas) —y acaso la pierden precisamente por la magnitud ecuménica de su desarrollo— que confieren un sentido (un destino) personal a cada individualidad corpórea, integrando su biografía, haciéndola en cierto modo necesaria y no gratuita, los contenidos individuales (biográficos) comenzarán a aparecer como superfluos («de sobra», para emplear la expresión de Sartre) desconectados entre sí, desintegrados, contingentes («libres», dirán algunos)». La idea de subjetividad como modo de entender al ser humano ha generado una metafísica desde la que se pierde de vista la realidad en que se desarrolla, de modo que hay re-situar el papel de lo «subjetivo» (M_2) dentro de la ontología especial, y entender la ontología especial a partir de las funciones del Ego Trascendental, es decir, situarse en los programas universales que salen a partir del nuevo mundo moderno, donde aparecerá ese individuo desenclasado como «un subproducto de las nuevas organizaciones totalizadoras».

Índice